WARUM DAS LEBEN WEITERGEHT

Peter Lude • Fritz Vischer • Mechtild Willi Studer (Hrsg.)

WARUM DAS LEBEN WEITERGEHT

AUCH IM ALTER UND MIT BEHINDERUNG

Verlag Johannes Petri **EMH** Media

Herausgeber und Verlage danken der Schweizer Paraplegiker-Stiftung und der Balgrist-Stiftung für die freundliche Unterstützung bei der Realisierung dieses Buches.

© 2014 bei der Herausgeberschaft Lude • Vischer • Willi Studer
Schwabe AG, Verlag Johannes Petri in Koproduktion mit EMH Schweizerischer Ärzteverlag AG
Gestaltung und Fotografie: Matthias Studer, Konzeptstudio, Knonau
Foto von Bernard Schüpbach auf S. 29 mit freundlicher Genehmigung der Stiftung Schulungs- und Wohnheime Rossfeld
Foto von Manfred Sauer auf S. 37 mit freundlicher Genehmigung von Thomas Kämpf
Foto von Udo Reiter auf S. 199 mit freundlicher Genehmigung von Milena Schlösser

Projektleitung: Irène Fasel
Lektorat: Katharina Blatter
Satz, Druck: Schwabe AG, Druckerei, Muttenz/Basel
Printed in Switzerland
ISBN 978-3-03784-045-0

www.verlag-johannes-petri.ch
www.emh.ch

INHALT

Der Hauptsponsor	Grusswort der Schweizer Paraplegiker-Stiftung	9
Die Schirmherrschaft	Grusswort	10
Die Herausgeber	Das Wissen aller ist gefragt	12
Dr. Peter Lude	Lebendigkeit im Alter – mit Einschränkungen gut alt werden	14

I Autonomie

Interviews

Bruno Gallmann	«Wir sind wahre Weltmeister im Improvisieren»	18
Berta Gallmann	«Alt ist man, wenn einem alles wehtut»	24
Bernard Schüpbach	«Meine Leidenschaften sind die Essenz des Lebens»	28
Fritz Vischer	Nachruf Bernard Schüpbach	33
Manfred Sauer	«Ich mache Ihren Sohn zum Steuerzahler»	36

Fachbeiträge

Manfred Sauer	Ein Lebenswerk für aktive Lebensgestaltung Unternehmer und Stifter: ein Porträt	40
Prof. Dr. Jürgen Pannek	Inkontinenz: Operation oder Hilfsmittel?	43
Dr. Peter Lude	Lebensmotto Fitness – Einschränkung als Voraussetzung für Lebendigkeit?	52

Hindernisse

Urs Zimmermann	Kies	60

II Lebensqualität

Interviews

Therese Kämpfer	«Wir leben eine Sexualität der Beziehungsförderung»	62
Liselotte Velan	«Pflege ist mehr als ein Broterwerb»	70

Fachbeiträge

Prof. Dr. Armin Curt	Leben mit Querschnittlähmung im Alter – Die Rehabilitation aus medizinischer Sicht	75
Jörg Eisenhuth	Der Umgang mit Schmerz	82
Fritz Vischer	Hobbys und Arbeit – Aufgeben oder neu erfinden?	91
Dr. Gabriele Kirchmair	Gut alt werden – Chancen für eine hohe Lebensqualität mit Querschnittlähmung	98
Daniel Stirnimann	Sexualität und Liebe – Alt, behindert, asexuell?	106

Hindernisse

Urs Zimmermann	Unbedient	113

III Neustart ins Leben

Interviews

Prof. Dr. Nils Jent	«Mein Unfall war just jene Chance, meine Kraft voll zu entfalten»	116
Heinz Frei	«Altsein bedeutet, keine Ziele mehr zu haben»	122
Béatrice Moor-Middendorp	«Wir Paras und Tetras müssen mehr tun als andere»	128

Fachbeiträge

Dr. Peter Lude	Schicksalsschlag als Chance – Das Leben geht erst recht weiter	132
Prof. Dr. Iren Bischofberger	Ewige Sorge – Angehörige zwischen Normalität, Lebenslust und Dauerkrise	140
Prof. em. Dr. Annemarie Pieper	Älterwerden und Altersweisheit	148

Hindernisse

Urs Zimmermann	Herr L. freut sich riesig	155

IV Forderungen an die Umwelt

Interviews

Heidy Anneler	«Meine Behinderung ist ein Türöffner»	158
Erika Schwob-Sturm	«Man kann doch nicht einfach auf dem Sofa sitzen!»	164

Fachbeiträge

Fritz Vischer	Betroffenheit – Betroffensein: Die philosophische, historische und soziale Komponente	170
Renate Schwarz Landis/ Dr. Peter Lude	Haus oder Heim – Die Erfindung neuer Lebensformen	177
Mechtild Willi Studer/ Sabine Schmid	Generationenvertrag zwischen Alt und Jung	187

Hindernisse

Urs Zimmermann	75 auf 50 Zentimeter	196

V Würde

Interviews

Udo Reiter	«Ich merkte, dass ich gar nicht tot sein wollte»	198
Niklaus Brantschen	Die Würde des Lebens – bis ins hohe Alter – bis in den Tod	204

Fachbeiträge

Prof. Dr. Corina Caduff	Wenn die Lebenszeit zu Ende geht	208
Irène Fasel	Zeitkonflikt – Die Wiederentdeckung der Langsamkeit	215
Prof. Dr. Giovanni Maio	Alter braucht eine Kultur der Angewiesenheit – Sinn und Grenzen der Patientenverfügung	223
Prof. Dr. Wilhelm Schmid	Die Kunst des Älterwerdens unter besonderer Berücksichtigung von Einschränkungen	232
Wolfgang Schulze	Wie habt ihr's mit der Religion? Wenn Gott doch noch ein Thema wird	239
Dr. Peter Lude/ Christina Kruthoff	Lebendigkeit im Sterben? Wenn der Tod greifbar wird	247

Hindernisse

Urs Zimmermann	Mutter, geh!	257

VI Anhang

Prof. Dr. Hardy Landolt	AHV/IV & Co. – Befiehlt, wer zahlt?	259
Mirjam Brach	Forschung informiert die Zukunft	270

Links zu Internetportalen, im Zusammenhang mit Pflege unter besonderen Bedingungen — 277

Grusswort der Schweizer Paraplegiker-Stiftung

Für Menschen, die Mitte des letzten Jahrhunderts eine schwere Wirbelsäulen- oder Rückenmarkschädigung erlitten, gab es wenig Hoffnung auf Überleben. Viele starben an den gravierenden Folgen, die eine Querschnittlähmung mit sich bringt. An Einschränkungen und Komplikationen hat sich seitdem nicht viel geändert. Hingegen kennt die Medizin heute ungleich bessere Mittel und Methoden, um das Schlimmste rechtzeitig zu verhindern und eine ganzheitliche Rehabilitation zu ermöglichen. Das eröffnet Betroffenen die Chance zur Wiedereingliederung und auf ein Leben im Rollstuhl, dessen Dauer sich der Lebenserwartung der Allgemeinheit kontinuierlich annähert.

Angesichts der rund 1500 Menschen mit Querschnittlähmung in unserem Land, die über sechzig Jahre alt sind, sowie der demografischen Entwicklung an sich, müssen wir uns auf grössere Herausforderungen einrichten. Die Schweizer Paraplegiker-Stiftung als Trägerin eines einzigartigen Leistungsnetzes für Menschen mit Querschnittlähmung will dabei nichts dem Zufall überlassen. Sie sucht jetzt schon praktikable Lösungen für eine Vielzahl von Problemen, die sich in der Betreuung von älteren Mitmenschen im Rollstuhl vermehrt stellen. Im Mittelpunkt ihres Projektes «Ageing» stehen der Aufbau eines nationalen Netzwerkes von Institutionen und die Schaffung spezifischer Angebote in Zusammenarbeit mit Partnern. Wichtige Kriterien sind das Vorhandensein von altersgerechten Wohnungen, kompetente Pflege, Mahlzeiten- und Reinigungsdienst, Sicherheit, zentrumsnahe Lage mit Zugang zu Einkaufsmöglichkeiten und Anbindung an den öffentlichen Verkehr.

Dieses Buch nimmt solche und andere Fragen auf, die Menschen mit Querschnittlähmung mit dem Älterwerden beschäftigen. Elf Direktbetroffene und eine Angehörige mit unterschiedlicher Biografie schildern ausführlich, wie sie den zahlreichen Veränderungen in ihrem Dasein persönlich begegnen, wie sie damit umgehen und worauf es bei der Bewältigung von Schwierigkeiten im Alltag ankommt. Ihre Erkenntnisse und Erfahrungen, teils auch mit Forschungsergebnissen unterlegt, können all jenen weiterhelfen, die sich in gleicher oder ähnlicher Situation befinden. Darüber hinaus soll «Warum das Leben weitergeht, auch im Alter und mit Behinderung» für ein Thema sensibilisieren, das weiter an Bedeutung gewinnen wird. Wir alle müssen uns – früher oder später – mit Behinderung im Alter auseinandersetzen.

Nottwil, im Mai 2014
Daniel Joggi, Präsident Schweizer Paraplegiker-Stiftung, Tetraplegiker seit 1977

Grusswort der Schirmherrschaft

Vier Persönlichkeiten übernehmen das Patronat der Publikation «Warum das Leben weitergeht, auch im Alter und mit Behinderung» und garantieren damit eine ausgewogene Abstützung in folgenden Fachbereichen:

Politik: Pascale Bruderer Wyss, Ständerätin des Kantons Aargau, ehemalige Nationalratspräsidentin
Forschung, Lehre und Wirtschaft: Nils Jent, Prof. Dr. oec. HSG, Universität St. Gallen, Direktor für Angewandte Forschung am Center for Disability and Integration (CDI-HSG) sowie Gesellschafter und Mitglied der Geschäftsleitung der Innocuora.com, mehrfachbehindert
Wirtschaft: Manfred Sauer, Lobbach (D), Unternehmer, Hersteller von medizinischen Hilfsmitteln, Tetraplegiker
Forschung und Rehabilitation: Jürg Kesselring, Prof. Dr. med. ETH Zürich, Chefarzt für Neurologie und Rehabilitation in Valens

«Aufgewachsen mit gehörlosen Menschen, wurde ich schon früh für die Herausforderungen, welche Behinderungen mit sich bringen, sensibilisiert. Dieses Buch nimmt sich der Frage an, wie betroffene Menschen diesen auch und insbesondere im Alter begegnen, wenn zusätzliche Einschränkungen und Betreuungsbedürfnisse hinzukommen. Politisch setze ich mich aus Überzeugung für die Gleichstellung und Integration von Menschen mit Behinderung ein; gesellschaftlich fordere ich mehr Dialog und Verständnis über die Generationen hinweg. In diesem Sinne fasziniert mich der Fokus dieses Buches gleich in doppelter Hinsicht.»

Pascale Bruderer Wyss

«Es ist mir – als Direktbetroffenem – ein besonderes Anliegen, dass Menschen mit Behinderung auch im Alter gut umsorgt werden und ihre Abilities einbringen können. Mit dem Forschungscenter for Disability and Integration (CDI-HSG) der Universität St. Gallen tragen wir dazu bei, dass Menschen mit Behinderung sich als gleichwertig in die Arbeits- und Gesellschaftsprozesse einbringen können. Zentraler Wert für unser Arbeiten ist das Miteinander von Menschen mit und ohne Behinderung. Für diese Werthaltung des Miteinanders setzen wir uns daher bei jenen Schaltstellen ein, bei denen es um die Inklusion in den ersten Arbeitsmarkt der Gesellschaftsmitglieder mit Behinderung geht. Denn die Inklusion von Menschen mit Behinderung in Gesellschaft und Wirtschaft generiert sinnstiftenden Nutzen für alle. In der Aufgabe, einen Beitrag dazu zu leisten sowie dafür Experte zu werden, erfahre ich gleichzeitig meine grösste Herausforderung und die nachhaltigste Arbeitsbefriedigung.»

Prof. Dr. oec. Nils Jent

«Forschung und Rehabilitation sind von grundlegender Bedeutung und müssen Hand in Hand arbeiten, wenn es um die Betreuung, Pflege und Gesundung von Menschen mit Behinderungen, insbesondere auch beim Älterwerden geht. Sowohl im Bereich der Wissenschaft als auch der klinischen Betreuung bin ich mir der hohen Verantwortung bewusst, die unsere Gesellschaft zu tragen hat. Ich setze mich ein für die Bedürfnisse der Menschen, die jegliche Form von Einschränkungen erleiden müssen, und unterstütze die Publikation ‹Warum das Leben weitergeht – auch im Alter und mit Behinderung› in besonderer Weise.»

Prof. Dr. med. Jürg Kesselring

«Als Gründer und Geschäftsführer der Manfred Sauer GmbH sowie als querschnittgelähmter Tetraplegiker weiss ich um die Notwendigkeit geeigneter Hilfsmittel als einer Voraussetzung zur gesellschaftlichen Integration. Ich befürworte das in letzter Zeit etwas verloren gegangene Rehabilitationsziel, sich beruflich und gesellschaftlich wieder zu engagieren. Diesem Ziel dient die 2001 gegründete gemeinnützige Manfred-Sauer-Stiftung. In ihr erhalten Menschen mit Querschnittlähmung Impulse, eigene Fähigkeiten zu entdecken und auszuprobieren zur künftigen aktiven Tages- bzw. Lebensgestaltung. Noch gebraucht zu werden ist ein besonderes Thema im Alter.»

Manfred Sauer

Die Herausgeber:
Das Wissen aller ist gefragt

Sommer 2010: «Ageing» lautet das Schwerpunktthema an der Jahrestagung der Deutschsprachigen Medizinischen Gesellschaft für Paraplegie DMGP. Mechtild Willi Studer, Leiterin Pflegemanagement des Schweizer Paraplegiker-Zentrums Nottwil, erkennt, dass dieses Thema den Dialog mit Betroffenen erfordert. Sie kennen die Problematik von innen her. So entsteht als Teil der Tagung ein gut besuchter «Workshop zum Hinhören und Nachdenken» mit sechs Para- und Tetraplegikern.

Dr. Peter Lude, selbst Tetraplegiker, moderierte den Workshop, und von ihm ging auch die Initiative aus, die zahlreichen Denkanstösse zu vertiefen und in ein Buch einfliessen zu lassen. So ist schliesslich ein Herausgeber-Werk erwachsen, das sich zwischen volkstümlicher Weisheit, wertvollen Erfahrungen Betroffener und kontinuierlich erweitertem Fachwissen bewegt. Die Innen- und Aussensichten vereinen sich.

Unser Buch spricht betroffene Menschen mit Behinderung, Angehörige, Interessierte und auch Nichtbehinderte an. Irène Fasel, Verlagsfachfrau und Projektleiterin, hat wesentlich zur Realisierung beigetragen. Als erwünschte Nebenwirkung lässt sich unser Buch bequem lesen: Die zahlreichen und unterschiedlichen Beiträge zwangen uns, es übersichtlich zu gliedern und die Länge der Texte zu begrenzen. So steht es jedem Leser frei, wo er ins Buch einsteigt.

Menschen mit Behinderung haben gelernt, mit Beeinträchtigungen zu leben, die unsere Gesellschaft gemeinhin als lästige Altersbeschwerden betrachtet. Trotzdem fühlen sie sich nicht alt, denn wie sie wissen: Das Leben geht weiter. Dieser Leitsatz steht über unserem Buch. Wer ihn verinnerlicht, bleibt lebendig. Die Lebendigkeit als Grundgedanke umklammert unser Buch und durchdringt es hoffentlich. Lassen auch Sie – als Leserin und Leser – sich davon anstecken! Lebendigkeit äussert sich auf verschiedenste Arten. Unser Ziel war es, das Spektrum möglichst breit abzudecken. Das kann nur gelingen, wenn uns verschiedene Autoren aus unterschiedlichsten Blickwinkeln ihre Sichtweisen verständlich darstellen. Zur Lebendigkeit gehören auch direkte Gespräche. Interviews geben sie wieder.

Das Auffinden geeigneter Autoren und auskunftsbereiter Interviewpartner war eine Hürde, die wir aber dank der Bereitschaft aller Mitwirkenden gut bewältigten. Bei ihnen allen bedanken wir uns sehr. Auf der Suche nach Geld kam uns die Schweizer Paraplegiker-Stiftung so entgegen, dass wir starten konnten. Das verdient ebenfalls grossen Dank, der sich auch an alle andern Institutionen und Personen richtet, die uns finanziell sowie beim Vertrieb unterstützten und unterstützen.

Das Leben geht weiter. Auch das Ihre!

Die Herausgeber (von rechts)
Peter Lude, Dr. phil., Fachpsychologe für Psychotherapie FSP, querschnittgelähmt seit 1984
Mechtild Willi Studer, Leiterin Pflegemanagement Schweizer Paraplegiker-Zentrum Nottwil
Fritz Vischer, Texter und Redaktor, Bankkaufmann, querschnittgelähmt seit 1977

Lebendigkeit im Alter – mit Einschränkungen gut alt werden

Einleitung: Peter Lude

Das Alter ist ein weit verbreitetes Phänomen, seit Menschengedenken bekannt. Dennoch gerät es in letzter Zeit vermehrt in die Schlagzeilen, denn das Alter macht Fortschritte: Die Menschen werden älter. Das hat, so darf man annehmen, tiefgreifende Folgen für die Gesellschaft.

Bedeutete eine Querschnittlähmung bis in die 1960er-Jahre, zumeist innert Wochen, Monaten, allenfalls weniger Jahre, den sicheren Tod für die Betroffenen, so ist die Lebenserwartung für diesen Teil der Bevölkerung markant angestiegen. Mit anderen Worten: Auch Menschen mit Querschnittlähmung haben mittlerweile die Aussicht, nicht mehr von den Beschwerden des Alters verschont zu bleiben. Älter werden mit Querschnittlähmung heisst in erster Linie, seine Behinderung auszuweiten, nachdem seit der Rehabilitation über viele Jahre oder gar Jahrzehnte hinweg alles daran gesetzt wurde, diese möglichst einzuschränken. Man könnte durchaus meinen, eine Querschnittlähmung an sich genüge völlig. Aber nein, das Alter wirkt sich zusätzlich behindernd aus.

Die Gemeinsamkeit der Phänomene Querschnittlähmung und Alter ist die augenfällige Einschränkung. Diese ist durchaus vielfältig. Dennoch engt das Alter ein, es verjüngt sich (technisch gesprochen) bis hin zum Tod. Ein erfahrener Chefarzt sagte einst, das Leben mit einer Querschnittlähmung sei ein Leben mit dem Tod. Für beide Bevölkerungsgruppen scheint der Tod ein enger Begleiter zu sein. Ein anderer erfahrener Chefarzt ist der Überzeugung, dass viele Menschen mit Querschnittlähmung eine höhere Lebensqualität erreichen als der Durchschnitt der Gesamtbevölkerung. Wie geht das zusammen? Einschränkung und höhere Lebensqualität?

Die Lebenserfahrung von Menschen mit Querschnittlähmung, insbesondere die Erfahrung im Umgang mit massiven Einschränkungen, wie sie auch im Alter auftreten, soll allen anderen zugänglich gemacht werden. So hätte die Rehabilitation von Menschen mit Querschnittlähmung – überhaupt von Menschen mit Einschränkungen – einen breiten gesellschaftlichen Nutzen. Wenn sich jemand nach der Lektüre dieses Buches lebendiger fühlt als zuvor, dann hat ihm das Buch etwas von dem Geheimnis vermittelt, das Lebendigkeit ausmacht. Wenn nicht, werden hoffentlich die kommenden Einschränkungen durch das fortschreitende Leben zur Entwicklung von Lebendigkeit beitragen.

I AUTONOMIE

«Weil man trotz Behinderung im Leben
viel Schönes erleben kann. Ich habe meine
Behinderung nicht ständig vor der Nase
und lasse mich auch nicht ständig frustrieren.
Ich geniesse all das, was möglich ist, was
eben noch drin liegt.»
Bernard Schüpbach

Bruno Gallmann

«WIR SIND WAHRE WELTMEISTER IM IMPROVISIEREN»

Bruno Gallmann ist ein Mensch von ungebrochener Lebendigkeit, auch wenn er seit über dreissig Jahren querschnittgelähmt ist. Die Verletzung erlitt er im Alter von 24 Jahren durch einen Sportunfall, als er einen Trampolinsprung überdrehte. Trotz Rollstuhl und sehr hoher Lähmung hat er sich zahlreiche Reiseträume erfüllt. Sein «Programm» lautete: bis fünfzig die Welt, bis sechzig Europa und bis siebzig die Schweiz. Sein grösster Wunsch bleibt, eine infolge Dekubitusproblemen abgebrochene Reise in Argentinien noch vollenden zu können. Wünsche erhalten lebendig bis ins hohe Alter. Selbst ein schlafender Löwe neben dem Auto hat «etwas Prickelndes».

Interview: Irène Fasel und Peter Lude

Sie mussten sich mehrfach einer schwierigen Operation unterziehen, die für Menschen mit Querschnittlähmung ein grosses Risiko ist: Dekubitus. Können Sie anderen, die ähnliche Situationen erleben, Mut machen?
Mittlerweile habe ich innerhalb von gut drei Jahren die fünfte Dekubitusoperation hinter mir, immer am linken Sitzbein. Das erfordert reichlich Geduld, denn nach der Operation sind rund sechs Wochen absolute Bettruhe angesagt mit anschliessender Mobilisation. Darum keinen Stress, und die Rehabilitationszeit möglichst gelassen angehen! Eine Alternative gibt es nicht, nur das zutreffende Sprichwort: Vogel friss oder stirb!

Was raten Sie, wenn Dekubitusgefahr besteht oder schon Anzeichen dieser Problematik da sind?
Gefahr besteht immer und bei allen, zudem erhöht sich mit zunehmendem Alter das Risiko erheblich. Bei auftretenden Problemen gibt es nur ein probates Mittel: Entlastung – alles andere ist Kosmetik!

Sie sind sehr viel gereist. Ihre Vision lautete: bis fünfzig die Welt, bis sechzig Europa, und was bleibt bis siebzig?
Logischerweise die Schweiz! Wenn es aus gesundheitlichen Gründen aber möglich ist, würde ich gerne einige der attraktivsten bisherigen Reiseziele nochmals anpeilen.

Haben Sie noch Reiseträume, die Sie verwirklichen möchten und die Sie sich noch zutrauen?
Natürlich, Reiseziele gibt es noch viele! Hammermässig wäre, den infolge Dekubitus abgebrochenen Trip in Argentinien, wie ursprünglich geplant, fortzusetzen. Um die Haut dabei nicht überzustrapazieren, ist die Hinreise mit dem Kreuzfahrtschiff von Italien nach Buenos Aires geplant und anschliessend der rund 14-stündige Rückflug bequem in der Business Class …

Wie ist es, wenn man als Rollstuhlfahrer plötzlich einen schlafenden Löwen neben sich sieht? Panik oder Gelassenheit?
Habe ich schon erlebt in Südafrika, allerdings im Auto sitzend mit heruntergelassenem Seitenfenster! Prickelnd, aber keineswegs gefährlich war die Situation, denn die Hitze machte den Löwen träge. Zudem schien er gesättigt und genehmigte sich im kühlen Schatten eine Siesta.

Reisen bedeutet ja immer auch zusätzliches Risiko. Man verlässt die gewohnte Umgebung, die vertrauten Hilfestellungen. Hilft Ihnen Reisen auch darüber hinweg, sich nicht «behindert» zu fühlen, weil Sie besonders Schönes erleben? Oder ist es eher umgekehrt, dass Sie dann gerade zusätzlich an Ihre Grenzen kommen?
Ich gehe schon seit mehr als zwanzig Jahren mit dem gleichen Kollegen in die Ferien und wir sind wahre Weltmeister im Improvisieren, sodass ich mich oft nicht wirklich behindert fühle. Das ist aber nicht, weil ich etwas besonders Schönes erlebe, sondern weil ich als Rollstuhlfahrer überhaupt solche Reisen unternehmen kann. In gewissen Gegenden armer Länder sind oftmals Behinderte zu sehen, die nicht einmal einen Rollstuhl besitzen und mühsam auf dem dreckigen Boden rumrutschen. Dann wird mir jeweils bewusst, wie privilegiert ich bin, auch wenn unüberwindbare Hindernisse mir die Limiten klar vor Augen führen.

Woran erinnern Sie sich besonders gerne, wenn Sie an die zahlreichen Orte denken, an denen Sie waren?
Eine meiner ersten Reisen führte nach Venezuela. Dort durfte ich in Begleitung von fünf

Kollegen mit der in Mérida startenden Seilbahn bis auf den Pico Espejo fahren (4765 m). Von dort geniesst man einen direkten Ausblick auf den Pico Bolívar (4981 m), den höchsten Berg Venezuelas. Die Seilbahn, die aus vier Abschnitten bestand und 1960 in voller Länge in Betrieb genommen wurde, war die längste und höchstgelegene Seilbahn der Welt. Sie wurde 2008 altersbedingt stillgelegt. Wie sich später herausstellte, war das in den folgenden Jahren nur noch sehr selten möglich, denn meist war eine der Bahnen defekt oder das Wetter schlecht! Auf dieser Reise erlebte ich auch das erste und einzige Mal, was Durchfall bedeutet …

Worin besteht für Sie Lebendigkeit und Lebensfreude?
Abwechslungsreich soll das Leben sein. Das heisst, nicht im Schneckenhaus leben, sondern initiativ und aktiv sein, mit verschiedensten Leuten Kontakte pflegen und Meinungen austauschen. Nur so bleibt der Alltag spannend und die Lebensfreude ein regelmässiger Gast. Spannende und erlebnisreiche Ferien sind immer ein Farbtupfer!

Warum das Leben weitergeht – auch im Alter und mit Behinderung. Warum eigentlich?
Nicht immer und bei allen war oder ist das so! Anscheinend ist dem Menschen ein Gen eingepflanzt, welches für den Lebenswillen zuständig ist und weder durch das Alter noch eine Behinderung negativ beeinflusst wird.

Sie haben und hatten also keine Angst vor dem Altern?
Mit Angst ist man schlecht beraten. Aber jeder Tag war und ist eine Herausforderung!

Älterwerden ist positiv belegt, Altern negativ. Wann tritt nach Ihrer Meinung der Wendepunkt ein?
Ich stelle mal die Zahl fünfzig in den Raum! Natürlich kann der Übergang nicht genau mit einer Jahreszahl verknüpft werden, aber ich habe den ersten substanziellen Dekubitus im 51. Lebensjahr eingefangen. Das war ein markanter Wendepunkt in meiner Rollstuhlkarriere. Seither gestaltet sich mein Tagesablauf völlig anders, damit ich das Gesäss mittags vorübergehend entlasten kann.

Fühlen Sie sich im Alter finanziell abgesichert?
Nach heutigem Wissensstand würde ich das bejahen. Allerdings steigen die Kosten im Gesundheitswesen stetig, und auch in den Sozialwerken nimmt der Spardruck kontinuierlich zu. Darum schliesse ich nicht aus, dass dereinst radikale Leistungskürzungen beschlossen werden und die heutige Einschätzung zu revidieren ist.

Haben Sie schon Vorbereitungen getroffen, um das höhere Alter möglichst gut zu bewältigen?
Nicht speziell, aber die geklärte Wohnsituation scheint mir eine gute Voraussetzung zu sein. Weiter bemühe ich mich, möglichst fit zu bleiben. Allerdings kann sich das schlagartig ändern, wie ich aktuell selbst erfahren muss.

Was tun Sie, wenn's einmal nicht reibungslos läuft? Waren Sie schon echt in Bedrängnis?
Natürlich war ich schon in Bedrängnis. Die Reaktionen sind abhängig davon, was nicht rund läuft. Wenn möglich, verstärke ich meinen Einsatz zu dessen Behebung oder hole mir Tipps und Tricks von Aussenstehenden, wie das Problem am besten anzugehen ist. Bei gravierenden Vorfällen bleibt nichts anderes übrig, als Fachleute oder -institutionen beizuziehen. Einem Dekubitus ist beispielsweise ohne externe Hilfe praktisch nicht beizukommen.

Haben Sie aus Ihrer bisherigen Erfahrung auch Fähigkeiten für den Umgang mit Einschränkungen im Alter erworben? Wenn ja, welche?
Höchstens einen Vorgeschmack darauf, wie langweilig es sein muss, nicht mehr mobil zu sein und nur noch in den eigenen vier Wänden zu verkehren. Dann ist es sehr vorteilhaft, über moderne Kommunikationsmittel zu verfügen und diese auch für Kontakte mit der «Aussenwelt» zu nutzen. Das Sprichwort «Aus den Augen, aus dem Sinn» tritt sehr schnell ein, wenn man nicht dagegenhält.

Wie schafft man es, bei äusserer Lähmung des gesamten Körpers innerlich beweglich zu bleiben?
Die Lähmung ist physisch bedingt und steht, wenn überhaupt, nur in sehr begrenztem Zusammenhang mit der geistigen Beweglichkeit. Gefragt sind die gleichen Eigenschaften wie bei den übrigen Menschen. Innerlich beweglich zu bleiben bedeutet, taff zu sein: täglich, aktuell, frisch, frech. Voraussetzung dazu ist, sich nicht ins Schneckenhaus zurückzuziehen, sondern mit offenen Augen aktiv das Leben zu gestalten.

Die Hilfspersonen sind oft aus andern Kulturkreisen und haben eine andere Muttersprache. Ist Ihnen das ein Problem?
Nein, der Kulturkreis und die Muttersprache sind nicht ausschlaggebend. Problematisch finde ich es erst, wenn die Verständigung nicht gegeben ist und dadurch Komplikationen entstehen, die vermeidbar wären.

Sind Menschen mit Behinderung besser aufs Alter vorbereitet, weil ihnen der Umgang mit Einschränkungen schon vertraut ist?
Das bezweifle ich, denn zu den behinderungsbedingten gesellen sich noch übliche altersbedingte Einschränkungen, die das Leben zusätzlich komplizieren. Einziger Vorteil dürfte sein, dass sich Menschen mit Behinderung eher gewohnt sind, Hilfe anzunehmen.

Worin besteht für Sie Fitness?
Wenn immer möglich, versuche ich mit massvoller sportlicher Betätigung möglichst fit zu sein. Allerdings ist das witterungsbedingt oder wegen gesundheitlicher Komplikationen nicht immer möglich.

Und Disziplin?
Ein gewisses Mass an Selbstdisziplin ist unabdingbar und vereinfacht vieles. Der Alltag gewinnt an Struktur, sodass Termine und Freiräume besser planbar sind.

Halten Sie sich einen Kreis von Menschen, der Sie trägt?
Das anzustreben ist absolut zentral, denn ohne Verständnis und Hilfe von Mitmenschen ist der Alltag nicht zu bewältigen, schon gar nicht, wenn es einmal nicht so rund läuft. Wunderbar, wenn es klappt!

Gibt es für Sie ein Lebens- und Organisationskonzept, das auch im Alter besteht?
Das zu organisieren, ist eine grosse Herausforderung und nicht einfach zu bewerkstelligen. Insbesondere, wenn das Leben ausserhalb von Institutionen organisiert werden soll und externe Hilfe mehrmals täglich zu variablen Zeitpunkten erforderlich ist.

Berta Gallmann

«ALT IST MAN, WENN EINEM ALLES WEHTUT»

Berta Gallmann ist die Mutter von Bruno Gallmann und pflegende Angehörige

Interview: Irène Fasel

Als Ihr Sohn Bruno verunfallte und querschnittgelähmt wurde, haben Sie als Mutter die Pflege und Betreuung zu Hause übernommen. War das eine grosse Umstellung für Sie?
Einerseits ja. Wir hatten ein grosses Bauernhaus aus dem 16. Jahrhundert, über dessen Renovation wir schon oft gesprochen hatten. Jetzt war der Zeitpunkt gekommen, es zu verkaufen und nebenan ein neues Haus zu bauen, das rollstuhlgängig war. Dazu mussten wir von der Gemeinde ein Stück Land umzonen, was auch bewilligt wurde. Als Bruno nach Hause kam, zogen mein Mann und ich mit ihm in den unteren Stock des Neubaus, einer der Söhne zog mit seiner Familie in die obere Wohnung. Wir leben seither so zusammen.

Als Bauersfrau, die fünf Kinder grossgezogen hat, wissen Sie, was Arbeit ist. Wurde die zusätzliche Pflege eines erwachsenen Sohnes nicht zu viel für Sie?
Ich tat, was ich konnte, aber das ging einfach so. Ich kann nicht herumsitzen, also habe ich alles einfach ein bisschen schneller gemacht. Offenbar bin ich die richtige Person dazu.

Mussten Sie sich zusätzlich ausbilden für die Pflege und Betreuung?
Nein. Bruno hat mir einfach immer gesagt, was und wie ich es tun sollte. Das klappte wunderbar. Wir sind nicht kompliziert und ein gutes Team.

Ihr Sohn Bruno ist sehr gerne auf Reisen. Hatten Sie Angst, wenn er weg war oder freuten Sie sich für ihn, wenn er wieder verreisen konnte?
Ich habe mich immer gefreut, dass er gehen konnte. Das hat ihm gut getan. Und sie waren ja zu zweit, sein Kollege und Schulfreund war immer dabei. Die waren eingespielt und sie

verstanden sich bestens. Es ist nie etwas passiert, im Gegenteil. Das war pure Lebensfreude für beide. Und ich wollte auch nicht alles wissen.

Jetzt haben Sie selbst eine Operation vor, werden ins Spital müssen, und Bruno kommt seinerseits aus der Rehabilitation nach Hause. Ist das nicht ein bisschen viel?
Ich hoffe jetzt, dass sein Flick hält. Das war schon eine böse Sache. Aber er ist optimistisch, er schlägt wohl mir nach. Und wenn ich nicht da bin, kommt der Trachsel Ernst. Das ist ein entfernter Nachbar, der arbeitete in der Pflege. Zusammen mit dem Bruder und der Schwägerin oben im Haus organisieren sie sich bestens. Da habe ich keine Bedenken.

Haben Sie Angst vor der Operation, der Sie sich unterziehen müssen?
Nein. Das kommt halt mit dem Alter. Alt ist man, wenn einem alles wehtut. Aber ich bin zuversichtlich. Und den Mut verliere ich nicht so schnell. Ein Energiebündel sei ich, sagt mein Sohn.

Bernard Schüpbach

«MEINE LEIDENSCHAFTEN SIND DIE ESSENZ DES LEBENS»

Kurz vor seinem 63. Geburtstag diagnostizierten die Ärzte bei Bernard Schüpbach einen Kehlkopfdeckel-Krebs. Mit Lebensmut und Zuversicht stellte er sich der bevorstehenden Bestrahlungs- und Chemotherapie. Seine Kräfte reichten aber nicht mehr aus, sie zu bestehen. Am 6. Februar 2014 erlag er den Folgen der Therapie.

Bernard Schüpbach hatte eine unfallbedingte komplette Tetraplegie auf Höhe des fünften Halswirbels und war deshalb auf Assistenz angewiesen. Trotzdem wohnte er seit 2007 in Rüfenacht bei Bern alleine in einer behindertengerechten Dreizimmerwohnung. Mit Spitex, selbst angestellter Nachtwache und, soweit nötig, weiteren Hilfspersonen hatte er sich den Alltag, auch im Hinblick auf das höhere Alter, gut organisiert. Bis 2007 lebte Beni im Schulungs- und Wohnheim Rossfeld. Er arbeitete dort während 32 Jahren bis zu seiner Pensionierung im Jahre 2010 als kaufmännischer Lehrmeister.

Interview: Fritz Vischer

Altern ist eine Herausforderung wie jede andere! Stimmt das?
Ja, so ist es!

Sie haben und hatten also keine Angst vor dem Altern?
Nein!

Älterwerden ist positiv belegt, Altern negativ. Wann tritt nach Ihrer Meinung der Wendepunkt ein?

Einen eigentlichen Wendepunkt sehe ich nicht, es sei denn, es geschehe wieder etwas Traumatisches. Für mich ist das Älterwerden ein Prozess. Aber wenn ich wirklich einen Zeitpunkt nennen soll, so kann ich Ihnen folgendes Erlebnis erzählen, das mich im guten Sinne zum Denken angeregt hat: Nach der Pensionierung des ältesten Kollegen unseres Teams stellte ich plötzlich fest, dass ich selbst jetzt der Älteste bin. Die übrigen Ausbilder waren rund 15 bis 35 Jahre jünger. Das ist ein grosser Unterschied. Man hat teilweise unterschiedliche Interessen und Lebensweisen. Da fragte ich mich, ob die mich noch wollen, und bot an, mich mit sechzig zurückzuziehen, was ich dann auch tat. Ich wurde dann allerdings angefragt, ob ich bereit wäre, gewisse Aufgaben auch nach meiner Pensionierung weiterzuführen. Das habe ich dann gerne angenommen. So bin ich auch als «Alter» noch mindestens einmal in der Woche in meiner alten Arbeitswelt und offenbar willkommen.

Worin besteht für Sie Lebendigkeit und Lebensfreude?

Gut gelaunt und gesund aufzuwachen und mit Spannung den Überraschungen des neuen Tages entgegenzublicken. Aber nicht nur das: Jeder Tag gilt auch heute meinen Leidenschaften und Interessen. Sie sind die Essenz des Lebens! Dazu gehören für mich als ehemaligen Gitarrenspieler vor allem die Musik und als Student der Hotelfachschule das Kochen, das ich noch immer im Rahmen des Möglichen betreibe. Kochen und Essen tragen auch zur Geselligkeit bei – auch das ist eine wichtige Lebensfreude. Nicht umsonst habe ich die Küche nach meinen individuellen Bedürfnissen einrichten lassen. Daneben lese ich sehr gerne – Belletristik, aber auch politische und historische Bücher. Mich bereichert das, und es hält mich lebendig!

Warum das Leben weitergeht – auch im Alter und mit Behinderung. Warum eigentlich?

Weil man trotz Behinderung im Leben viel Schönes erleben kann. Ich habe meine Behinderung nicht ständig vor der Nase und lasse mich auch nicht ständig frustrieren. Ich geniesse all das, was möglich ist, was eben noch drin liegt. Anderes blende ich aus. Ein typisches Beispiel sind Reisen. Ich bin vor meinem Unfall in der Welt herumgereist und erinnere mich gerne daran. Im Rollstuhl habe ich aber kaum mehr grosse Reisen unternommen. Ich finde es nicht mehr besonders interessant. Bei schönem Sommerwetter gehe ich ins Marzili, abends gehe ich oft in eines meiner bevorzugten Jazz- oder Blues-Lokale, wo Interpreten aus der ganzen Welt auftreten. So bleibe ich, auch ohne aufwendige Reisen zu unternehmen, mit der Welt verbunden und kann mich austauschen. Ich spielte ja früher selbst Blues.

Fühlen Sie sich im Alter finanziell abgesichert?
Für die nächsten fünf Jahre ja. Was danach geschieht, wird sich weisen. Unter Umständen werde auch ich zu gegebener Zeit anklopfen, um Ergänzungsleistungen zu kriegen. Ich gehöre nicht zu denen, die als Folge des Unfalls in den Genuss einer lebenslangen Rente der Suva oder der Militärversicherung kamen.

Haben Sie schon Vorbereitungen getroffen, um das höhere Alter möglichst gut zu bewältigen?
Was will ich dazu sagen? Ich bin froh, wenn ich morgens gesund und zufrieden aufwache. Im Übrigen bin ich schon jetzt so organisiert, dass ich den Tag gut über die Runden bringe. Wer nicht in einem Heim wohnt, muss das aber selbst organisieren. Ich habe die Spitex, die mir morgens und nachmittags hilft, und überdies Hilfspersonen, die ich selbst angestellt habe. Wenn jemand krank ist, oder der Zeitplan sich verschiebt, muss ich mir zu helfen wissen und auch mal improvisieren können. Organisieren hält dich flexibel. Du musst immer dran sein, damit alles möglichst reibungslos abläuft.

Was tun Sie, wenn's einmal nicht reibungslos läuft? Waren Sie schon echt in Bedrängnis?
Das ist bislang nicht vorgekommen, aber ich habe auch Sicherheitsnetze ausgespannt. Mit zwei Nachbarn im Hause habe ich vereinbart, dass ich sie im Notfall rufen kann. Ich habe immer ein Telefon neben mir, allerdings kein Nottelefon. Überdies habe ich die Assistenz so organisiert, dass ich nie länger als sechs Stunden alleine bin.

Sie sind gleichzeitig Kunde, Arbeitgeber und je nachdem auch Ausbilder. Wie kriegen Sie das unter einen Hut?
Ich habe nicht den Eindruck, dass ich da auf drei Hochzeiten tanze. Ich bin es ja, der diese Personen aussucht, und ich weiss auch genau, was ich verlangen will und muss. Erst kürzlich habe ich einen Vertrag nur provisorisch abgeschlossen, damit die betreffende Person noch den SRK-Kurs für Pflege und Betreuung absolvierte. Der Abschluss dieses Kurses ist bei mir die minimale Qualifikation.

Die Hilfspersonen sind oft aus anderen Kulturkreisen und haben eine andere Muttersprache. Ist Ihnen das ein Problem?
Nein, denn ich habe ja zuvor geklärt und beurteilt, ob ich mich mit diesen Personen hinreichend verständigen kann. Mit durchzogenem Erfolg bemühe ich mich im Übrigen, diesen Menschen Deutsch beizubringen.

Sind Menschen mit Behinderung besser aufs Alter vorbereitet, weil ihnen der Umgang mit Einschränkungen schon vertraut ist?
Das ist sehr individuell. Da gibt es keine allgemeingültige Antwort. Es ist eine Frage der Organisation und der Einstellung: Es gilt, das Beste aus der gegebenen Situation zu machen.

Mit Sport?
Nicht unbedingt.

Mit Disziplin?
Ja, aber ich will das nicht auf Sport beschränken. Die intellektuelle Athletik hält noch wacher. Dazu zähle ich die Lektüre anspruchsvoller Bücher, aber auch den Genuss guter Filme im Kino.

Mit einem Kreis von Menschen, der Sie trägt?
Ja! Wichtig ist mir, den Kontakt zu wenigen, aber zuverlässigen Freunden zu pflegen, die durch dick und dünn zu mir stehen – und ich natürlich auch zu ihnen! Oberflächliche Bekanntschaften sind mir heute nicht mehr so wichtig.

Mit einem Lebens- und Organisationskonzept, das auch im Alter besteht?
Ja, und du bist selbst dafür verantwortlich. Die Art und Weise, wie du das organisierst, bestimmt deine Lebensqualität. Wesentlich ist mir, ein möglichst selbstbestimmtes Leben führen zu können. Man darf sich deshalb nicht gehen lassen und vermeidbare Abhängigkeiten schaffen. «Wer rastet, rostet», an dieser Volksweisheit ist schon was dran! Der römische Staatsmann Appius Claudius Caecus hat dasselbe etwas anders formuliert: Jeder ist seines Glückes Schmid!

Und so gehen Sie auch mit der Krebsdiagnose um, von der Sie erst seit einigen Tagen wissen?
Kehlkopfdeckel-Krebs lautet die Diagnose. Sie wird vielfach mit ausschweifendem Lebenswandel in Verbindung gebracht. Ich teile diese Sichtweise nicht und betrachte diesen Krebs nicht als Strafe für allfällige Schandtaten, sondern als weitere Herausforderung, der ich mich offenbar stellen muss. Gewinne ich den Zweikampf mit dem Krebs, so wird das sicher dazu führen, dass ich mein Leben noch bewusster lebe und schätze. Sollte ich ihn verlieren, kann ich nicht mit einem goldenen Fallschirm rechnen, wie er gewissen andern Leuten zu Unrecht gewährt wird.

NACHRUF BERNARD SCHÜPBACH

Beobachtungen und Erinnerungsbilder eines Weggefährten und Freundes, vorgetragen anlässlich der Gedenkfeier am 21. Februar 2014 in Zürich

Von Fritz Vischer

Im Mai 1977 gelangen nach und nach drei neue Patienten ins Zimmer 211 des Paraplegiker-Zentrums in Basel. Ich, der Einheimische, aus der Intensivstation im Raum nebenan, Ueli Schellenberg aus einem Zürcher Spital und schliesslich Bernard Schüpbach aus dem Universitätsspital Lausanne. Mit dem Einzug von Bernard steigt die Stimmung im überfüllten Sechserzimmer. Er erzählt unentwegt Witze. Dazwischen berichtet er von der Hotelfachschule, vom Küchenpraktikum in Neuenburg und von Musik. Schon bald liegt ein Kassettengerät auf dem Krankentischlein. Rolling Stones kriegen wir zu hören. Zwölf Wochen haben wir abzuliegen, damit die Wirbelsäule wieder zusammenwächst, im günstigsten Falle auch das verletzte Rückenmark. Unsern eingezwängten Kopf sollen wir ja nicht bewegen, heisst es. Bernard tut es doch.

Am 20. August 2013, also ein halbes Leben später, treffen sich Bernard und ich wieder einmal in Bern. Erstmals nicht im einfachen «Café Fédéral», sondern im eleganteren Schweizerhof. Dort kenne ich Anja, die Leiterin des Marketings. Sie lädt uns zu einem Champagner-Apéro mit Sushi ein. Besser hätte sie's nicht treffen können: Bernard schwelgt und erläutert uns, wie Sushi zuzubereiten ist. Danach essen wir in der Brasserie, und Bernard rundet das Mahl mit einem «Colonel» ab. Seither haben wir oft telefoniert, und am 11. März dieses Jahres hätten wir uns zu einem Konzert der britischen Blues-Ikone John Mayall wiedergetroffen. Schon wenige Wochen nach der letzten Begegnung war Anja aber Gast von Bernard. Als Kontrast lud er sie, die Dame aus der Nobelherberge, sehr bewusst in eine offenbar originelle, aber doch schräge Knille ein. Das ist Bernard, wie er leibte und lebte!

Zwischen der gemeinsam verbrachten Zeit in Basel und unserer letzten Begegnung in Bern liegen 36 gelebte Jahre. Aus Bernard ist in dieser Zeit sehr bald schon Beni geworden, und mit steigendem Alter hat er sich zum besonnenen Geniesser gewandelt. Die hellbraune Haartracht ist derweil einem charaktervollen Glatzkopf gewichen. Ansonsten ist sich Beni aber mit seinem Interesse am Kochen, seiner Liebe zum Blues und seiner Neigung zu Witzen treu geblieben. Er konnte sie auf trockene Art besonders gut erzählen, weil er selbst

Witz hatte. Das ist eine gute Grundlage, um Widerwärtigkeiten zu begegnen, und davon gab es genug.

Blenden wir wieder zurück ins Jahr 1977: Nach brav erduldeter Liegezeit stiess mit Marco Toffol ein weiterer Kumpane zu uns. Die Klinikleitung unter dem charismatischen Guido A. Zäch gewährte uns vieren die beiden einzigen Zweierzimmer im Hause. Fortan waren im 108 die Paraplegiker Marco und Ueli, im 107 Beni und ich, beide Tetraplegiker. Zu diesem Zeitpunkt zeichnete sich schon deutlich ab: Im neurologischen Sinne hatte Beni von uns vieren am meisten verloren. Mich begünstigten die Umstände in mancherlei Hinsicht, doch das hat unser Verhältnis nie ernsthaft belastet. Im Gegenteil: Der Kitt der Verbundenheit verdichtete sich. Meine Familie, namentlich meine Eltern, schlossen Beni in ihr Herz. Er erhielt den für Nichtbasler abschätzig klingenden Kosenamen «Schüpi». Mit meiner Ergotherapeutin – seinerzeit Praktikantin, heute meine liebe Frau – erweiterte sich das Kumpanen-Duo im Zimmer 107 schon bald zum Trio. Die Rolling Stones begleiteten meine morgendliche Therapie jeden Tag, Schüpi fieberte Sprüche klopfend mit. Mit den Spezis vom Nachbarzimmer 108 bildete sich mit der Zeit ein eigentliches Freundschaftsquintett. Wir sahen uns immer wieder, oft auf Einladung des grosszügigen Ueli, der auch seine Invalidenrente über Jahre Beni überliess. Am 9. Mai 2001 erlag Ueli mit knapp 62 Jahren einem Herzversagen. Das traf mich schon stark.

Die Meldung vom Tode des nur vier Jahre älteren Schüpi, die mich auf einer Ferienreise in Südafrika erreichte, empfinde ich dagegen auch heute als direkten Stich ins Herz. Damit hatte ich zu diesem Zeitpunkt nicht gerechnet. Ich nehme Anteil – nicht nur aus Mitgefühl gegenüber Ihnen, der Mutter und Schwester von Bernard, sondern auch, weil ich Anteil bin. Von ursprünglich vier rückenmarksverletzten Patienten sind wir jetzt noch zwei. Das bedrückt mich.

Im Falle von Schüpi ist die Erinnerung aber wirklich Trost. Dank seinem Witz verstand er es schon schnell, seine Rolle in Gesellschaft und Beruf zu relativieren und die Erwartungen ans Leben den Umständen anzupassen, ohne zum kümmerlichen Hilfsbedürftigen zu verkommen. Diese Strategie entwickelte er selbst, teils aus unmittelbarer Not im Klinikalltag: Nach gutem Anfang kümmerten sich zwei wenig empathische Ergotherapeutinnen um ihn. Sie hielten sich eisern an die seinerzeitige emanzipatorische Maxime, es sei besser, zum Waschen und Anziehen zwei oder mehr Stunden schwitzend zu verplempern, als jemanden um Hilfe zu bitten. Diesem Drill verweigerte sich Beni in nüchterner Einschätzung seiner Möglichkeiten. «Wie in der Fremdenlegion, wo sie mit der Zahnbürste den Kasernenhof wischen müssen», war sein Kommentar. Im Wohnungs- und Schulheim Rossfeld, von dem schon bald die Rede war, hätten ihm solche Rehabilitationserfolge in der Tat wenig genützt. Wer – wie er – die eidgenössisch anerkannte kaufmännische Ausbildung durchlaufen wollte, hatte morgens um acht an seinem Pültchen zu erscheinen. Diesen Tagesbefehl befolgte er bis zum Abschluss, ohne zu murren. Er, der bei anderem Verlauf vielleicht Direktor des Schweizerhofs geworden wäre, war sich auch nicht zu schade, sich als angehenden Bürogummi zu bezeichnen. Er hatte eben Witz!

Als sogenannter Bürogummi entwickelte er sich im Rossfeld zum angesehenen Treuhänder, der im Gegensatz zu seinen behinderten Kollegen dem Lehrkörper angehörte. Er erarbeitete sich eine Sonderstellung und blieb trotzdem bei allen beliebt. Das ist eine Leistung, seine Leistung! Dabei kam ihm sicher zustatten, dass sich hinter seinen, zuweilen burschikosen, Sprüchen ein Bildungsschatz verbarg, den er als Teil seines Lebenskonzepts sorgsam pflegte. Er lebte zwar bedingt durch die Umstände über Jahrzehnte in einer kleinen Welt, hatte aber das Zeug zum «homme d'esprit» und bewahrte das bis zuletzt. Auch das ist unter den gegebenen Bedingungen eine beachtliche Leistung.

Es gibt aber noch eine weitere: Entgegen allen seinerzeitigen Prophezeiungen, nie selbstständig wohnen zu können, schaffte er 2007 den Sprung aus der behüteten, aber engen Welt des Behindertenheims in eine zweckmässige, aber schmucke Wohnung in Rüfenacht. Dort waltete er wie ein talentierter Hoteldirektor: Er organisierte die Assistenz, die er brauchte, kochte nach exotischen Rezepten, befasste sich mit Geschichte und war zur Stelle, wenn man sich an ihn wandte; dies, obschon er aus einer Mischung von Schrulligkeit und organisatorischem Sachzwang in die Nacht hinein lebte.

Schüpi war auf seine eigene Art gewandt und feinsinnig. Das empfanden offenbar auch zahlreiche weibliche Mitmenschen so. Jedenfalls tummelten sich im Umfeld des Junggesellen immer Frauen jeglicher Couleur, und dies im wörtlichen wie auch übertragenen Sinne. Ich kannte sie nicht alle, sie gefielen mir auch nicht immer. Trotzdem ist auch das bemerkenswert. Diese Gefährtinnen vermissen Bernard Schüpbach gleichermassen wie ich, der Weggefährte aus dem Paraplegiker-Zentrum, und Sie alle in diesem Raum.

Zum Glück bleiben uns allen heitere Erinnerungsbilder.

Manfred Sauer

«ICH MACHE IHREN SOHN ZUM STEUERZAHLER»
(SIR LUDWIG GUTTMANN)

Manfred Sauer ist seit einem Badeunfall, den er im Alter von 19 Jahren kurz vor dem Abitur hatte, querschnittgelähmt. Das von ihm gegründete Unternehmen, die Manfred Sauer GmbH, hat sich auf Produkte für Querschnittgelähmte und Rollstuhlfahrer spezialisiert. 2001 gründete der Unternehmer die Manfred-Sauer-Stiftung, der er die Unternehmensanteile und sein Privatvermögen übertrug. Sie will querschnittgelähmte Rollstuhlfahrer und deren Partner ermutigen, ihre Leistungsfähigkeit wahrzunehmen und ihr Leben selbstbewusst zu gestalten, um mit den körperlichen Einschränkungen ein erfülltes Leben führen zu können.

Interview: Irène Fasel und Peter Lude

Herr Sauer, Sie sind im Alter von 19 Jahren querschnittgelähmt geworden. Inwiefern zählen Sie diese Jahre?
Wenn einem mit 19 die geschätzte Lebenserwartung für das Behinderungsbild Querschnittlähmung mit 15 bis 20 Jahren angegeben wurde, rechnet man schon allein aus sportlichem Ehrgeiz die Jahre, die man darüber hinaus verbracht hat.

Wann beginnt für Sie das Alter?
Mit den notwendig werdenden zusätzlichen Hilfsmitteln. Das beginnt bei der Brille, die Zähne sind auch nicht mehr so gut und der mechanische Rollstuhl braucht eine elektrische Unterstützung.

Freuen Sie sich auf das Älterwerden?
Wenn ich ehrlich bin – nein.

Die Zeit nach Ihrem Unfall war nicht nur ein Kampf ums Leben für Sie. Sie waren gezwungen, Ihr Leben völlig neu zu beginnen. Wie würden Sie heute Ihre Fähigkeit im Umgang mit schwierigen Lebenssituationen beschreiben? Worin besteht diese Fähigkeit im Besonderen?
Wenn man seine Kindheit als glücklich empfunden hat und einem das Naturell mit in die Wiege gelegt wurde, das Glas eher halb voll als halb leer zu sehen, meistert man auch schwierige Dinge leichter bzw. mit einer gewissen Zuversicht. Daraus kann sich dann durchaus ein Wettstreit ergeben zwischen den Schwierigkeiten und der persönlichen Möglichkeit, sie zu lösen.

Was gibt Ihnen Zuversicht, wenn Sie an das Älterwerden denken?
Eine Patientenverfügung und dass es in der Familie keine generationsübergreifenden Krankheiten gab.

Was verstehen Sie unter Lebendigkeit und worin besteht diese für Sie persönlich?
Dass man in gewissen Prozessen involviert ist, die eigene Meinung gehört wird und man als Diskussionspartner angenommen wird.

Warum führt man ein Leben mit einer Tetraplegie weiter, obwohl die prophezeite Lebenserwartung nach dem Unfall nur etwa 10-15 Jahre betragen soll?
Weil man auch trotz Tetraplegie noch eine Lebensbejahung in sich verspürt.

Wie kann man bei äusserer Lähmung des gesamten Körpers innerlich beweglich bleiben?
Das schafft man nicht unbedingt selbst, sondern das schafft auch die Umgebung, indem sie einen fordert.

Sie sind erfolgreicher Unternehmer und der grösste Arbeitgeber der Region. Gelingt das auch mit einer gewissen Leichtigkeit, entgegen der lähmenden Tatsachen betreffend Körper und manchmal der wirtschaftlichen Lage?
Es ist Unsinn zu glauben, dass man in einem grösseren Betrieb aus eigener Kraft alle Mitarbeiter auf Trab halten kann. Für mich bleibt es ein ständiges Bemühen, die leitenden

Mitarbeiter von der Sinnfälligkeit dessen zu überzeugen, was sie tun, als Voraussetzung, diese Einsicht weiterzugeben. Das gelingt nicht immer mit Leichtigkeit und manchmal steht auch die Behinderung im Wege, weniger die wirtschaftliche Lage.

Worin besteht Ihre Innovationskraft? Was würden Sie als deren Ursprung bezeichnen, und worin liegt für Sie die Kraftquelle, mit den täglichen Erschwernissen bzw. Widrigkeiten umzugehen?
Die Innovationskraft besteht darin, zunächst einmal ganz egoistisch die eigene Situation zu verbessern, und das war für mich der eigentliche Ursprung. Die Kraftquelle ist dann der Ehrgeiz, hieraus mehr zu machen und als Unternehmer die Mitverantwortung für die Sicherheit der Mitarbeiter. Tägliche Erschwernisse ist man in diesem Zusammenhang gewohnt, geht mit ihnen um, ohne grossartig darüber nachzudenken.

An Ihrem Wirkungsort, der Manfred Sauer GmbH, setzen Sie sich besonders für Menschen ein, die mit Einschränkungen leben müssen. Was ist der Hauptfokus Ihrer Organisation? Welches sind Ihre Anliegen? Ihre mittelfristigen Ziele?
Wie gesagt ist mir die Mitverantwortung für die Sicherheit der Mitarbeiter wichtig und damit steht die Standortsicherung im Hauptfokus unseres Tuns. Das bedeutet eine gewisse Wachheit und Innovationskraft, um langfristig etwas anzubieten, was gebraucht wird und von anderen nicht in dieser Qualität hergestellt werden kann. Das ist uns ein Anliegen und gleichzeitig auch mittelfristiges Ziel.

«Wir Behinderten müssen der Gesellschaft etwas zurückgeben können», sagten Sie anlässlich eines Workshops des DMGP-Kongresses zum Thema «Alter und Querschnittlähmung» 2010 in Nottwil. Wie stehen Sie heute zu dieser Aussage?
Ich stehe heute noch genauso zu der Aussage wie damals, denn es ist gerade auch für den behinderten Menschen, der auf fremde Hilfe angewiesen ist, wichtig; wichtig für sein Selbstwertgefühl, wenn das Geben und Nehmen in einem gewissen Verhältnis stehen.

Gilt das auch im Sinne Ihres Vorbilds Sir Ludwig Guttmann?
Ja durchaus. Nach meinem Unfall im Jahre 1963 sagte er zu meinem Vater: «Ich mache Ihren Sohn zum Steuerzahler.» Dies hat sich vielfach bewahrheitet. In meiner Firma arbeiten heute circa 340 Leute aus der Gegend.

Ein Lebenswerk für aktive Lebensgestaltung

Manfred Sauer – Unternehmer und Stifter: ein Porträt

«Es war mein zweiter Sprung in die Themse. Dabei kam mir ein Pudel in die Quere. Ich wich aus, sprang von einer anderen Stelle. ‹Seemannsköpfer› nannten wir das – Hände nach hinten, auf eine Sandbank aufgekommen und die Halswirbelsäule gebrochen.» So beschreibt Manfred Sauer den Moment, der ihn 1963 bei einem Sprachferienaufenthalt in London zum Querschnittgelähmten machte. Der damals 19-Jährige hatte Glück im Unglück: Er kam direkt ins Stoke Mandeville Hospital nahe Oxford. Dort hatte der 1939 vor den Nationalsozialisten aus Breslau geflohene Arzt Ludwig Guttmann das damals weltweit führende Behandlungszentrum für Menschen mit Querschnittlähmung im Auftrag der Queen aufgebaut.
Guttmann nannte seine innovative, für die damalige Zeit gar «revolutionäre» Methode «Comprehensive Care in Comprehensive Units». Das Bahnbrechende daran war, dass die Rehabilitation mit Pflege, ärztlicher Versorgung, Therapien, Sport, beruflicher und sozialer Eingliederung interdisziplinär organisiert und nicht isoliert betrachtet werden sollte. Für ihn war der Mensch als Ganzes zu betrachten, seine Genesung sollte über den Körper hinaus auch die seelischen und geistigen Bereiche mit einbeziehen.
Mit dem Versprechen «Ich mache Ihren Sohn zum Steuerzahler» machte Dr. Guttmann damals dem verzweifelten Vater Manfred Sauers Mut.
Er sollte Recht behalten.

Leistungsgedanke als Antrieb

Der Leistungsgedanke als Rehabilitationsziel prägt Manfred Sauer zeitlebens und wurde sein bleibender Antrieb. Heute ist das von Sauer gegründete Unternehmen, das sich auf Medizinprodukte für Menschen im Rollstuhl spezialisiert hat, nicht nur der grösste Gewerbesteuerzahler, sondern auch der grösste Arbeitgeber in seiner Heimatgemeinde Lobbach bei Heidelberg. Über 340 Mitarbeiter beschäftigt die Manfred Sauer GmbH.

Zurück zu den Anfängen: Nach dem Klinikaufenthalt in England machte der junge Mann eine kaufmännische Ausbildung in einem sogenannten «Krüppelheim» im Westfälischen und besorgte sich heimlich einen Gewerbeschein. Mit einem «Firmensitz» in Pappkartons unter dem Bett begann er – seine Ausbilder durften davon nichts wissen – mit dem Aufbau eines Unternehmens, das Kondom-Urinale für Männer mit Blaseninkontinenz zusammenstellte und verkaufte. Der Bedarf dafür war dem Firmengründer aus eigener Erfahrung bekannt. Zu den Auswirkungen einer Querschnittlähmung gehört auch, dass sich die Entleerung der Blase nicht mehr kontrollieren lässt, da die Nervenbahnen im Rückenmark durchtrennt sind. «Die Sache flog auf, als eines Tages ein Vertreter in dem ‹Krüppelheim› auftauchte und den Chef der Firma Sauer sprechen wollte. ‹Sauer? Eine solche Firma gibt es hier nicht. Unser Lehrling heisst aber Sauer›», erzählt Manfred Sauer.
Nach seiner Ausbildung trat Manfred Sauer zunächst eine Stelle im öffentlichen Dienst an: Er wurde kaufmännischer Ausbilder im 1966 neu errichteten beruflichen Rehabilitationszentrum für Menschen mit Querschnittlähmung der Ortho-

> «Impulse für bewusstes Leben» können nicht nur Menschen mit Querschnittlähmung gebrauchen.

pädischen Universitätsklinik Heidelberg. Parallel organisierte er das wachsende Mini-Unternehmen. Doch irgendwann ging das nicht mehr. 1974, mit dreissig Jahren, entschloss sich der Pionier zum Schritt in die volle Selbstständigkeit. 1982 errichtete er einen Produktionsbetrieb im Lobbacher Gewerbegebiet für die von ihm weiterentwickelten Kondom-Urinale, in dem heute alle Komponenten dieses Systems hergestellt werden. Hinzu kamen die Katheterproduktion und Rolli-Moden, ein Betrieb zur Herstellung von Bekleidung, die speziell auf Rollstuhlfahrer zugeschnitten ist. «Kleidung, die im Sitzen sitzt» lautet das Angebot und folgt dem modischen Trend.

Manfred-Sauer-Stiftung

All dies gehört heute der gemeinnützigen Manfred-Sauer-Stiftung. Der damals 57-Jährige gründete die rechtsfähige Stiftung 2001, um die Unternehmensnachfolge zu regeln, den Standort der Firma zu sichern und der Gesellschaft aus Dankbarkeit für seinen Erfolg etwas zurückzugeben. Neben dem Unternehmen brachte er auch sein gesamtes Privatvermögen ein. Mieten und Erträge des Unternehmens fliessen seitdem in die Stiftung.

«Die Leistungsbereitschaft Querschnittgelähmter fördern» hat Sauer seinen Stiftungszweck genannt, und der Slogan im Logo verspricht «Impulse für bewusstes Leben». Die können nicht nur Menschen mit Querschnittlähmung gebrauchen. Kristallisationspunkt der Aktivitäten ist das stiftungseigene Seminarhotel in Lobbach, ein Restaurant mit offener Küche und eigener Brauerei sowie ein Begegnungszentrum, in dem Rollstuhlfahrer und Fussgänger zwischenmenschliche Barrieren ab- und Verständnis füreinander aufbauen können.

Bei den Angeboten gibt es drei Schwerpunkte: Training und Entspannung im Gesundheitszentrum, die Förderung bewusster Ernährung – insbesondere auf die Bedürfnisse von Menschen mit Querschnittlähmung ausgerichtet – und das Entdecken eigener kreativer Fähigkeiten. In der Kreativwerkstatt locken z. B. Acrylmalen, Buchbinden, Arbeiten mit Holz und Stein und die Herstellung von Schmuck. Zu den Bewegungsangeboten gehören ein dreistufiges Rollstuhl- und Mobilitätstrainingsprogramm, Handbike, Schnupperwochen für Rollstuhlsport und Bogenschiessen, Selbstverteidigung und Yoga. Hinzu kommen Ernährungsworkshops mit individueller Beratung und gemeinsamem Kochen und die stiftungseigene Wellnesslandschaft mit Schwimmbad und Saunen.

2011 wurde ergänzend eine in allem barrierefreie Sporthalle eröffnet, nicht aus Sauers sportlicher Begeisterung heraus, sondern vielmehr dem Guttmannschen Gedanken folgend, Sport als ein Weg, ein Impuls zurück zur Leistung, zum Engagement. Deshalb heisst die Halle «Ludwig-Guttmann-Sporthalle». Ganz neu ist ein 500 Meter langer asphaltierter Rollstuhlparcours für Handbiker.

Manfred Sauer ist kein Mensch, der viel Aufhebens um seine Person macht. Jene, die auf der Suche nach Impulsen für ein bewusstes Leben ins Seminarhotel kommen, mag der Geist des Stifters dennoch inspirieren.

Weitere Informationen: www.manfred-sauer-stiftung.de

Inkontinenz: Operation oder Hilfsmittel?

Jürgen Pannek

Unter dem Begriff Inkontinenz versteht man den ungewollten Verlust von Stuhl und/oder Urin. Wenn im Folgenden von «Inkontinenz» die Rede sein wird, so ist, falls nicht ausdrücklich vermerkt, immer die Harninkontinenz, also der ungewollte Verlust von Urin, gemeint.

Inkontinenz ist ein Symptom, keine Krankheit. Dies bedeutet, dass dem ungewollten Urinverlust ganz verschiedene Ursachen zugrunde liegen können. Infolgedessen ist bei einer Inkontinenz jeweils die Abklärung ihrer Ursache erforderlich, da davon die Behandlung abhängig ist. Entsprechend unterscheidet man verschiedene Formen der Inkontinenz, die z.T. völlig andere Therapiestrategien erforderlich machen.

Einteilungen von Inkontinenz

Die Inkontinenz wird in verschiedene Formen unterteilt. Darüber hinaus besteht eine Klassifikation nach Schweregraden.

Inkontinenzformen

1. Belastungsinkontinenz

Diese früher auch als Stressinkontinenz bezeichnete Form ist gekennzeichnet durch eine Schliessmuskelschwäche. Man verliert Urin beim Husten, Lachen oder Niesen, weil der Schliessmuskel bei erhöhtem Druck im Bauchraum nicht ausreichend schnell und nicht genügend stark angespannt werden kann. Mögliche Auslöser sind vorausgegangene Geburten mit Schädigung des Beckenbodens, Operationen der Prostata, Nervenschädigung (z.B. Querschnittlähmung, Multiple Sklerose) oder chronische Überlastung des Beckenbodens (z.B. durch Übergewicht, schweres Heben, chronischen Husten, erbliche Disposition). Bei der Belastungsinkontinenz ist der Urinverlust also nicht Folge einer Funktionsstörung der Blase, sondern des Schliessmuskels.

2. Dranginkontinenz

Bei dieser Form tritt ein nicht unterdrückbarer, plötzlicher Harndrang auf, der zu einer unmittelbaren Blasenentleerung zwingt. Die Betroffenen erreichen die Toilette oft nicht mehr rechtzeitig. In diesem Fall ist die Inkontinenz durch eine Störung der Blasenfunktion (überaktive Blase) bedingt. Neben Nervenversorgungsstörungen können auch Reizungen durch Fremdkörper (z.B. Blasensteine, aber auch Tumoren) sowie Blasenentzündungen eine Dranginkontinenz verursachen.

3. Reflexinkontinenz

Der Urinverlust basiert auf einer Fehlsteuerung der Blasenfunktion durch das Nervensystem. Ursache der Reflexinkontinenz ist daher immer eine neurologische Erkrankung.

4. Überlaufinkontinenz

Bei dieser Form der Inkontinenz tritt ein Urinverlust durch eine massiv überfüllte Blase auf. Wie bei einem Fass, das bis zum Rande gefüllt ist und jede weitere Flüssigkeitszufuhr dazu führt, dass das Fass überläuft, kommt es zum Verlust einer geringen Menge Urins, jedoch bleibt die Blase weiterhin fast vollständig gefüllt. Ursachen können ein Hindernis in der Harnröhre (z.B eine stark vergrösserte Prostata oder eine Harnröhrennarbe) oder eine schlaffe Lähmung der Blase (z.B. im spinalen Schock direkt nach Querschnittlähmung) sein.

Inkontinenzgrade

Die Inkontinenzgrade werden in der Klassifikation der Mittel- und Gegenstände-Liste des Eidgenössischen Departments des Innern definiert und sind für die Erstattung von Inkontinenzhilfen durch die obligatorischen Krankenversicherungen entscheidend. Hier wird unterschieden zwischen:
- leichter Inkontinenz: Urinverlust < 100 ml/4 h
- mittlerer Inkontinenz: Urinverlust 100–200 ml/4 h
- schwerer Inkontinenz: Urinverlust > 200 ml/4 h
- totaler Inkontinenz: unkontrollierter, dauernder Urinabgang.

Inkontinenz bei Querschnittlähmung

Der Harntrakt erfüllt zwei unterschiedliche Aufgaben: Zum einen die Urinspeicherung und zum anderen die Blasenentleerung. Während die Blase Urin speichert, dehnt sie sich elastisch aus, und der Schliessmuskel sorgt für einen sicheren Verschluss. Zur Entleerung kann der Schliessmuskel entspannt werden. Damit wird der Weg für den Urin freigegeben. Diese Vorgänge beruhen auf einem komplizierten Zusammenspiel unseres Nervensystems. Die Steuerung erfolgt durch Nervenzentren in Grosshirn, Hirnstamm, Rückenmark und im kleinen Becken. Diese stehen miteinander über das Rückenmark in stetiger Verbindung, um die Funktionen von Blase und Schliessmuskel zu kontrollieren und zu koordinieren. Eine Querschnittlähmung zerstört diese Verbindung, die Betroffenen verlieren ihre Fähigkeit, Blase und Schliessmuskel willkürlich zu steuern und somit die Blasen- und Darmfunktion zu kontrollieren.

Daher leidet nahezu jeder Mensch mit Querschnittlähmung unter einer Blasenfunktionsstörung. Im ungünstigsten Fall gerät der Urin in der Blase durch die nicht koordinierte Aktivität von Blase und Schliessmuskel unter sehr hohen Druck, der zu einem unkontrollierbaren Urinverlust (Reflexinkontinenz) führt. Noch wichtiger: der hohe Druck in der Blase behindert den Abfluss von Urin aus den Nieren oder presst Urin zu den Nieren zurück, was mittelfristig Nierenschäden verursacht.

Eine Reflexinkontinenz bei Querschnittlähmung stellt somit nicht nur eine Einschränkung der Lebensqualität dar, sondern bedroht die Funktion der Nieren. Dies hat in früheren Jahren oft dazu geführt, dass querschnittgelähmte Personen dialysepflichtig wurden. Lange Zeit waren Nierenversagen oder Blutvergiftung als Folgeschäden der Blasenfunktionsstörung die häufigsten Todesursachen bei Menschen mit Querschnittlähmung.

Diagnostik

Grundlage jeder Diagnostik ist ein ausführliches Gespräch zwischen Arzt und Patient. Hierbei sollten unter anderem Trinkmenge, Häufigkeit des Wasserlösens, Wahrnehmung der Blasenfüllung und des Harndrangs, Schmerzen oder Schwierigkeiten bei der Blasenentleerung erfragt werden. Jedoch sind gerade bei Menschen mit Querschnittlähmung auch die praktizierte Art der Blasenentleerung (z.B. Katheterisierung), die Möglichkeit eines Transfers auf die Toilette, Missempfindungen (sogenannte autonome Dysregulation: Hühnerhaut, Kopfschmerz, Frösteln, vermehrte Spastik) bei gefüllter Blase extrem wichtig. Zudem sollten die eingenommenen Medikamente erfasst werden, weil sie Urinmenge und Blasenfunktion stark beeinflussen können.

Körperliche Untersuchung

Durch Untersuchung des Genitale, der Reflexe im Urogenitalbereich, sowie ggf. durch eine Tastuntersuchung von Analschliessmuskel und Prostata beim Mann, bzw. eine vaginale Untersuchung bei der Frau, können anatomische Ursachen für den Urinverlust abgeklärt werden.

Urinuntersuchung

Vor jeder weiteren Untersuchung sollte ein Harnwegsinfekt ausgeschlossen werden, da ein solcher Infekt bereits Ursache der Inkontinenz sein und andererseits bestimmte Untersuchungen verfälschen kann.

Ultraschalluntersuchung

Die Ultraschalluntersuchung, eine schmerzlose, nicht mit Strahlungsrisiken verbundene Methode, ermöglicht die Messung des Restharns nach Blasenentleerung und die Beurteilung des Zustands von Nieren, Blase und – falls erforderlich – auch der Prostata sowie der Genitalorgane bei Frauen.

Blasendruckmessung (Urodynamik, Cystometrie)

Dieses Verfahren erlaubt eine genaue Beurteilung der Funktion von Blase und Schliessmuskel. Nur durch eine derartige Messung können das Zusammenspiel von Schliessmuskel und Blasenmuskel genau analysiert, die Ursachen der Inkontinenz festgestellt und das Risiko für eine Nierenschädigung ermittelt werden. Daher ist bei Menschen mit Querschnittlähmung eine derartige Untersuchung nahezu immer erforderlich, obwohl sie die Einlage eines dünnen Katheters in die Harnblase erfordert, um die Blasendrucke im Zeitverlauf verlässlich messen zu können. In Kombination mit einer Röntgenuntersuchung können auch weitere

Risikofaktoren für die Nierenfunktion, wie z.B. Rückfluss von Urin zu den Nieren, entdeckt werden.

Weitere Untersuchungen

Weitere urologische Untersuchungen, wie z.B. eine Blasenspiegelung, sind nur bei spezifischen Fragestellungen erforderlich. So können Blutbeimengungen im Urin auf einen Stein oder einen Tumor in der Blase als Ursache für eine Inkontinenz hinweisen; dieser Verdacht muss mit einer Blasenspiegelung weiter abgeklärt werden.

Wenn die Blasendruckmessung kein eindeutiges Ergebnis erbringt, sind zur weiteren Abklärung der Ursache eines ungewollten Urinverlusts eine Langzeit-Urodynamik oder bestimmte Provokationstests (z.B. Eiswassertest) möglich.

Bei Verdacht auf eine Belastungsinkontinenz ermöglicht das Harnröhrendruckprofil eine genauere Analyse der Schliessmuskelfunktion; dies kann bei der Auswahl des besten Behandlungsverfahrens hilfreich sein.

Durch das Wiegen von Einlagen vor und nach einer standardisierten körperlichen Belastung kann der Urinverlust quantifiziert und somit der Schweregrad genauer bestimmt werden (Pad-Test).

Therapie

Während die Inkontinenz bei Menschen ohne Rückenmarkverletzung meist die Bedeutung eines störenden Symptoms hat, das entsprechend behandelt werden kann, stellt die Therapie der Inkontinenz bei Querschnittlähmung wegen des gesundheitlichen Risikos besondere Anforderungen an Patient und Arzt. Weil ein hoher Druck in der Blase mittelfristig die Nieren schädigt, ist oberstes Ziel der Therapie eine Drucksenkung in der Blase. Diese lebensnotwendige Behandlung kann eine medikamentöse oder operative Therapie erforderlich machen, die allerdings zu Einschränkungen der Lebensqualität führen kann. Eine rein symptomorientierte Therapie ist bei diesen Patienten nicht möglich.

Es gilt, gemeinsam mit dem Patienten individuelle Lösungen zu entwickeln, die eine Balance zwischen langfristigem Schutz der Nierenfunktion und Erhalt der Lebensqualität realisieren. Diese Lösungen sind nicht nur von der Blasenfunktion, sondern auch von der Höhe der Querschnittlähmung und somit dem Ausmass der Einschränkungen, sowie eigenen körperlichen und psychischen Ressourcen, Begleiterkrankungen, sozialem Umfeld und nicht zuletzt vom Alter abhängig.

Da bis heute eine Wiederherstellung des Nervensystems und somit die Beseitigung der eigentlichen Ursache nicht möglich ist, basiert die urologische Therapie auf der Verhinderung von Folgeschäden, besonders an den Nieren. Die grösste Gefahr einer Nierenfunktionsschädigung besteht in einem permanent hohen

Druck in der Harnblase. Häufigste Ursache hierfür ist eine überaktive Blase in Kombination mit einer Schliessmuskelüberaktivität. Daher ist die Therapie der ersten Wahl die maximale Senkung des Drucks in der Blase. Hierzu stehen Medikamente zur Verfügung, die sogenannten Antimuskarinika, welche die Aktivität des Blasenmuskels unterdrücken und somit den Druck in der Blase senken. Heute eingesetzte Substanzen sind das Oxybutynin, Tolterodin, Trospium, Darifenacin, Fesoterodin und Solifenacin.

Wenn diese Medikamente nicht ausreichend stark wirken oder wegen ihrer Nebenwirkungen (z.B. Mundtrockenheit, Konzentrationsstörungen, Obstipation, Sehstörungen) nicht toleriert werden, besteht die Möglichkeit, die Blasenmuskulatur durch die Injektion von Botulinumtoxin A (Botox®) in die Blasenmuskulatur ruhigzustellen. Botox wirkt in der Blase durchschnittlich acht bis neun Monate, dann muss die Therapie wiederholt werden.

Der Vorteil von Botox ist die lokale Anwendbarkeit. Durch die direkte Injektion in den Blasenmuskel ist die Wirkung stärker und die Belastung durch Nebenwirkungen deutlich niedriger als bei den Medikamenten. Nachteilig ist, dass man die Substanz über eine Blasenspiegelung direkt mit einer Nadel in die Blasenwand einspritzen muss. Dies ist oft in örtlicher Betäubung möglich, macht jedoch einen ambulanten Spitalaufenthalt notwendig, muss regelmässig wiederholt werden und kann bei Patienten mit blutverdünnenden Medikamenten wegen der Blutungsgefahr beim Einstechen der Nadel in die Blasenwand problematisch sein.

Selten sind weder Medikamente noch Botox ausreichend wirksam, und es wird eine Operation erforderlich, bei der mit Hilfe von Darmanteilen die Blase vergrössert und die Überaktivität gedämpft wird.

Allen diesen Verfahren ist gemein, dass die Blase vollständig ruhiggestellt ist. Dadurch tritt keine Dranginkontinenz mehr auf, die Patienten sind jedoch nicht mehr in der Lage, durch Aktivierung des Blasenmuskels die Blase willkürlich zu entleeren. Deswegen erfolgt die Blasenentleerung meist mittels intermittierendem Katheterismus. Durch Einmalkatheter wird die Harnblase drei- bis sechsmal am Tag vom Patienten selbst (oder durch Angehörige/Pflegepersonen) entleert. Da der Katheter nur sehr kurze Zeit in der Harnblase verbleibt, ist das Infektionsrisiko geringer. Ausreichende Hygiene und korrekte Technik beugen Harnwegsinfekten vor. Durch den Einsatz besonders gleitfähiger Spezialkatheter werden Schmerzen vermieden und die Harnröhre vor Verletzungen geschützt. Der intermittierende Katheterismus ist heute die schonendste Möglichkeit, die Harnblase sicher zu entleeren. Das Verfahren wird auch langfristig gut toleriert, erfordert aber eine gewisse manuelle Geschicklichkeit und setzt voraus, dass der Betroffene entsprechend motiviert ist.

Die Alternative einer Dauerkatheterversorgung durch die Harnröhre (transurethral) oder durch die Bauchdecke (suprapubisch) erscheint auf den ersten Blick zwar praktisch (man muss sich um die Blase nicht mehr kümmern), weist bei Langzeitgebrauch jedoch gravierende Folgen wie Blasensteine, vermehrte Spastik, Geruchsbelästigungen, Harnröhrenschäden, Entzündungen von Blase, Prostata und Hoden, Nierenentzündungen und bei langjähriger Verwendung ein

> Bei der Behandlung der Blasenfunktionsstörung steht die Inkontinenz nicht immer im Zentrum der Therapie.

erhöhtes Blasenkrebsrisiko auf. Daher sollte diese Verfahrensweise bei jungen Patienten nach Möglichkeit vermieden werden. Bei älteren Patienten kann der intermittierende Katheterismus durch Einschränkungen der Beweglichkeit, Handfunktion und andere Nebenerkrankungen unmöglich werden oder einen derart hohen Aufwand bedeuten, dass die Lebensqualität der Betroffenen massiv eingeschränkt wird. In diesen Fällen kann unter Abwägung des Risikos von Langzeitfolgen ein Dauerkatheter verwendet werden, wobei der suprapubische Katheter weniger Komplikationen verursacht.

Besteht auch nach Ruhigstellung der Blasenmuskulatur oder bei primär schlaff gelähmter Blase eine Belastungsinkontinenz durch einen schwachen Schliessmuskel, so sind wegen der fehlenden Nervenversorgung Beckenbodengymnastik und Elektrostimulation des Schliessmuskels nicht erfolgversprechend. An operativen Möglichkeiten besteht die Einlage eines Kunststoffbands unter die Harnröhre (suburethrales Band), um dem Schliessmuskel Unterstützung zu geben. Bei ausgeprägter Belastungsinkontinenz ist dieses Verfahren jedoch oft nicht ausreichend, so dass ein künstlicher Schliessmuskel implantiert werden muss. Dieses Verfahren hat eine hohe Erfolgsrate, erfordert jedoch einen grösseren operativen Eingriff und birgt wegen der Verwendung von nicht körpereigenen Materialien das Risiko einer Implantatinfektion. Innerhalb von zehn Jahren muss ca. ein Drittel der Patienten wegen technischer Defekte des Systems ein weiteres Mal operiert werden.

Bei einer Harnableitung wird die Harnblase durch Reservoire aus dem Darm ersetzt, die entweder mit einem Stomasack versorgt sind oder durch einen kontinenten Eingang katheterisiert werden können. Dieses Verfahren wird nur selten durchgeführt, da es sich dabei um einen relativ grossen, irreversiblen operativen Eingriff handelt. Dennoch profitieren gerade jüngere Patienten von einem derart katheterisierbaren Eingang in die Blase, da die Blase entleert werden kann, ohne dass man die Hosen herunterstreifen muss. Der Zeitaufwand kann bei Patienten mit eingeschränkter Handfunktion massiv verringert und zudem die eigenständige Versorgung ermöglicht werden.

Für männliche Patienten, denen z.B. wegen einer Tetraplegie eine Blasenentleerung mittels intermittierendem Katheterismus nicht möglich ist, besteht die Möglichkeit eines alternativen Blasenmanagement-Konzepts: Durch eine Einkerbung des Schliessmuskels kann der Urin bereits bei einem sehr geringen Anstieg des Blasendrucks über die Harnröhre abfliessen. D.h. der Patient wird als Therapiemassnahme willkürlich inkontinent gemacht. Vorteil dieser Technik ist der unbehinderte Urinabfluss bereits bei geringem Druck, der Schäden an den Nieren verhindert: Durch ein Kondomurinal wird der Urin sicher aufgefangen und abgeleitet, so dass der Patient nicht in einem feuchten Milieu sitzt. Diese Versorgung schafft ein Maximum an Unabhängigkeit von Pflegepersonen, da man das Kondom morgens wechseln kann und ohne die Fremdhilfe zur Blasenentleerung auch der hoch gelähmte Patient berufstätig sein und am Sozialleben teilnehmen kann. Bei Frauen ist diese Technik wegen der fehlenden Möglichkeit einer Urinalbefestigung nicht möglich.

Zusammenfassend steht bei der Behandlung der Blasenfunktionsstörung bei Querschnittlähmung die Inkontinenz nicht immer im Zentrum der Therapie. Bei der Entscheidung zur Inkontinenzversorgung sollten folgende Fragen beantwortet werden:
- Führt die Behandlung der Inkontinenz zu Langzeitschäden (z.B. Nierenfunktion, Blasentumoren, Blasensteinen, Infekten)? Dies wäre der Fall, wenn z.B. ein künstlicher Schliessmuskel bei nicht ausreichend gedämpfter Überaktivität der Blase implantiert würde. Die Ableitung mit einem Dauerkatheter zur Therapie der Inkontinenz hat bei einer jungen Person erheblich mehr Langzeitrisiken als bei einer Person im fortgeschrittenen Alter.
- Wieviel Aufwand bedeutet es für den Betroffenen, kontinent zu werden? Manche Menschen akzeptieren eher die Versorgung mit Vorlagen und Einlagen, weil sie keine Operation in Kauf nehmen möchten.
- Welche sozialen Folgen hat es für den Betroffenen, kontinent zu sein? Zur Beantwortung dieser Frage müssen persönliche Prioritäten gesetzt und z.B. Teilnahme am täglichen Leben gegen Abhängigkeit von anderen Personen gegeneinander abgewogen werden. Wenn beispielsweise ein Mann mit Querschnittlähmung mit einem Kondomurinal inkontinent bleibt, jedoch sicher versorgt ist und am täglichen Leben teilnehmen kann, oder aber mit regelmässiger, täglich mehrmaliger Katheterisierung kontinent und dabei angewiesen ist auf eine andere Person, dann müssen persönliche Prioritäten gesetzt werden.

- Welche Konsequenzen hat die Inkontinenz für den Betroffenen? Eine leichte Inkontinenz, die ohne Angst vor Uringeruch mit Vorlagen behandelt werden kann, ist anders einzuschätzen als eine Inkontinenz, die gravierende Folgeschäden (Infekte, Hautschäden, soziale Isolation) mit sich bringt.

Bei der Beantwortung dieser Fragen sind sowohl die medizinischen Fakten als auch die subjektiven und sozialen Faktoren gründlich abzuwägen. Unabdingbare Voraussetzung für die Behandlung der Inkontinenz bei Menschen mit Querschnittlähmung ist eine sorgfältige Diagnostik. Wenn die Chancen, Risiken, Möglichkeiten und Grenzen der medizinischen Versorgung bekannt sind, müssen diese mit den Betroffenen klar kommuniziert werden. Nur wenn der Patient diese kennt, ist ihm eine bewusste Entscheidung für oder gegen eine bestimmte Versorgung möglich. Hierbei spielen viele zusätzliche Faktoren eine Rolle: Motivation, kognitive und manuelle Fähigkeiten, soziales Umfeld, berufliche Tätigkeit und Begleiterkankungen. Daher ist die Frage, ob Operation oder Hilfsmittel, nicht eindeutig beantwortbar. Eine individuell zufriedenstellende Lösung kann sowohl mit dem einen als auch dem anderen Ansatz erreicht werden; mitunter ist sogar eine Kombination erforderlich, um das gemeinsame Ziel zu erreichen. Und mitunter ist *Kontinenz* nicht die Lösung!

Literatur

Mittel- und Gegenstände-Liste: http://www.bag.admin.ch/themen/krankenversicherung/00263/00264/04184/index.html?lang=de zuletzt abgerufen am 13.8.2013

Hofmann R, Hegele A (2010) Urologie der Frau. In: Hautmann R (Hrsg) Urologie. 4. Auflage, Springer Medizin Verlag, Heidelberg, S 362–367

Grigoleit U, Pannek J (2006) Urologische Rehabilitation Querschnittgelähmter. Urologe. 45: 1549–1557

Stöhrer M, Blok B, Castro-Diaz D, Chartier-Kastler E, et al (2009) EAU Guidelines on Neurogenic Lower Urinary Tract Dysfunction. Eur Urol. 56: 81–88

Prof. Dr. med. Jürgen Pannek durchlief seine medizinische Ausbildung in seiner Geburtsstadt Essen, wo er sich auch habilitierte und 2005 eine ausserplanmässige Professur innehatte. Seit 2007 ist er Chefarzt Neuro-Urologie am Schweizer Paraplegiker-Zentrum Nottwil und seit 2011 Titularprofessor an der Universität Bern.

Lebensmotto Fitness – Einschränkung als Voraussetzung für Lebendigkeit?

Peter Lude

Einen Stock brauche ich möglichst lange nicht. Geht es jedoch um Nordic Walking, müssen es gleich zwei sein. Hat ein Stock mit Alter zu tun? Offenbar. Haben Stöcke mit Fitness zu tun? Offenbar. Wie gehen Fitness und Alter einher, wenn beide am Stock gehen? Endet das Lebensmotto Fitness am Stock? Offenbar. Hier geht's lang zur inneren Fitness – ohne Stock.

Natürliche Fitness

Fitness – ein Begriff mit Kultstatus. Wer will nicht fit sein? Doch was verstehen wir unter Fitness? Da gibt es die Fitnesscenter, mit einem reichhaltigen Angebot von Entspannung bis Muskelkater zur Erhöhung der eigenen Fitness, das Abo inklusive. Manch einer investiert viel in seine Fitness, bis hin zum modischen Outfit. Vergessen wir aber nicht: Fit sind Reh und Hase. Sie leben nicht nur einfach an der frischen Luft, sondern sind auf stetige Wachsamkeit und innere Wachheit angewiesen: Nicht selten sind sie Beutetiere, die gejagt werden.

Wenn ältere Menschen von Altersbeschwerden «gejagt» und gelegentlich sogar deren «Beute» werden, oder Menschen mit Querschnittlähmung sich von Sekundärkomplikationen «verfolgt» und bedroht sehen, was hat das dann mit dem Thema Fitness zu tun? Schlagen wir eine Brücke von der vorwiegend «äusseren» zur «inneren» Fitness.

«Äussere» Fitness

Fitness wird häufig mit Sport in Verbindung gebracht. Sport an sich ist eine gute Sache: Da wird man fit. Sport bedeutet Disziplin, Überwindung, Ausdauer, Geschicklichkeit, Kraft, Eleganz, Leistung und mentale Stärke. Sport ist zudem attraktiv. Sport sorgt für einen gesunden, kräftigen Körper, schützt vor Übergewicht, erhöht die Fähigkeit, sich zu regenerieren, und die allgemeine Belastbarkeit im Alltag. Eher weniger spricht man von den vielen Sportunfällen – ausser den spektakulären –, die unter anderem erhebliche Kosten verursachen. «Jährlich verletzen sich rund 400 000 in der Schweiz wohnhafte Sportlerinnen und Sportler bei Unfällen im In- und Ausland, 129 werden getötet, davon 14 im Ausland» (bfu – Beratungsstelle für Unfallverhütung, 2013). Auch von Burn-out im Zusammenhang mit Leistungssport, meist als «Übertrainingssyndrom» benannt (Schmidt-Trucksäss), wird selten gesprochen, eher davon, dass Sport bei Burn-out helfen soll. Bewegung ist sicher gesund, das Mass ist entscheidend. Dass es Verletzungen beim Sport gibt, leuchtet ein, denn Sporttreibende gehen oft an die Grenze und manchmal auch darüber hinaus. Zudem ist Sport dynamisch. Er hat zu tun mit Geschwindigkeit, Beschleunigung, Reaktionsvermögen. Um dies alles zu erreichen, ist Training nötig.

Sportlichkeit bedingt auch Vorstellungsvermögen insbesondere von Bewegungsabläufen, Technik und Stil. Und nicht zuletzt ist die Frage der Ausdauer eine mentale Frage. Man spricht auch von mentaler Stärke. Sport verbindet Psyche und

Körper. Weiter handelt es sich um eine soziale Angelegenheit, selbst bei Einzelsportarten, denn Wettkämpfe und oft auch das Training finden im sozialen Kontext statt. Zudem erfüllt Sport eine wichtige erzieherische Funktion: Die Aktiven halten sich an Regeln, üben Fairness und lernen Selbstbeherrschung.

Sport mit und ohne Bewegung

Sport ist eng mit Bewegung verbunden. Ist Sport auch denkbar ohne Bewegung? Vielleicht «Denksport»? Ist Schach eine Sportart oder «nur» eine Angelegenheit des Gehirns? Denken braucht auf jeden Fall Energie, macht müde und ist anstrengend, wie jeder schon erfahren hat. Aber wo ist da die Bewegung? Findet die Bewegung einzig in den Hirnzellen statt? Wie auch beim «körperlichen» Sport, erfordert der «Denksport» hohe Konzentration. Diese wirkt sich auf den ganzen Körper aus. Gelegentlich ist die daraus folgende Anstrengung sichtbar, sei es in Form von Schwitzen oder körperlicher Anspannung.

Wie steht es nun bei jemandem, der eine hohe Querschnittlähmung erlitten hat? Sein Körper verliert durch die Lähmung die gewohnte «Spannkraft». Diese besteht höchstens noch in dem vorhandenen Muskeltonus oder in Form von Spastik. Ist in einem solchen Fall nicht nur der Körper gelähmt, sondern auch die

Es ist leicht, sich auszumalen, wie der Drang nach Bewegung ins Unendliche steigt ...

Psyche? Der fachliche Begriff für eine «Lähmung des Willens» ist Depression. In ihr kann man nicht mehr wollen – der Wille ist gelähmt. Das zeigt sich zumindest in den beiden Schlüsselsymptomen «Antriebslosigkeit» und «Verlust von Freude». Muss ein Mensch, der eine Querschnittlähmung erleidet, auch depressiv sein? In den Anfängen der Rehabilitation von Menschen mit Querschnittlähmung ging man davon aus, dass zur Bewältigung einer Querschnittlähmung zwingend eine Depression gehöre (Lude, 2002, 2010). Auch die Phasenmodelle der Verarbeitung von Verlusterlebnissen ganz allgemein (Kübler-Ross, 1969), die auf die Bewältigung einer Querschnittlähmung übertragen wurden, nahmen immer eine Phase von Depression an. Empirisch liessen sich diese Theorien jedoch nicht erhärten (Lude, 2014).

Wie natürliche, starke psychische Überlebensprozesse einem Menschen zu Lebendigkeit verhelfen und insofern auch Schutz vor Depression bieten können, wird in dem Beitrag «Schicksalsschlag als Chance – Das Leben geht erst recht weiter» (Seite 132 in diesem Buch) genauer dargelegt. Wie man aber zu Fitness bei äusserlicher Unbeweglichkeit gelangen kann, darauf wird im Folgenden eingegangen.

Sport und Einschränkung

Gerade Sportler machen es einem vor: Bei ihnen gehen Einschränkung und Lebendigkeit Hand in Hand. Sport lebt im Wesentlichen von Einschränkung.

Der Körper verfügt zuerst einmal und ganz ohne Sport über eine gewisse Grundfitness. Diese ist in dem Programm verankert, das vom Zeitpunkt der Erzeugung an seiner wunderbaren Entwicklung zugrunde liegt und über alle Altersstufen hinweg, trotz Variationen, mit bemerkenswerter Präzision abläuft. Dazu muss der Mensch an sich erstaunlich wenig beitragen. Nun kann diese Grundfitness des Körpers in vielerlei Hinsicht ausgebaut werden. In der Regel geschieht dies mit Hilfe des Sports.

Um nun die Einschränkung zu illustrieren, dient das Beispiel eines Formel-1-Rennfahrers. Der Reiz, für den Aktiven wie für den Zuschauer, liegt offenbar in der absoluten Beschränkung: Es gibt nur eine Ideallinie. Eine falsche Bewegung, und es wäre um den Rennfahrer geschehen. Da bewegt sich einer am Rande einer schweren Verletzung, einer schweren Behinderung oder gar am Rande des Todes, und das wird als enorm spannend erlebt. Um das zu verstehen, muss man dem Live-Bericht eines Reporters folgen, der aufmerksam jede kleinste Abweichung von dieser Ideallinie kommentiert. Durch das angeregte Mitfiebern, ob diese Linie gehalten werden kann oder nicht, entwickelt der Reporter selbst eine zumeist ansteckende Lebendigkeit. Da riskiert einer vor den Augen anderer sein Leben, beide sitzend, sich kaum bewegend, als hätten sie die Unbeweglichkeit zum Vorbild (also den Rollstuhlfahrer), der Reporter in seiner Kabine, der Formel-1-Rennfahrer in seinem engen Sitz angegurtet wie der Rollstuhlfahrer, und es herrscht höchste Konzentration.

Man fragt sich, was daran attraktiv sein soll. Gewiss steht der Tod oder die Verletzung nicht im Vordergrund. Es wäre geschmacklos, würde man ein Formel-1-Rennen unter diesem Gesichtspunkt betrachten. Diese Dinge sollen möglichst im Hintergrund bleiben. Darüber spricht man nicht, daran denkt man höchstens in einer brenzligen Situation. Tritt ein solches Ereignis dann tatsächlich ein, herrschen Schock und Erstaunen, obwohl sich die Szenerie die ganze Zeit über vor diesem Hintergrund abgespielt hat.

Eine Katastrophe kann jederzeit möglich sein. Alle suchen die Grenze des gerade noch Beherrschbaren. Jeder hofft, dass sie erreicht wird. Keiner hofft, dass sie überschritten wird.

Im Prinzip könnte man sich den Reporter in der Ergotherapie vorstellen, wie er die zu trainierenden Bewegungsabläufe aufgrund der Querschnittlähmung, also aufgrund einer nicht frei gewählten, gegebenen Einschränkung aufmerksam und lebhaft kommentiert: «Er versucht unter Anstrengung seiner letzten Willenskraft den rechten Arm um einige Millimeter, vielleicht Zentimeter so anzuheben, dass daraus der Ansatz einer zielgerichteten Bewegung entstehen könnte. Natürlich muss unter geschicktem Einsatz der Körperbalance der nötige Schwung wohl dosiert in den antizipierten Bewegungsablauf, der nur über die Augen kontrolliert werden kann, gewandt umgesetzt werden. Ist die Bewegung im Gange, darf nicht gezögert werden. Das riesige Gewicht in Form eines gebratenen Kartoffelstücks vom Teller zum Mund zu befördern, erhöht den Schwierigkeitsgrad enorm. Schliesslich geht es darum, nicht zu verhungern. Zweifelsohne braucht es Entschlossenheit und Mut. Die kleinste Irritation würde den Verlust des Gleichgewichts bedeuten. Dabei muss auf die unbedingte Koordination geachtet werden. Etwas zu schwungvoll, und die Gabel landet statt im Mund im Auge.»

Trotz höchster Dramatik, aus der verbliebenen Beweglichkeit die gelähmten Körperteile geschickt in einen funktionalen Bewegungsablauf einzubinden, die Ideallinie zu finden, und das alles unter dem möglichen Verlust des Augenlichts, würden sich wohl kaum Zehntausende am Sonntagnachmittag bei schönem Wetter vor dem Fernseher zur Liveübertragung aus dem Paraplegikerzentrum einfinden. Die meisten würden wohl die gesündere Variante wählen und den Sonntagnachmittagsspaziergang machen. Woran liegt das?

Das Spektakuläre hält sich in Grenzen. Die Wahrscheinlichkeit, dass der Akteur das Augenlicht verliert, ist zu gering, um wirklich mitfiebern zu können. Überdies handelt es sich hier um Therapie, also den Aufbau von Geschicklichkeit, wohingegen der Wettkampf nahezu Perfektion zeigt.

Vielleicht liegt es aber auch an der Behinderung, die sichtbar im Vordergrund steht. Die Zuschauer könnten zwar gespannt den Bewegungsabläufen folgen, aber offenbar gelingt es nicht, die Konzentration so einzuengen, dass die Behinderung – die Einschränkung –, im Rahmen derer sich alles abspielt, ausgeblendet wird. Der Rennfahrer unterwirft sich den Gefahren freiwillig, ebenso der Beschränkung, in der er sich optimal bewegen möchte. Beim «Querschnittgelähmten» stellt sich die Frage nach der Freiwilligkeit nicht mehr. Es ist ein Muss. Die Situation kann nicht einfach verlassen werden – der Unterhaltungswert verblasst. Das hat durchaus etwas Belastendes. Der Formel-1-Rennfahrer kann bremsen, den Motor abschalten, aussteigen und das Spektakel beenden. Alle werden sehr schnell zur Tagesordnung übergehen. Im Paraplegikerzentrum nach der Therapie geht man selbstverständlich auch zur Tagesordnung über, aber die Belastung bleibt. Man kann sich nicht einfach aus der Situation befreien, den Rollstuhl verlassen, wie den Formel-1-Rennwagen, und ihn irgendwo in der Ecke parken. Die Querschnittlähmung bleibt, die Anspannung durch die unangenehme, belastende

Situation besteht weiterhin auf hohem Niveau, die Einschränkung ebenfalls. Und das ist weder attraktiv, noch entspannend. Das ist ernst.

Insofern haben die Fachexperten der Rehabilitation durchaus recht, wenn sie das tägliche Training mit Hochleistungssport vergleichen. Damit ist die Anstrengung, das körperliche Training der noch funktionsfähigen Muskulatur gemeint, weniger der permanente Umgang mit grossen Einschränkungen durch die Querschnittlähmung.

Das oben erwähnte Beispiel aus der Ergotherapie könnte von Skeptikern leicht als realitätsfern abgetan werden. Aber die körperliche Hochleistung, die Spitzensportler und Para- bzw. Tetraplegiker verbindet, kann anhand des folgenden Vergleichs besser verdeutlicht werden:

Während der Liegephase nach dem Unfall und der operativen Versorgung darf der Tetraplegiker gar nichts bewegen, nicht einmal mehr den Kopf, weil dieser links und rechts mit Polstern fixiert ist, um die operierte Halswirbelsäule zu stabilisieren. Es ist leicht, sich auszumalen, wie der Drang nach Bewegung ins Unendliche steigt, zumal wenn das Kissen unter dem Kopf sich nach einigen Stunden anfühlt, als läge man auf Stein. Das zwingende Bedürfnis sich zu bewegen wird bald zur Qual.

Und nun findet der innere Kampf statt, wie beim Wettkampf, der zu einer hohen inneren Aktivierung führt, sich fast bis zur Unerträglichkeit steigert, wie beim Endspurt des Spitzensportlers, bis sich die extreme Aktivierung in eine «wunderbare», leichte Erträglichkeit wandelt, oft schlagartig, wie beim Spitzensportler, wenn er die Ziellinie überquert. Von aussen betrachtet befindet sich beim Tetraplegiker dieser «Hochleistungssport» im beinahe unscheinbaren, jedenfalls unsichtbaren Bereich. Mit sehr viel Training – es ist mehr als eine Technik und mentales Training – gelingt es dem hohen Tetraplegiker, ein aktives und bequemes Liegen zu erreichen, während von aussen nichts als ein gelähmter Körper zu sehen ist.

Wie soll ein Mensch mit Querschnittlähmung mit der extremen Einschränkung seiner Bewegungsfreiheit gerade durch diese Beschränkung zu Lebendigkeit finden wie ein Sportler? Ist Einschränkung – oder ist sie nicht – eine Voraussetzung für Lebendigkeit?

Die Kunst der Bewältigung

Doch! Gerade Einschränkung kann eine ideale Voraussetzung für Lebendigkeit sein: Die äusserliche Bewegungsunfähigkeit, verursacht durch Querschnittlähmung oder Alter, minimiert Ausgleichsmöglichkeiten und erhöht die Anfälligkeit für gesundheitliche Beeinträchtigungen. Behält sich der Mensch den nötigen Respekt vor gesundheitlichen Bedrohungen, so kann er letzteren nur dann geschickt begegnen, wenn er seine innere Wachsamkeit steigert und entsprechend reagiert. Diese erhöhte «Alarmbereitschaft» entspricht einer geistig-seelischen Aktivierung, die der oben erwähnten depressiven Teilnahmslosigkeit entgegen steht.

Selbst wenn der Eindruck entsteht, es handle sich hierbei um Dauerstress, dann trifft das nur insofern zu, als das fordernde Training durch diese Lebenssituation zu einer «Fitness» führt, die am besten mit «heiterer Gelassenheit» umschrieben werden kann. Dabei liegt die Hauptarbeit darin, aktiv eine gute Stimmung in sich selbst aufrechtzuerhalten durch die immer wieder erfahrene Bestätigung, dass die Wachsamkeit, das Gesundheitsbewusstsein, zielführend ist. Das ist harte Arbeit, aber keineswegs unmöglich. Wenngleich die innere Stimmung von äusseren Gegebenheiten leicht beeinflusst werden kann, ist sie im Grunde genommen unabhängig davon (Lude, 2002). Dieses permanente Training gegenüber täglich bedrohlichen Widrigkeiten mag zu einer motivierenden Lebendigkeit führen – für den Betroffenen selbst von Tag zu Tag, für Aussenstehende und für andere Betroffene.

Ein motorisch und sensibel komplett querschnittgelähmter Körper lässt sich nicht mehr willentlich kontrollieren, sondern höchstenfalls noch indirekt. Das vegetative Nervensystem, das ebenfalls durch die Verletzung oft ausser Kontrolle gerät, kann am besten über die innere Gelassenheit und Ruhe beruhigt und somit reguliert werden. Insofern ist der Mensch mit Querschnittlähmung gezwungen, eine heitere Gelassenheit zu leben. Alles andere irritiert die Funktionen und beeinträchtigt zusätzlich die Kontrolle über beispielsweise Spastik, Blasen- und Darmfunktion, Blutdruck, Atmung, Schmerzen usw. und vermindert die Gesundheit. Dies wiederum reduziert die Lebensqualität in hohem Masse und verunmöglicht die soziale Integration nahezu. Die Kunst besteht nun darin, die innere Aktivierung in Übereinstimmung mit der heiteren Gelassenheit zu bringen: Diese beiden müssen in funktionale Übereinstimmung gebracht werden und dürfen nicht als Gegensätze bestehen. Angst oder Nervosität beispielsweise sind auch eine Form der inneren Aktivierung, aber verhindern Gelassenheit. Heitere Gelassenheit und innere seelisch-geistige Aktivierung in Form von Wachheit sind im Idealfall identisch. Mit Medikamenten kann einiges an vegetativen Dysfunktionen ausgeglichen oder reguliert werden. Die psychische Grundverfassung allerdings bleibt entscheidend – selbst für die Wirkung der Medikamente. Eine Lähmung verursacht immer eine Behinderung. Eine Behinderung ist der Verlust der Unmittelbarkeit: Der hochgelähmte Tetraplegiker spürt z.B. unter dem Wasserhahn weder das fliessende Wasser auf seiner Hand, noch ob es warm oder kalt ist. Er kann es nur indirekt und verzögert wahrnehmen. Ebenso dehnt sich das morgendliche

Aufstehen und Duschen von einer Viertelstunde auf nahezu eineinhalb Stunden aus, und dies erst noch unter «Verwendung» einer Assistenzperson. Es gibt zahlreiche andere Beispiele dafür. Über das verzögerte, schwerfällige, zeitaufwendige, oftmals ärgerlich Indirekte eine möglichst direkte Lebensführung zu entwickeln – darin besteht die hohe Kunst der Bewältigung einer Querschnittlähmung.

Fazit

Beschränkung und Disziplin sind offenbar notwendige Voraussetzungen für Fitness, hinreichend sind sie nicht. Eine «Hopp-und-Hopp-Fitness» genügt ebenfalls nicht. Die permanent verunsichernde Erfahrung bedrohlicher Einschränkungen und die entschiedene Bereitschaft, den Spielraum innerhalb der Einschränkungen maximal für sich zu nutzen, führen zu Wachsamkeit und Wachheit dem Leben gegenüber, zu einer lebenstüchtigen «inneren» Fitness. Mit anderen Worten: zu innerer Lebendigkeit – unabhängig von äusserer Bewegungsfähigkeit. Im Grunde genommen ist es erstaunlich, mit wie wenig Bewegung der menschliche Körper auskommt.

Literatur

bfu – Beratungsstelle für Unfallverhütung (2013) Statistik der Nichtberufsunfälle und des Sicherheitsniveaus in der Schweiz. Status 2013. http://www.suchtmonitoring.ch/docs/library/bfu_beratungsstelle_fur_unfallverhutung_t324vctt7jnv.pdf; abgerufen am 1.3.2014

Kübler-Ross E (1969) Interviews mit Sterbenden. Kreuz, Stuttgart

Lude P (2002) Querschnittlähmung: Innensicht vs. Aussensicht des Verarbeitungsprozesses bei Direktbetroffenen. Hist. Fak., Bern

Lude P (2010) Querschnittlähmung: Psychologischer Forschungsstand. Psychotherapie Forum 3, Springer: 153–161

Lude P (2014) Anmerkung zu den Phasenmodellen. In: Strubreither W, Neikes M, Stirnimann D, Eisenhuth J, Schulz B, Lude P (Hrsg) Klinische Psychologie bei Querschnittlähmung. Grundlagen – Diagnostik – Rehabilitation. Springer, Heidelberg, http://www.springer.com/psychology/book/978-3-7091-1600-5

Schmidt-Trucksäss A Bewegungs- und Sporttherapie bei Burnout – Neurobiologische Grundlagen und Transfer in die Praxis, http://www.clinica-holistica.com/media/archive1/veranstaltungen/Bewegungstherapie_bei_Burnout.pdf; abgerufen 8.2.2014

Dr. phil. Peter Lude führt seit 1994 eine eigene Praxis für Psychologische Psychotherapie in Bad Zurzach, lehrt als Dozent für Rehabilitationspsychologie an der ZHAW Zürcher Hochschule für Angewandte Wissenschaften, ist Affiliate Faculty Member der Schweizer Paraplegiker-Forschung und des Schweizer Paraplegiker-Zentrums Nottwil und wurde zweimal mit dem Ludwig-Guttmann-Preis der DMGP ausgezeichnet. Der Preis wird für eine hervorragende wissenschaftliche Arbeit auf dem Gebiet der klinischen Erforschung der Querschnittlähmung, ihrer Folgen und jeglicher Aspekte der umfassenden Rehabilitation von Menschen mit Querschnittlähmung verliehen. Tetraplegie seit 1984.

Kies
Urs Zimmermann

Nichts hielt sie vom Besuch ihrer Kapelle ab. Hier fand sie Ruhe, hier konnte sie beten, der Ort gab ihr Kraft. Immer schon. Damals, zum Beispiel, als ihr Sohn zwölfjährig verstarb, damals als ihr Mann pflegebedürftig wurde und auch jetzt, wo sie alleine lebt.
Mit ihrem Leben ist sie zufrieden. Es sind nicht nur Sorgen, die sie in die Kapelle trägt. Manche Kerze da entzündet sie aus Dankbarkeit. Sie ist dankbar für ihre Kinder, dankbar für die gesunden Enkel und dankbar für schöne Erlebnisse und gute Tage.
Ja, die Kapelle ist ihr wichtig. Sie ist ein Ort ihres Lebens. Zwei- oder dreimal die Woche war sie hier anzutreffen. «War», denn jetzt ist es anders. Frau M. kommt nicht mehr.

Vergangenen Sommer wurde die Kapelle renoviert, ihre Fassade entspricht jetzt wieder dem 18. Jahrhundert. Das Werk ist gelungen, die Auflagen der Denkmalpflege wurden erfüllt und entsprechend fliessen die Subventionen. Auch der Platz um die Kapelle wurde neu gestaltet. Man wusste, dass sie einst eine Friedhofskapelle war. Der Friedhof ist zwar längst verschwunden, aber, so die Auflagen der Denkmalpflege, bei der Platzgestaltung sei dem ehemaligen Friedhof Rechnung zu tragen. Nur gewachsener Boden käme infrage, bepflanzt, und nur ein Kiesweg dürfe zur Kapelle führen. Ein asphaltierter Weg oder Verbundsteine, das sei undenkbar, eventuell möglich wäre ein Kopfsteinpflaster. Aber bei Kopfsteinpflaster winkte die Kirchgemeinde ab, zu teuer. Es wurde ein Kiesweg angelegt.

An Frau M. dachte keiner. Seit Jahren geht sie nur noch mit Rollator aus dem Haus. Kies ist für sie unüberwindbar.
Nichts hielt sie vom Besuch ihrer Kapelle ab, weder die Schicksalsschläge des Lebens noch die Beschwerden des Alters. Erst jetzt ist es unmöglich. Die Auflagen der Denkmalpflege und finanzielle Überlegungen wollen es so. Es geht um dreissig Meter.

II LEBENSQUALITÄT

«Wenn die Schmerzen zu frech werden, dann ‹rede› ich mit ihnen und sage: ‹Ich weiss, dass ich euch nicht rauswerfen kann, und ich lasse euch den Platz in meinen Beinen. Aber hier oben in meinem Kopf, da will ich befehlen. Da habt ihr keinen Platz!› So kehrt meistens Ruhe ein.»

Liselotte Velan

Therese Kämpfer

«WIR LEBEN EINE SEXUALITÄT DER BEZIEHUNGSFÖRDERUNG»

Mit 21 Jahren hat Therese Kämpfer eine Stelle als Kinderkrankenschwester in einem Walliser Skigebiet angenommen, mit dem Ziel, dass sie jede freie Minute auf die Piste konnte. Ein Unfall auf dem Nachhauseweg am Morgen nach einer Nachtwache machte sie zur Querschnittgelähmten. Geduld lernen war ihre grosse Herausforderung. Es war vielleicht mehr die Hartnäckigkeit, sagt sie heute.
Zum Thema Sexualität gab es vor 33 Jahren nichts in Sachen Querschnittlähmung. Therese Kämpfer hat sich von sich aus in das Thema hineingekniet, wurde eine bestausgewiesene Fachfrau, spezialisierte sich daraufhin als Coach für die Betreuung von Menschen mit Querschnittlähmung in weiteren Lebensbereichen. Heute ist sie die Verantwortliche der Patientenbildung am Schweizer Paraplegiker-Zentrum Nottwil. Die zweifache Mutter, gelernte Kinderkrankenschwester und Lehrerin begeistert mit ihrem Kursangebot Menschen in allen Lebenslagen. Sie hat die Idee des Peer Counselling (Betroffene beraten Betroffene) im Paraplegiker-Zentrum Nottwil eingeführt und weiterentwickelt.

Interview: Irène Fasel

Wie kann eine Frau mit Querschnittlähmung schwanger werden?
Schwanger wird sie ganz normal durch Sexualverkehr. Einschränkend bei einer Frau kann beim Sexualverkehr die Lubrifikation (Trockenheit der Scheide) sein, die man aber mit einfachen Mitteln beheben kann. Auch beim Mann gibt es Wege und Mittel, falls er Erek-

tionsstörungen oder Ejakulationsprobleme hat. Alles Weitere passiert auf natürlichem Weg: Die Spermien wandern durch die Scheide zur Gebärmutter, das zu befruchtende Ei wird durch die Peristaltik zur Gebärmutter geleitet, wird befruchtet, von dort an wird alles durch Hormone gesteuert. Hormone werden in den Drüsen gebildet, kommen über die Blutbahnen zu ihrem Zielorgan. Diese Vorgänge haben nichts mit dem Nervensystem zu tun, das bei Menschen mit Querschnittlähmung beeinträchtigt ist. Eine Empfängnis passiert also nicht anders als bei einer Fussgängerfrau.

Und gebären?
Bei der Geburt sind ein paar zusätzliche Faktoren zu berücksichtigen, die jedoch bekannt sind und durch eine Periduralanästhesie zu beheben sind. Eine Frau mit Querschnittlähmung kann also auf normalem Weg gebären und muss sich nicht von vornherein einem Kaiserschnitt unterziehen.
Die Gebärmutter, die ebenfalls ein Muskel ist, zieht sich bei der Geburt durch Hormoneinfluss zusammen und hat genügend Kraft, sogar ohne Unterstützung der Bauchmuskeln ein Kind herauszupressen.

Haben Sie eigene Erfahrung damit?
Ja, ich habe zwei Kindern auf natürlichem Weg das Leben geschenkt. (Freude und Stolz!) Es ist doch auch sehr schön zu wissen, dass lebenswichtige Sachen selbst mit einer Querschnittlähmung möglich sind.

Kann eine Frau mit Querschnittlähmung normalen Sex haben?
Ja. Thema kann wie oben erwähnt das Feuchtwerden der Scheide sein. Hier können psychogene Faktoren stimulieren helfen – zum Beispiel schöne Bilder, Musik, Berührung u.a. Da muss man ausprobieren, was am besten hilft. Manchmal braucht es auch Crèmes oder Gleitmittel. Auch verschiedene Stellungen sind möglich, da sind Kreativität und die Lust zu experimentieren gefragt.

Nicht anders als bei Fussgängern also? Zum Beispiel, wenn sie älter werden?
Ja. Da haben Menschen mit Querschnittlähmung fast einen Vorteil, weil sie das alles ja schon kennen.

Wie ist es mit den Schmerzen bei einer Geburt? Spürt eine Frau mit Querschnittlähmung die Geburt überhaupt?
Das ist auch verschieden und hängt von der Höhe der Lähmung ab bzw. von der Sensibilität. Was bei der Sexualität ein grosser Nachteil ist, ist bei der Geburt eher ein Vorteil …

Das heisst, es fehlt auch die Kontrollfunktion des Schmerzes: wann etwas zu viel, wann zu wenig ist?
Ja. Man muss daher Frauen bereits vor der Geburt so instruieren, dass sie selbst merken, wann ihre Wehen einsetzen. Durch das Abtasten ihres Bauchs merkt eine Frau, wann die Wehen kommen. Das kann sie lernen.

Und wenn die Geburt vorzeitig einsetzt?
Heutige Techniken erlauben, die Geburtswehen als solche zu definieren. Das ist kein Problem mehr. Vorzeitig die schwangere Frau zu stationieren ist in der Regel nicht nötig.

Wie war's bei Ihnen?
Ich hatte einen ganz entspannten Gynäkologen, der sagte einfach: «Vielleicht haben Sie dann plötzlich ein schreiendes Baby zwischen den Beinen.» Das war für mich sehr beruhigend! (Lachen ...)

Zurück zur Sexualität: Spürt ein Mensch mit Querschnittlähmung Berührung?
Nein, eher nicht. Das hängt jedoch von der Lähmungshöhe und Lähmungsart (komplett, inkomplett) ab. Bei einer vollständigen Lähmung ist keine Berührung im gelähmten Bereich wahrnehmbar. Oder die Wahrnehmung kann von unterschiedlicher Art sein. Sie kann von angenehmen bis unangenehmen Reaktionen alles beinhalten.

Wie kann eine sexuelle Begegnung ohne Wahrnehmung von Berührung schön sein?
Es sind ganz andere Elemente von Bedeutung. Und das zeigen wir unseren Patienten während der Rehabilitation. Zum Beispiel das Begehrtwerden oder die energetischen Themen (die Übertragung männlicher bzw. weiblicher Energie). Wir führen diese Seminare mit Sensitivity-Trainerinnen durch.
Sie lehren uns auch, was wir durch Atmung – Bauchatmung – empfinden. Wie man Energie umlenken kann. Natürlich kann man nicht dasselbe Gefühl herbringen wie durch den Sexualverkehr, aber man kann in einen unglaublich schönen Zustand kommen. Nicht wie der Orgasmus, den man vorher kannte, aber es kann sich orgastisch anfühlen, zum Beispiel als Glücksgefühl von höchster Intensität. Das kann sogar viel länger anhalten, muss aber gelernt und geübt werden.

Führen Sie die Seminare nur für Menschen mit Querschnittlähmung durch und nur zusammen mit ihren Partner/-innen?

Ja. Die Seminare dauern zwei Tage und richten sich nur an Direktbetroffene und ihre jeweiligen Partner/-innen. Da sind wir sehr streng und erlauben keinem medizinischen Personal teilzunehmen. Es geht uns um Erfahrungsaustausch, nicht um Beobachtung. Die Seminare beinhalten medizinische und psychologische Vorträge, Austausch mit erfahrenen Rollstuhlfahrer/-innen, dem Vorstellen von Hilfsmitteln für diverse Stellungen. Wir zeigen auch geeignete und erprobte Sexspielzeuge, bereiten erotisierende Getränke und Snacks zu, üben uns in verbaler und nonverbaler Kommunikation. Dann kommt die Berührerin und die Sensitivity-Trainerin. Letztere verfügt auch über psychotherapeutische Erfahrung und über Kenntnisse in Yoga und Tantra.

Es geht Ihnen also um ein ganzheitliches Erleben von Sexualität. Nicht nur um den sexuellen Akt mit den Einschränkungen einer Querschnittlähmung. Um das ganze Spektrum von menschlicher Nähe und Beziehung?
Natürlich. Liebe, Zärtlichkeit, Bestätigung, Sinnlichkeit, Geborgenheit bis hin zu Abenteuer oder etwas Verbotenes tun zu dürfen, sind das Spektrum, das in der Sexualität gesucht und gelebt wird. Und wenn es nicht passt, ist es auch in Ordnung. Sexualität deckt sehr viele Bedürfnisse ab, aber jedes Bedürfnis kann man auch in einem anderen Bereich leben.

Was sind Berührer/-innen?
Das sind professionelle Frauen und Männer, die Menschen mit Behinderung gegen Bezahlung sexuelle Dienste anbieten. Es ist ein Art der Prostitution, auf Menschen ausgerichtet, die keine Möglichkeit haben, dies innerhalb einer Beziehung zu leben. Bei Bedarf kommen sie auch nach Hause. Die Ausbildung und das Angebot werden auf privater Basis organisiert. Eine Berührerin schreckt nicht davor zurück, wenn ein Mann Erektionsstörungen hat und kann ihn auch ohne Orgasmus sexuell befriedigen. Das ist ein wichtiger Teil des menschlichen Wohlbefindens.

Und bei Frauen?
Sie haben eher das Bedürfnis nach mehr Zärtlichkeit, die nicht unbedingt sexuell ausgelebt werden muss. Frauen können ihre sexuelle Energie kreativer verarbeiten als Männer und haben mehr Kompensationsmöglichkeiten. Es gibt aber auch für Frauen ausgebildete Berührer oder sogenannte Callboys. In der Regel wünschen sich Frauen aber, von einem/einer Partner/-in berührt zu werden, der/die es aus Lust und nicht gegen Bezahlung macht.

Aber eine erfüllte Sexualität ist für Menschen mit Querschnittlähmung immer möglich?
Selbstverständlich. Es geht sogar die Rede, Rollstuhlfahrer/-innen seien die besten Lieb-

haber. Sie nehmen sich Zeit, haben kommunikative Fähigkeiten entwickelt, sind kreativ und fantasievoll. Es funktioniert bei ihnen nicht einfach auf Knopfdruck, sie haben sich mit ihrem Körper und mit ihren Bedürfnissen wirklich auseinandergesetzt.

Welche Rolle spielt Ihrer Ansicht nach Sexualität überhaupt?
Sexualität ist wie ein Joker, durch den man sehr viel erleben kann. Sie ist eine sehr grosse Ressource und ein Zugang zu hoher Lebensenergie und Freude. Daher sind wir bestrebt, dass man mit einer Querschnittlähmung die eigene Sexualkompetenz wieder erlernt. Sexualkompetenz ist ein sehr wichtiger Faktor, um nach einer eingetretenen Lähmung auch wieder einen Partner/eine Partnerin zu finden. Wenn ich meine eigenen Möglichkeiten kenne und mich in mir wohlfühle, gehe ich anders auf die Menschen zu, als wenn ich völlig verunsichert bin und mir selbst nichts zutraue.

Wie ist es bei bestehenden Partnerschaften, bei denen eine Person plötzlich eine Querschnittlähmung erleidet: Bieten Sie ihnen andere Seminare an?
Da verfügen wir über ein sehr bewährtes System des Peer Counselling. Wir haben das im Schweizer Paraplegiker-Zentrum vor circa fünf Jahren aufgebaut. Es begann damit, für persönliche Fragen auch Beratung mit gleichgeschlechtlichen Peers anbieten zu können. Als Frau kann ich nicht einen Mann in intimen Fragen beraten. Zudem verfüge ich auch als Fachperson nicht über die Empfindung eines Mannes, der unter einer gestörten Sexualität leidet.

Das System des Peer Counselling wurde ausgebaut?
Heute sind wir fünf Peers, drei Männer und zwei Frauen, alle Rollstuhlfahrer. Wir beraten die Klienten nicht nur in Fragen der Sexualität, sondern in ihrer gesamten physischen und psychischen Entwicklung. Während der ganzen Rehabilitationszeit haben wir die Funktion von Experten auf Augenhöhe, von Motivatoren. Wir weisen nicht auf die Verluste hin, sondern unterstützen die Betroffenen, neue Möglichkeiten zu erlernen und vorhandene Potenziale zu entwickeln und auszuschöpfen.

Geschieht dies durch immer dieselbe Person?
Wenn es passt, und je nach Situation. Es geht darum, den Menschen mit Querschnittlähmung wieder Perspektiven aufzuzeigen. Sie müssen ihren Weg neu finden und definieren. Also auch ganz praktische Dinge wieder bewältigen können.

Zum Beispiel?
Was mache ich, wenn an meinem Rollstuhl eine Achse bricht! Wie komme ich im Flugzeug auf die Toilette?

Der Austausch von Erfahrungswissen ist sehr wichtig?
Ja, aber auch die persönliche Begegnung mit anderen Rollstuhlfahrern, sei es in einem Sportclub, sei es bei einer anderen Tätigkeit. Die grosse Aufgabe ist es, unsere Ressourcen wiederzubeleben. Durch eine Querschnittlähmung haben wir einen Sinn teilweise verloren – den Tastsinn. Dieser Verlust ist im Erleben der Erotik sehr einschränkend, aber wir haben vier weitere Sinne, die immer noch funktionieren. Sehen, Hören, Riechen, Schmecken. Die Ausgestaltung dieser Sinneswahrnehmungen kann eine abenteuerliche Entdeckungsreise sein, und das Sichaustauschen mit anderen Betroffenen kann den Horziont erweitern.

Wenn ein Sinn ausfällt, können die anderen stellvertretend die Aufgabe übernehmen.
Ganz kompensieren geht natürlich nicht. Es wäre nicht ehrlich zu sagen, man bedauere es nicht, nichts mehr zu spüren. Aber vielleicht haben durch die Lähmung die Kreativität und die Sensitivität sogar zugenommen. Wo wir etwas spüren, spüren wir sehr stark. Und da ist es spannend und lustvoll, die Haut mit verschiedenen Materialien wie Federn, Fellen, Bürsten, Duftölen usw. zu streicheln, massieren, kratzen.
In Bezug auf das Alter sind die Probleme bei Fussgängern nicht anders als bei Menschen mit Querschnittlähmung. Wir Menschen mit Querschnittlähmung haben dies aber in jüngeren Jahren lernen müssen. Das gibt mir die Vermutung, dass wir die Ageing-Themen möglicherweise gar nicht mehr so krass haben werden.

Haben Sie dafür Beispiele?
Inkontinenz – wir haben gelernt, uns zu katheterisieren. Darmmanagement – wir können unsere Darmpflege selbst bewerkstelligen. In diesen Themen sind wir ziemlich fit und brauchen uns nicht vor Pampers zu fürchten.

Sie sind also richtige Profis?
Das kann man so sagen. Vielleicht könnten wir sogar die älteren Menschen darin coachen, was wir selbst herausgefunden haben. Beim Thema Sexualität und Inkontinenz sind wir Mega-Profis. Wer versteht, dass Sexualität nicht nur Geschlechtsverkehr ist, hat einen grossen Vorteil, der auch im Alter belebende Funktion haben kann. Das Leben verliert ja nicht an Substanz oder Qualität. Es ist einfach eine andere Gewichtung.

Haben Sie Angst vor Spätfolgen Ihrer Querschnittlähmung?
Mir auf Vorrat Angst zu machen wäre der falsche Weg. Es wird in zehn Jahren anders sein als heute. Medizin und Reha machen stetige Fortschritte. Ich bin zuversichtlich, dass es immer wieder neue Lösungen geben wird.

Stichwort Lebendigkeit und Alter. Auch beim Älterwerden ist Lebendigkeit ein zentrales Thema.
Es geht darum: Wo ist meine Lebensenergie im Alter? Es tut uns nicht gut, wenn das Alter immer als Defizit angesehen wird. Denn so wie ich denke, darauf fokussiere ich mich und riskiere selbst so zu werden. Alt zu werden und Falten zu bekommen oder weniger beweglich zu sein, ist nicht das Problem. Das Problem ist, wie ich darüber denke.
Ich versuche, mir von mir selbst als ältere Frau ein positiveres und freudigeres Bild zu machen als das, was jetzt im Trend liegt.

Reife hat etwas sehr Herzliches.
Auch das hat eine Qualität. Ich spüre doch auch eine Lebendigkeit in mir, wenn ich mich für etwas begeistere: Projekte anpacken, Menschen begeistern, Neues entdecken und lernen. Dann fühle ich mich innerlich jung, lebendig, energievoll und wach, selbst wenn ich äusserlich alt bin. Das hat vermutlich gar nichts mit Behinderung oder Funktionen zu tun. Ich plädiere also statt für «anti-ageing» für «happy ageing». Sich die Nachteile des Alterns vor Augen zu halten ist mit Sicherheit ein Saboteur des Glücks. Oder, wie Marcus Tullius Cicero, römischer Redner und Staatsmann, bereits um 60 v. Chr. gesagt hat: «Nicht das Alter ist das Problem, sondern unsere Einstellung dazu.»

Liselotte Velan

«PFLEGE IST MEHR ALS EIN BROTERWERB»

Liselotte «Lilo» Velan, Jahrgang 1928, war Krankenschwester, absolvierte bereits im Jahre 1952 das Lehrdiplom des Roten Kreuzes für die Ausbildung von Krankenschwestern und bildete gegen Ende ihrer beruflichen Karriere junge Pflegefachleute aus. Mit ihrem Mann Marc Velan, einem Pfarrer, lebte sie zwischen 1952 und 1962 von der Basler Mission aus in Indien und kämpfte gegen Hunger, Krankheit und Analphabetismus. In dieser Zeit kamen auch ihre vier Töchter zur Welt. 1993 erlitt sie beim Umbau des eigenen Hauses in Bassins, VD, einen Unfall, von dem sie querschnittgelähmt wurde. Seit ihr Mann 2012 gestorben ist, lebt Lilo Velan allein.

Interview: Irène Dietschi

Frau Velan, Sie sind 85 Jahre alt und wohnen mit einer schweren körperlichen Einschränkung in Ihrem eigenen Haus. Wie kommen Sie zurecht?
Dank einem guten sozialen Umfeld lebe ich recht selbstständig und eigenbestimmt. Ich bekomme von meinen Töchtern und deren Familien stets liebevolle Unterstützung. Auch im Dorf pflege ich schöne Beziehungen.

Sie waren 64, als der Unfall passierte ...
Es geschah in diesem Haus, an der Place de la Tillette in Bassins. Das Haus wurde 1703 erbaut und ist seither im Familienbesitz der Velans. Als Marc, mein mittlerweile verstorbener Mann, und ich es übernahmen, war es in einem pitoyablen Zustand. Wir haben jahrelang renoviert, Verputze abgekratzt und zum Teil die alten, sechzig Zentimeter dicken Bruchsteinmauern zum Vorschein gebracht. Eines Tages wollten wir eine Treppe vom Erdgeschoss des ehemaligen Stalls in den ersten Stock einbauen, dabei tat ich einen Misstritt und fiel drei Meter ins Leere. Ich merkte sofort, dass ich gelähmt war.

Wie haben Sie es geschafft, die Behinderung in Ihrem fortgeschrittenen Alter zu akzeptieren?
Ich glaube nicht, dass man so etwas je akzeptiert, man kann lernen, damit von Tag zu Tag besser umzugehen. Das gibt eine gewisse Genugtuung. In den Oberschenkeln habe ich seit über zwanzig Jahren chronische Schmerzen. Ich musste mich an ein völlig neues Körperbild gewöhnen. Mit der Zeit spielten sich neue Gewohnheiten ein, und gemeinsam mit meinem Mann fand ich zurück zu einem neuen Gleichgewicht, in eine veränderte Normalität. Auch nach Marcs Tod lautet mein Leitsatz: «Solange ich lebe, will ich leben!»
Mein Mann zündete jeden Morgen eine Kerze an, jetzt tue ich es ihm gleich. Aus diesem Ritual schöpfe ich täglich Trost. Ich habe dazu gedichtet:

> Die Kerze
> sagte mir zum Scherze
> ein Ding das ging mir sehr zu Herze:
> «Ich brannte, und das streute Licht,
> wie viel ich hergab, weiss ich nicht;
> doch was mir bleibt, das will ich geben,
> **Solang ich lebe, will ich leben!**
> Warum beklagst du deinen Rücken?
> Es kann ihn dir noch keiner flicken!
> Doch kannst du weiterhin noch spenden,
> was du erschaffst mit Kopf und Händen
> und es dann gibst von ganzem Herzen,
> das tue weiter, wie die Kerzen.»

Wer hilft Ihnen bei den alltäglichen Verrichtungen?
Vieles schaffe ich allein. Ich koche meine eigenen Mahlzeiten. Fürs Aufstehen, Anziehen und Zubettgehen brauche ich keine Hilfe. Vor einem Jahr habe ich meinen Führerschein freiwillig abgegeben, bis dahin habe ich alles selbst eingekauft. Heute brauche ich auch da Unterstützung. Einmal pro Woche putzt jemand von der Spitex-Haushaltilfe die Wohnung und zweimal wöchentlich kommt eine Pflegefachfrau, für die Körperpflege. So bin ich sicher, dass ich es nicht aus Bequemlichkeit unterlasse.

Sie haben ab dem 52. Altersjahr bis zu Ihrer Pensionierung selbst angehende Pflegefachpersonen unterrichtet. Vor ein paar Jahren hielten Sie an einem Pflegesymposium im Paraplegiker-Zentrum Nottwil als Betroffene ein Referat. Was war Ihre Kernbotschaft?
Der Pflegeberuf muss mehr sein als ein Broterwerb. Es geht darum, gegenseitiges Vertrauen aufzubauen, sich einzufühlen, Verantwortung zu übernehmen und die Intimität des Gegenübers zu respektieren. Wenn eine aussenstehende Person mich badet, ist dies eine

sehr intime Situation. Pflege ist letztlich ein respektvoller Umgang, der auf gegenseitigem Vertrauen basiert.

Sind Erfahrung oder Wissen nicht wichtiger?
Das Wissen in der Pflege wird an der Diplomprüfung abgefragt, das muss man sich aneignen. Die Erfahrung kommt erst danach durch das Ausüben des Berufs, doch das ist nicht entscheidend. Viel wichtiger für das Wohlbefinden der Patientin, des Patienten sind die Persönlichkeit der Pflegeperson und ihre Fähigkeit zuzuhören – ohne neugierige Fragen zu stellen. Eine solche Fachperson ist aber nicht dazu da, dass ihr Gegenüber sich sozusagen entleert und alles, was ihm oder ihr schadet, hinausbefördert.

Nach Ihrem Unfall sind Sie selbst Patientin geworden. Wie haben Sie diesen Wechsel erlebt?
Es war zunächst grässlich! In der Rehabilitation in einer Genfer Klinik sah ich nicht nur mein Körperbild, sondern auch mein Berufsbild zerstört. Ich stellte mir dort die Frage: Habe ich solche Krankenschwestern ausgebildet? Wollten sie mich für den Unfall bestrafen? Inzwischen habe ich mich von diesen quälenden Gedanken gelöst.

Wie konnten Sie sich davon befreien?
Indem ich akzeptiert habe, dass Pflege nichts mit Erniedrigung oder Demütigung zu tun hat, sondern zur Unterstützung des Patienten geschieht und auch die Mitwirkung des Patienten selbst erfordert.

Haben Sie während Ihrer Zeit als Lehrperson junge Menschen angetroffen, die Ihrem Idealbild des Pflegeberufs entsprachen?
Oh ja, viele, nicht nur Frauen, sondern auch junge Burschen. An einen erinnere ich mich besonders gut: Er eckte bei meinen damaligen Kollegen wegen seines fröhlichen Wesens an, dabei hatte er eine wundervolle, leichte Art, Kinder zu trösten. Ein zweijähriges Mädchen etwa, das schlimme Brandwunden und davon schreckliche Schmerzen hatte, wurde in seinen Armen ganz still und liess sich von ihm pflegen. Darauf kommt es in der Pflege an, nicht nur auf die Handgriffe.

Sie sagten vorhin, Sie litten oft Schmerzen. Was tun Sie dagegen?
Verschiedenes. Abends im Gebet sage ich manchmal zu Ihm da oben: «Gib mir Deine Hilfe!» oder: «Komm mich bald holen, ... aber nach Deinem Willen!» Mit den Schmerzen in den Oberschenkeln schlafe ich ein und wache damit auf. Ich benutze eine Salbe, die ich mit meiner jüngsten Tochter, einer Naturärztin, selbst entwickelt habe, da ich keine

traditionellen Schmerzmittel vertrage. Ihr Hauptbestandteil sind weibliche Hanfblüten. «Neurocannabalm» nenne ich unsere Salbe. Sie schützt einerseits gegen Dekubitus-Wunden, andererseits hilft sie gegen Schmerzen. Sie besteht aus Mandel-, Jojoba- und Nachtkerzenöl, Bienenwachs, weiblichen Hanfblüten, Lavendel- und chinesischem Pfefferminzextrakt. Ich massiere mich täglich damit. Sie riecht und tut sehr gut.

Schmerzmittel auf Cannabisbasis sind als Medikamente zugelassen und haben weniger starke Nebenwirkungen als Morphium. Gibt es andere «Rezepte», wie Sie den Tag überstehen?
Mit Gedankenkraft, könnte man vielleicht sagen. Wenn die Schmerzen zu frech werden, dann «rede» ich mit ihnen und sage: «Ich weiss, dass ich euch nicht rauswerfen kann, und ich lasse euch den Platz in meinen Beinen. Aber hier oben in meinem Kopf, da will ich befehlen. Da habt ihr keinen Platz!» So kehrt meistens Ruhe ein.

Und Ihre Kurzgeschichten?
Ja, das ist für mich eine wunderbare Beschäftigung im Alter. Ich schreibe kleine Episoden auf, die ich erlebt habe. Als Rollstuhlfahrerin wird man ja mit so vielem konfrontiert. Das ergibt oft denkwürdige Situationen, die ich schreibend zu verarbeiten suche.

Würden Sie uns eine Kostprobe davon geben?
Für Ihr Buch? Sehr gerne. Hier ist sie.

> Einkaufen in der Migros
> Ich schiebe mein Wägeli vor mir hin, da kommt ein kleiner Dreikäsehoch und untersucht meinen Rollstuhl von allen Seiten. Ich frage: «Gell, ich habe ein schönes Velo; hast du auch eins?» – «Ja, doch meins ist nicht so, aber – (er denkt nach, hebt seine Stimme ein wenig) – aber ich darf damit nicht in die Migros kommen. Warum darfst du das?» – «Weisst du, meine Beine können nicht mehr gehen.»
> Jetzt schweigt er, geht rings um mich herum, berührt mir vorsichtig ein Knie, bückt sich nach allen Seiten und sagt schliesslich, fast empört: «Aber sie sind doch da, deine Beine!» In dem Moment kommt seine Mutter, reisst ihr Söhnchen fast wütend weg von mir, ohne ein Wort.

Was der kleine Junge aus gut gemeinter Neugier sagte, wird uns Behinderten von Erwachsenen oft wesentlich unfreundlicher mitgeteilt.

Leben mit Querschnittlähmung im Alter – Die Rehabilitation aus medizinischer Sicht

Armin Curt

Obwohl wir unser Alter naturgemäss in gelebten Jahren messen, so wissen wir doch, dass weder in jungen Jahren noch im höheren Lebensalter das absolute Alter einen konkreten Zustand definiert. So spielt das biologische Alter, welches eine eher globale Abnahme von spezifischen körperlichen und geistig-seelischen Fähigkeiten annimmt, sowohl bei unserer persönlichen Entwicklung (Aufwachsen und Erwachsenwerden) als auch beim «gesunden» Altern eine entscheidende Rolle. Das biologische Alter beeinflusst entscheidend unsere persönlichen Möglichkeiten (physisch – psychisch) und wie wir mit körperlichen Herausforderungen und Behinderungen umgehen können. Es ist aber wiederum nur eine abstrakte Grösse und wird von der allgemeinen Lebenssituation und vielen Begleitumständen (wie vorliegende Erkrankungen oder Gebrechen) sehr variabel beeinflusst.

Die Rehabilitation einer Querschnittlähmung im Alter lässt sich nicht scharf definieren und verlangt eine sehr differenzierte Betrachtung des jeweilgen Patienten und ein in jedem Fall spezifisch angepasstes Rehabilitationsprogramm.

Durch die enormen soziodemografischen Veränderungen in unserer Gesellschaft mit einschneidender Veränderung der Alterspyramide und den zunehmenden Möglichkeiten einer aktiven Lebensgestaltung auch im Alter bleiben unfallbedingte Querschnittlähmungen nicht mehr nur auf Patienten im zweiten bis vierten Lebensjahrzent beschränkt. Vielmehr treten im eindeutig weltweiten Trend auch zunehmend krankheitsbedingte Querschnittlähmungen auf, so dass die Rehabilitation von Querschnittlähmung im Alter eine Herausforderung in der Zukunft wird, der sich die Querschnittzentren und auch die Gesellschaft gesamthaft stellen müssen. Das vorliegende Kapitel beschreibt, wie sich das Altersspektrum von Querschnittlähmung in den letzten zwanzig bis dreissig Jahren verändert hat, und stellt klinische Aspekte des Alters in Hinsicht auf die Möglichkeiten einer erfolgreichen Rehabilitation bei Querschnittlähmung dar. Diese Aspekte zusammengenommen zeigen auf, wie die spezifischen Herausforderungen betreffend Alter und Querschnittlähmung eine positive Bewältigung erlauben.

Alter schützt nicht vor Querschnittlähmung

Die Paraplegie (junger Mann im Rollstuhl) stellt den Prototyp einer unfallbedingten Querschnittlähmung dar und betraf in der Mitte des letzten Jahrhunderts typischerweise junge Männer nach Berufs- und Freizeitunfällen, mehr noch zu Beginn der modernen Paraplegiologie sogar nach kriegsbedingten Verletzungen. (Das erste Zentrum für Querschnittlähmung wurde 1942 im Rahmen von Kriegsvorbereitungen in Stoke Mandeville, England, von Sir Ludwig Guttmann eröffnet.) Letztere waren sehr gefürchtete Verletzungen meist im Sinne von schuss- oder minenbedingten Querschnittlähmungen und galten in dieser Zeit (insbesondere vor 1940) nahezu ausnahmslos als Todesurteil. Hierbei verstarben Patienten mit Halsmarkverletzungen (also Tetraplegie mit Lähmung der Arme und Beine) in der Regel an akuten Atem- und Kreislaufstörungen innert weniger Tage bis Wochen, Patienten mit Paraplegie (Lähmung der Beine) typischerweise an eher chronischen Folgeschäden (chronischem Nierenversagen und nicht beherrschbaren Geschwüren an wunden Hautstellen) Monate bis wenige Jahre nach Verletzung. Die Häufigkeit einer Querschnittlähmung wird als *Inzidenz* (Anzahl Fälle pro Million Einwohner pro Jahr) angegeben und schwankt für traumatische Querschnittlähmungen in westlichen Industriestaaten zwischen 15 und 30 Fällen. Diese Angaben sind mehr oder weniger zutreffende Hochrechnungen, basierend auf Behandlungszahlen, erhoben in Querschnittzentren. Staatliche Register zur Erfassung von traumatischen Querschnittlähmungen sind in den meisten Ländern nicht angelegt. Noch unsicherer sieht die strukturierte Erfassung von nichttraumatischen Querschnittlähmungen aus, dennoch wird weltweit über eine zunehmende Inzidenz von nichttraumatischen Querschnittlähmungen berichtet. In vielen Zentren ist mittlerweile die Anzahl von traumatischen zu nichttraumatischen Erstrehabilitationen ausgewogen.

War die Lebenserwartung in der Mitte des letzten Jahrhunderts für traumatische Querschnittlähmung noch enorm reduziert (Patienten erreichten nur ca. 20 bis 30 Prozent der normalen Lebenserwartung), so liegt sie jetzt bei ungefähr 90 Prozent der vergleichbaren Normalbevölkerung. Dieser sehr eindrückliche Zugewinn auf die mittlere Lebenserwartung nach Querschnittlähmung hat einen enormen Effekt auf die *Prävalenz* von Querschnittlähmung, d.h. wie viele Patienten mit einer Querschnittlähmung im Erhebungsjahr leben. Diese Zahlen sind sehr unsicher, da sowohl die Erhebung der Inzidenz nicht ganz zuverlässig ist, vor allem aber auch die Sterberegister keine genauen Angaben hierzu liefern. Als grobe Schätzung kann man annehmen, dass ca. 1000 Patienten mit Querschnittlähmung pro Million Einwohner und Jahr leben. Die Kombination aus Zahlen zur Inzidenz und Prävalenz erlaubt es, ungefähr abzuschätzen, wie gross der Bedarf und die Herausforderung für das Gesundheitssystem eines Landes sind, um die medizinischen und sozio-ökonomischen Folgen von erlittenen Querschnittlähmungen und deren Folgen zu meistern.

Neben den Veränderungen von Inzidenz und Prävalenz (insbesondere längerer Lebenserwartung, auch mit Querschnittlähmung) hat sich das Durchschnittsalter beim Eintritt einer Querschnittlähmung massiv geändert. Lag das Durchschnittsalter in der Mitte des letzten Jahrhunderts bei ca. 25 bis 40 Jahren, so ist es jetzt bei 40 bis 50 Jahren. Dieser Mittelwert setzt sich zusammen aus zwei grösseren Anteilen: Immer noch erleiden viele Patienten eine Querschnittlähmung im Alter um 30 Jahren, jedoch mit abnehmender Inzidenz. Dafür hat sich in den letzten Jahrzehnten ein zweiter Altersgipfel entwickelt mit deutlich zunehmender Inzidenz im Alter von 60 bis 70 Jahren (und selbst Patienten im Alter von 70 bis 80 Jahren bei Eintritt einer traumatischen und nicht-traumatischen Querschnittlähmung sind keine Ausnahme mehr). Somit zeigt die Altersverteilung einen zweigipfligen Verlauf.

Die veränderte *Altersverteilung* liegt an dem geänderten Spektrum der Ursachen einer Querschnittlähmung. Neben den typischen traumatischen Verletzungen der Wirbelsäule bei jüngeren Patienten (Verkehrs-, Berufs-, Sportunfälle) kommt es bei den älteren Patienten zu deutlich gehäuften Rückenmarksverletzungen nach sogenannten leichteren Unfällen (wie Sturz von Treppenstufen oder Verlust von Gleichgewicht und Sturz auf ebenem Grund). Diese eher geringgradigen Traumata, weil ohne Hochbeschleunigung oder schwere unmittelbare

Gewalteinwirkung, führen bei schon vorgeschädigten degenerativen Wirbelsäulenerkrankungen (z.B. zervikale Spinalkanalstenose) und bei physiologisch nachlassender Fähigkeit, Sturzgeschehen zu antizipieren und mit zeitgerechten Schutzreflexen abzufangen, zu oft schweren Rückenmarksverletzungen. Aber auch die nichttraumatischen Querschnittlähmungen, z.B. als Folge von Tumorerkrankungen, Durchblutungsstörungen und Blutungsereignissen des Rückenmarks sowie entzündlichen Erkrankungen des Rückenmarks (Myelitis, Spondylodiscitis), treten häufig im höheren Lebensalter auf und betreffen Frauen und Männer zu gleichen Teilen.

Rehabilitation einer Querschnittlähmung im Alter

Die neurologische Rehabilitation ist immer sehr komplex und vielfältig, wobei im Vordergrund steht, einerseits verloren gegangene Körperfunktionen (wie Lähmung von Muskeln, Gefühlsstörungen, Verlust von Blasen-/Darmkontrolle) wiederherzustellen und andererseits Alltagsfunktionen (wie Stehen/Gehen und Arm-/Handfunktionen) zu ermöglichen, die nicht ausschliesslich auf den betroffenen Körperfunktionen beruhen müssen. Die uns wichtigen Alltagsfunktionen können auf verschiedene Weise erreicht werden (z.B. Gehen mit oder ohne Hilfsmittel, Haushaltführen etc.) und setzen sich zusammen aus einer Summe von bestimmten Zielen, die man sich setzt, und Strategien (Lösungsideen), wie man diese am besten, sicher und mit zumutbarem Aufwand erreicht.

Mit guter Kenntnis dieser Herausforderungen und einer frühzeitigen sowie umsichtigen Anpassung können Patienten im Alter ihre körperliche Selbstständigkeit und Autonomie erhalten.

Das Erreichen dieser vereinfacht dargestellten zwei Hauptziele (Körperfunktionen und Alltagsaktivitäten) geht in der Regel nicht parallel voran und wird in der Rehabilitation immer an die Entwicklung, insbesondere an die Erholung, des Patienten individuell angepasst. Es ist leicht verständlich, dass die Höhe und Schwere der Ausfälle (komplette oder inkomplette Querschnittlähmung) die Dauer der Rehabilitation mitbestimmt. Daraus ergeben sich Rehabilitationszeiten von 4 bis 6 Monaten bei Patienten mit Paraplegie und von 8 bis 10 Monaten bei Tetraplegie. Die Schwankung der Zeiten wird naturgemäss vom allgemeinen Gesundheitszustand des Patienten wesentlich mitbeeinflusst, und hier spielt das *Alter* des Patienten ebenfalls eine relevante Rolle. Bei älteren bzw. weniger belastbaren Patienten muss die Intensität (wie anstrengend und fordernd), Frequenz (wie viele therapeutische Sitzungen am Tag) und Dauer (wie lange kann man am Stück intensiv trainieren) der Behandlungen den Gegebenheiten angepasst werden, wodurch die Rehabilitationszeiten länger werden können.

Die klinische Erfahrung zeigt, dass das Alter die Erholung von Körperfunktionen (z.B. alters-/geschlechtsentsprechende Krafterholung) weniger beeinflusst als das Erreichen von komplexen Alltagsfunktionen. So ist das Stehen, Gehen und gleichzeitige Tragen von Gegenständen mit zusätzlich auftretender Ablenkung durch visuelle (Blendung durch Licht/Helligkeit) oder akustische (angesprochen werden) Reize, was im Alltag nahezu immer auftritt, bald einmal eine Überforderung und verursacht erhebliche Unsicherheit beim Patienten. Das beeinflusst unmittelbar, wie ältere Patienten ihren Alltag gestalten können und wieviel und welche Assistenz sie benötigen, um möglichst eigenständig und sicher zu leben und zu wohnen.

Mit einer Querschnittlähmung altern

Schliesslich stellt sich bei der deutlich gestiegenen Lebenserwartung mit Querschnittlähmung und einer im Allgemeinen steigenden Lebenserwartung die Frage, wie Patienten auf lange Sicht mit einer Querschnittlähmung leben können und was beim Älterwerden die besonderen Herausforderungen sind. Hierbei lassen sich für Querschnittlähmung spezifische und unspezifische Faktoren unterscheiden. Die spezifischen Herausforderungen ergeben sich durch die insgesamt deutlich höheren körperlichen Anforderungen, die ein Patient mit Querschnittlähmung Tag für Tag leisten muss, um seine Alltagstätigkeiten zu erfüllen. Das beinhaltet jegliche Form der Mobilität (z.B. Transfer vom Bett in den Rollstuhl) und der körperlichen Pflege (inklusive Blasen- und Darmmanagement), die um ein Vielfaches belastender sind als für den gesunden Fussgänger. Das heisst, der Patient mit Querschnittlähmung erfährt schon bei leichteren Einbussen seiner Beweglichkeit (Schmerzen in Gelenken und Muskeln) und der allgemeinen Kraft einen wesentlichen Verlust an Selbstständigkeit. Patienten mit Querschnittlähmung leben oft schon sehr nah an ihrer physischen Grenze, um den Alltag bewältigen zu können. Kleinere Beeinträchtigungen, die der Gesunde ohne grosse Mühe kompensieren kann, führen beim Patienten mit Querschnittlähmung oft schon zu einer Überforderung.

Die Situation kompliziert sich zunehmend, wenn noch weitere altersbedingte Erkrankungen oder Einschränkungen (Seh- und Hörverminderung, Übergewicht, Gleichgewichts-, Durchblutungsstörungen) auftreten. Mit guter Kenntnis dieser Herausforderungen und einer frühzeitigen sowie umsichtigen Anpassung können Patienten im Alter ihre körperliche Selbstständigkeit und Autonomie erhalten. Entscheidend ist, den Anforderungen beizeiten und mit grosser Sorgfalt entgegenzutreten und fachgerechte Lösungen anzubieten. Patienten mit schon länger bestehender Querschnittlähmung verfügen über einen enormen Schatz an Lebenserfahrung und haben gelernt, alternative Wege zu finden, wie sie ihren Lebensalltag gestalten können.

Zusammenfassung

Das Alter und das Altern bei Querschnittlähmung hat sich in den letzten 20 bis 30 Jahren wesentlich geändert. Mit einer zunehmenden Inzidenz und Prävalenz von älteren Patienten mit Querschnittlähmung wird das Gesundheitssystem diesbezüglich zunehmend herausgefordert. Hierbei ist ebenso die veränderte Ursache der Querschnittlähmung von weniger traumatischen zu mehr nicht-traumatischen Querschnittlähmungen von entscheidender Bedeutung. Die Rehabilitation älterer Patienten mit Querschnittlähmung (unabhängig von deren Ursache) ist heute erfolgreich durchführbar, wenn sich Zielsetzung und praktische Umsetzung an das gegebene Alter anpassen. So ist auch ein würdevolles und selbstbestimmtes Altern mit Querschnittlähmung erreichbar, wenn den gegebenen Umständen zeitgerecht und umsichtig Rechnung getragen wird.

Literatur

Baumann WA, Waters RL (2004) *Aging with a spinal cord injury*. In: Kemp BJ, Mosqueda L (Hrsg) *Aging With a Disability; What the Clinician Needs to Know*. Johns Hopkins University Press, Baltimore, Md, S 153–174

Charlifue S, Jha A, Lammertse D (2010) Aging with spinal cord injury. Phys Med Rehabil Clin N Am 21: 383–402

DeVivo MJ, Stover SL (1995) *Long-term survival and causes of death.* In: Stover SL, DeLisa JA, Whiteneck GG (Hrsg) *Spinal cord injury: clinical outcomes from the model systems*. Aspen Publishers, Inc, Gaithersburg (MD), S 289–316

Drake MJ, Cortina-Borja M, Savic G (2005) *Prospective evaluation of urological effects of aging in chronic spinal cord injury by method of bladder management*. Neurourol Urodyn 24: 111–116

Fassett DR, Harrop JS, Maltenfort M, et al. (2007) *Mortality rates in geriatric patients with spinal cord injuries*. J Neurosurg Spine 7: 277–281

Furlan JC, Bracken MB, Fehlings MG (2008) *Is age a key determinant of mortality and neurological outcome after acute traumatic spinal cord injury?* Neurobiol Aging 31(3): 324–346

Groah SL, Charlifue S, Tate D, et al. (2012) *Spinal cord injury and aging: challenges and recommendations for future research*. AM J Phys Med Rehabil. 91(1): 80–93

Hitzig SL, Tonack M, Campell KA, et al. (2008) *Secondary health complications in an aging Canadian spinal cord injury sample*. Am J Phys Med Rehabil. 87(7): 545–555 [Medline]

Kirshblum S, Druin E, Planten K. (1997) *Musculoskeletal conditions in chronic spinal cord injury.* Top Spinal Cord Inj Rehabil. 2: 23-35

Krause JS, Broderick L. (2005) *A 25-year longitudinal study of the natural course of aging after spinal cord injury.* Spinal Cord 43: 349

Lavela SL, Evans CT, Prohaska TR, Miskevics S, Ganesh SP, Weaver FM (2012) *Males aging with a spinal cord injury: prevalence of cardiovascular and metabolic conditions.* Arch Phys Med Rehabil. 93(1): 90-95 [Medline]

Thomlinson J. (1998) *Effects of Aging with Disability.* Ranchos Los Amigos Seminar

Whiteneck GG, Charlifue SW, Frankel H.L. (1992) *Mortality, morbidity, and psychosocial outcomes of persons spinal cord injured more than 20 years ago.* Paraplegia 30: 617-630

Prof. Dr. med. Armin Curt hat sich auf Paraplegiologie, Neurologie und Neurophysiologie spezialisiert. Er ist medizinischer Direktor des Zentrums für Paraplegie an der Universitätsklinik Balgrist in Zürich, lehrt als ordentlicher Professor Paraplegiologie an der Universität Zürich und leitet interdisziplinäre / internationale Forschungsvorhaben.

Der Umgang mit Schmerz
Jörg Eisenhuth

Schmerz ist ein unangenehmes Sinnes- und Gefühlserlebnis. Er ist unser Alarmsystem und hat die Aufgabe, die körperliche Unversehrtheit zu erhalten bzw. wiederherzustellen. Anders als andere Sinneswahrnehmungen hat Schmerz immer eine emotionale und individuelle Komponente, die unabhängig von der Stärke und Art des Schmerzsignals ist. Jeder erlebt Schmerz anders, d.h., er ist subjektiv und individuell. Was für den einen ein leichter Piekser ist, bedeutet für den anderen ein unerträgliches Stechen.

Schmerz ertragen oder als Herausforderung annehmen?

Allein eine Querschnittlähmung zu ertragen, ist bereits eine grosse Herausforderung. Für ca. 60% aller Menschen mit Querschnittlähmung kommt eine weitere Herausforderung hinzu: Sie haben chronischen Schmerz (Störmer et al., 1999). Auch in der Allgemeinbevölkerung ist chronischer Schmerz nicht selten. 16 bis 17% aller Menschen in der Schweiz und in Deutschland leiden darunter (Breivik et al., 2006). Dieser Schmerz trifft jüngere und ältere Menschen, letztere häufiger. Gerade viele ältere Menschen glauben, Schmerz gehöre zum Alter und begeben sich deswegen erst gar nicht in eine Behandlung. Die moderne Schmerztherapie bietet aber für alle Arten von Schmerz gute Behandlungsmöglichkeiten. Dazu ist es zunächst wichtig, einen kompetenten Arzt aufzusuchen, der sich mit Schmerz bei Querschnittlähmung auskennt und der seinen Patienten ernst nimmt. Je frühzeitiger Schmerz behandelt wird, desto besser ist der Behandlungserfolg. Aber natürlich kann auch länger bestehender Schmerz behandelt werden.

Entscheidend für den Behandlungserfolg ist die eigene aktive Beteiligung bei der Schmerzbewältigung: Schmerz selbst zu kontrollieren, statt vom Schmerz kontrolliert zu werden. Lebensqualität trotz chronischem Schmerz zu erreichen, ist das wichtigste Behandlungsziel. Schmerz muss nicht passiv ertragen oder dessen Behandlung allein Ärzten und anderen Therapeuten überlassen werden. Jeder Mensch besitzt eigene Fähigkeiten, um Schmerz aktiv zu bewältigen, und kann noch weitere Fertigkeiten erwerben, indem er lernt, seinen eigenen «Schmerzwerkzeugkoffer» (www.change-pain.ch) zu erweitern, zu aktualisieren und auf neue Situationen anzupassen.

Schmerz – Freund oder Feind?

Wie Schmerz erlebt wird, hat viel mit früheren Schmerzerfahrungen zu tun, wobei diese nicht etwa abhärten, sondern schmerzempfindlicher machen. Auch die seelische Verfassung hat grossen Einfluss auf das Schmerzerleben. So können innere Unruhe, Angst, Depression, Einsamkeit, Stress, aber auch Krisen im täglichen Leben das Schmerzerleben verstärken und den Schmerz unerträglicher machen. Schmerz kann einerseits mit objektiven Begriffen beschrieben werden, wie z.B. heiss, kalt, spitz oder stumpf, andererseits nimmt unser Gehirn auch subjektiv Bewertungen vor, wie z.B. der Schmerz ist unbarmherzig, unerträglich usw. Gerade diese subjektiven Begriffe umzubewerten ist ein wichtiger Ansatzpunkt in der psychologischen Schmerztherapie.

Aber auch wenn medizinisch keine Gewebeschädigung nachzuweisen ist, kann Schmerz existieren. Nicht der Arzt entscheidet über Schmerz («Ihr Rücken kann gar nicht wehtun, die Röntgenbilder sind in Ordnung, ich kann nichts finden.»), sondern der Mensch, der den Schmerz erlebt. Schmerz kann nicht mit objektiven medizinischen Verfahren erfasst werden, sondern ist durch das individuelle Erleben des Betroffenen erfassbar.

Vom akuten zum chronischen Schmerz

Ein *akuter Schmerz* ist relativ kurz andauernd. Seine Ursache ist eindeutig durch eine Entzündung oder Verletzung identifizierbar. Die Schmerzbehandlung erfolgt durch Schonung der betroffenen Körperbereiche, Beseitigung der Entzündung bzw. Verletzung und die Gabe von Schmerzmitteln. Das Behandlungsziel ist Schmerzfreiheit.

Mitmenschen können das Gesundheitsverhalten durch Ablenkung unterstützen. Ungünstig ist, zu viel Mitleid zu zeigen.

Wird Schmerz über einen längeren Zeitraum ignoriert, falsch behandelt, oder lässt sich seine Ursache nicht finden oder beheben, wird er zu chronischem Schmerz. Von *chronischem Schmerz* spricht man, wenn der Schmerz mindestens drei bis sechs Monate ständig besteht oder immer wiederkehrt. Dann hat er seine Aufgabe als Warnfunktion verloren und stellt eine eigenständige Krankheit dar. Durch den dauerhaften Schmerz sind das gesamte Nervensystem und das Gehirn überreizt. Die Nervenzellen leiten auch schwache Reize als starke Schmerzsignale weiter, die Empfindlichkeit für Schmerz wird immer stärker. Selbst die kleinste Berührung einer schmerzenden Stelle und sogar nur schon die Vorstellung des Schmerzes löst starke Schmerzen aus. So entsteht ein sogenanntes Schmerzgedächtnis. Das Gehirn reagiert überempfindlich auf die schmerzenden Stellen und kann bei anderen Berührungen nicht mehr unterscheiden, ob es Schmerz ist oder nicht. Bei chronischem Schmerz vergrössern sich im Gehirn die Gebiete, die für die Empfindung der schmerzenden Körperteile zuständig sind, und verdrängen damit die Empfindung für die gesunden Körperteile. Dies bedeutet, dass man nicht nur schmerzempfindlicher wird, sondern zusätzlich weniger empfindlich an den gesunden Körperteilen und allgemein für angenehme Empfindungen.

Die Behandlung von chronischem Schmerz erfolgt durch den Aufbau schmerzlindernder Faktoren und den Abbau schmerzverstärkender Faktoren, Veränderung der belastenden Verarbeitung und den Abbau von Bewegungsangst (Kröner-Herwig, 2007). Die Behandlungsziele sind z.B. Schmerzlinderung, aktiver Umgang mit dem Schmerz, verbesserte Lebensqualität, erhöhte Aktivität und gesteigertes Wohlbefinden.

Schmerzlindernde Faktoren:
- Ablenkung, Lachen, Humor
- Entspannung (Hypnose, Meditation, Autogenes Training, progressive Muskelentspannung)
- Körperliche und seelische Aktivität

Schmerzverstärkende Faktoren:
- Unruhe, Angst, Depression
- Schmerzerinnerung, Einsamkeit
- Stress, Krisen im täglichen Leben
- Inaktivität

Wie wird chronischer Schmerz erlebt?

Der chronische Schmerz kann zum Mittelpunkt des Lebens werden. Häufig wird der Satz zu sich und anderen gesagt: «Ich kann nicht, meine Schmerzen hindern mich ...» Betroffene ziehen sich von Freunden und Familie zurück, gehen allen Belastungen aus dem Weg. Es zeigen sich deutliche Beeinträchtigungen auf verschiedenen Ebenen des Erlebens und Verhaltens.

Denken und Fühlen: Gedanken und Gefühle kreisen um die Schmerzen: «Ich kann nicht mehr, ich fühle mich dem Schmerz ausgeliefert.» Die Stimmung ist niedergeschlagen.
Verhalten: Der gesamte Tagesablauf wird darauf ausgerichtet, den Schmerz zu vermeiden. Berufstätigkeit kann nicht mehr ausgeübt werden. Häusliche Arbeiten können nicht mehr erledigt werden. Verschiedene Ärzte werden aufgesucht.
Sozial: Es erfolgt ein Rückzug von Familie, Freunden und Freizeitaktivitäten.
Körperlich: Alle Muskeln sind verspannt, Schonhaltungen werden eingenommen, die körperliche Mobilität ist reduziert.

Es entsteht ein Teufelskreis: Durch den Schmerz werden immer weniger Tätigkeiten ausgeführt, die eigentlich helfen, den Schmerz zu reduzieren, so z.B. Bewegung, Ablenkung, Entspannung und soziale Interaktionen. Dadurch rückt das Leiden immer mehr ins Zentrum der Aufmerksamkeit, weil gleichzeitig schmerzverstärkende Faktoren wie Angst, Einsamkeit und Stress grösser werden.

Schmerz bei Querschnittlähmung

Chronischer Schmerz ist die häufigste Komplikation bei einer Querschnittlähmung (Störmer et al., 1999). Viele Betroffene erleben einen starken Schmerz und fühlen sich dadurch in ihrem Tagesablauf eingeschränkt. Dagegen geben 25 Prozent der Betroffenen an, dass sie sich durch den chronischen Schmerz nicht in ihrem Tagesablauf einschränken lassen. Am häufigsten wird ein Nervenschmerz beschrieben, der sogenannte Deafferenzierungsschmerz, der sich als kribbelnder oder brennender Schmerz im gelähmten Körperbereich bemerkbar macht. Dieser Deafferenzierungsschmerz tritt meistens direkt oder kurz nach Eintritt der Querschnittlähmung auf. Er entsteht an der Verletzungsstelle im Rückenmark. Die geschädigten Nervenfasern melden dem Gehirn «fälschlicherweise» einen Schmerz in Körperbereichen, die eigentlich nicht betroffen sein können. Gerade in den ersten Wochen nach Eintritt der Lähmung kann dieser kribbelnde Schmerz aber auch ein Zeichen für neurologische Erholung sein.

Ebenfalls häufig tritt ein chronischer Nervenschmerz in der Übergangszone zwischen gelähmten und nicht gelähmten Körperbereichen auf. Dieser Schmerz wird als einengender drückender Ring um den Körper erlebt. Auch schmerzhaft erlebte Missempfindungen können auftreten. Andere Schmerzen sind Skelett-, Gelenk- und Muskelschmerzen. So kann es bei Menschen, die schon lange einen Rollstuhl nutzen, auch zu Überlastungsschäden in Armen und Schultern kommen.

Diagnostik

Eine genaue medizinische Diagnostik ist selbstverständlich die Voraussetzung für eine Behandlung. Schmerzstärke, Schmerzdauer, Schmerzart und -lokalisation müssen genau festgehalten werden.

Behandlung

Die Behandlungsziele sind, Lebensqualität zu erhöhen, Aktivität und Wohlbefinden *mit* chronischem Schmerz zu fördern, Selbstkontrolle und Kontrolle über den Schmerz zu erlangen und Schmerzlinderung zu erreichen.

Die Rolle der Teamarbeit

Die Behandlung von chronischem Schmerz bedeutet Teamarbeit. Das Team bilden der Mensch mit Schmerz, Ärzte, Physiotherapeuten, Sporttherapeuten und Psychotherapeuten, die erfahren sind in der Behandlung von chronischem Schmerz. Entscheidend dabei ist, dass das medizinische Team zielorientiert, und nicht problemorientiert (schmerzorientiert), behandelt. Das heisst, es sollte zu Bewegung und Aktivität ermutigen, Ablenkung fördern und Gesundheitsverhalten stärken.

Im Gegensatz dazu beschäftigen sich bei der schmerzfokussierten Therapie Ärzte und Pflegende nur mit dem Schmerz der Betroffenen (Pflegende bringt Schmerzmittel, Arzt gibt Schmerzspritze). Dies kann bei Betroffenen zu einer starken Verknüpfung von Schmerz und medizinischem Team führen und somit das Schmerzerleben verstärken.

Schmerzmedikation
Schmerzmittel können chronischen Schmerz deutlich lindern. Als alleinige Therapie aber reichen sie bei chronischem Schmerz nicht aus. Mit Schmerzmitteln sollte frühzeitig begonnen und nicht zu lange gewartet werden. Es gilt zu verhindern, dass sich ein Schmerzgedächtnis ausbildet. Bei dauerhaftem Schmerz ist es wichtig, regelmässig Schmerzmittel in der verordneten Dosierung einzunehmen und nicht nur bei Bedarf, wenn der Schmerz zu stark wird. Schmerzmittel, die häufig bei akutem Schmerz eingesetzt werden (z.B. Paracetamol, Acetylsalicylsäure), sind bei chronischem Schmerz nicht geeignet, da sie langfristig zu Organschäden führen können.
Schwache (z.B. Tilidin, Codein) oder starke (z.B. Fentanyl) Opioide werden bei chronischem Schmerz erfolgreich eingesetzt. Sie können oral eingenommen oder bei schlechter Verträglichkeit als Schmerzpflaster angewandt werden. Als eine weitere Möglichkeit besteht die Implantation einer Medikamentenpumpe, die das Schmerzmittel direkt in den Rückenmarkskanal befördert. Opioide können über lange Zeiträume eingenommen werden, ohne dass sie ihre Wirksamkeit verlieren oder Organschäden verursachen. Solange das Schmerzmittel dosiert und regelmässig eingenommen wird, ist auch die Angst vor einer Abhängigkeit unbegründet.
Bei dem bereits beschriebenen Deafferenzierungsschmerz werden erfolgreich Antiepileptika (z.B. Lyrica) angewendet, die normalerweise bei Epilepsie eingesetzt werden. Auch trizyklische Antidepressiva werden erfolgreich in der Behandlung von chronischem Schmerz genutzt.

Veränderung des subjektiven Schmerzerlebens
Ob ein körperlich ausgelöster Schmerz zur Belastung wird, ist stark von schmerzverstärkenden und schmerzlindernden Faktoren abhängig. Betroffene lernen zu erkennen, welche schmerzverstärkenden Faktoren individuell auf sie zutreffen und welche schmerzlindernden Faktoren sie zusätzlich einsetzen oder lernen könnten.

Stärkung des Gesundheitsverhaltens
Ein optimales Gesundheitsverhalten führt zu Zufriedenheit und Wohlbefinden trotz Schmerzen. Dies kann erreicht werden durch eine selbstständige aktive

Schmerzbewältigung. Betroffene lernen ihre gesunden Körperteile kennen und schätzen. Und sie lernen, sich und ihrem Körper Gutes zu tun.

Verbesserung der körperlichen Belastbarkeit
Trotz bewegungsunabhängiger Schmerzen reagieren viele Betroffene mit Schon- und Ruheverhalten. Bei körperlichen Belastungen werden die Anstrengungen oft als Schmerzanstieg gedeutet. Hier helfen physiotherapeutische Massnahmen sowie Sport zur Steigerung der Kondition und Verbesserung der körperlichen Belastbarkeit.

Verbesserung der sozialen Interaktionen
Betroffene, die sich sozial zurückgezogen haben, lernen wieder, in Kontakt zu treten mit Familie, Freunden oder auch anderen Menschen. Soziale Aktivitäten werden gefördert und Schon- und Ruheverhalten wird abgebaut.

Verbesserung individueller Techniken zur Schmerzbewältigung
Sinnvolle *Ablenkungsstrategien* werden erarbeitet oder verfeinert. *Entspannungstechniken* werden erlernt (Selbsthypnose, Autogenes Training, Meditation, Progressive Muskelentspannung). *Imaginationstechniken* werden erworben. Dabei geht es um die Vorstellung und Beschreibung von körperlichem Wohlbefinden (Wie genau fühlt es sich an, und wie kann ich beschreiben, wenn ich mich wohlfühle?). *Kognitive Verfahren* werden eingeübt (Mit welchen Gedanken und Gefühlen ist der chronische Schmerz verknüpft? Wie sehen «gesunde» Gefühle und Gedanken aus?). Schmerz und Schmerzempfindungen werden *umbewertet* (Wie kann beispielsweise ein «brennend heisser» Schmerz «gedanklich abgekühlt» werden zu einer «erträglichen» Wärme?).

Unterstützung des Gesundheitsverhaltens durch Bezugspersonen
Mitmenschen können das Gesundheitsverhalten durch Ablenkung unterstützen. Ungünstig ist, zu viel Mitleid zu zeigen. In Untersuchungen zeigte sich, dass demonstriertes Mitleid von Bezugspersonen das Schmerzerleben bei Betroffenen verstärkte (Huse et al., 2001).

Tipps für Betroffene im Umgang mit chronischem Schmerz
Akzeptieren Sie, dass Sie Schmerzen haben
Gemeint ist damit, sich einzugestehen, dass der Schmerz da ist und nicht so einfach verschwinden wird. Schmerz ist aber auch kein «normaler» Bestandteil des Alters, der «ertragen» werden muss. Übernehmen Sie selbst die Kontrolle über

Ihren Schmerz und lassen Sie sich nicht mehr von Ihrem Schmerz kontrollieren (vgl. www.change-pain.ch).

Sinnhafte Ablenkung ist die beste Schmerztherapie
Mit einer Tätigkeit, die Ihnen wichtig ist, die Ihnen Freude und Zufriedenheit bereitet und bei der Sie in Kontakt kommen mit anderen Menschen, können Sie den Schmerz am besten «vergessen».

Sie sind der Experte für Ihren Schmerz
Das bedeutet, dass Sie auch selbst aktiv werden müssen. Nehmen Sie medizinisch fachliche Hilfe in Anspruch. Bitten Sie Ihre Physio- und Sporttherapeuten, Ihnen ein Eigenprogramm auszuarbeiten, das Sie allein und selbstständig durchführen können. Bitten Sie Familie und Freunde um Hilfe bei Tätigkeiten, die Sie körperlich überlasten.

Finden Sie Ihr eigenes Tempo
Seien Sie aktiv und seien Sie dies in Ihrem eigenen Tempo. Gönnen Sie sich eine Pause, bevor der Schmerz zu stark wird oder ein Schmerzschub einsetzt. Nehmen Sie technische und menschliche Hilfe in Anspruch bei Dingen, die Sie überlasten.

Setzen Sie sich Ziele und Prioritäten
Setzen Sie sich täglich Ziele und setzen Sie dabei Prioritäten. Was ist Ihnen am wichtigsten zu erledigen? Achten Sie bei den Zielen darauf, dass diese auch erreichbar sind.

Entspannung tut gut
Lernen Sie ein Entspannungsverfahren und gönnen Sie sich Situationen zum Entspannen. Seien Sie gut zu sich und Ihrem Körper. Beachten Sie dabei besonders die Bereiche, die gesund sind und mit denen Sie zufrieden sind.

Bewegung
Verschaffen Sie sich täglich dosiert Bewegung. Dehn- und Konditionsübungen lindern mit der Zeit den Schmerz. Dazu benötigen Sie etwas Geduld.

Bleiben Sie sozial
Sprechen Sie mit Familie und Freunden, unternehmen Sie Freizeitaktivitäten im Rahmen Ihrer Möglichkeiten. Einsamkeit und sozialer Rückzug sind Ihr grösster Feind.

Literatur

Breivik H, Collett B, Ventafridda V, Cohen R, Gallacher D (2006) Survey of chronic pain in Europe: Prevalence, impact on daily life, and treatment. European Journal of Pain 10: 287-333

Huse E, Larbig W, Birbaumer N, Flor H (2001) Kortikale Reorganisation und Schmerz: empirische Befunde und therapeutische Implikationen am Beispiel des Phantomschmerzes. Der Schmerz 15 (2): 131-137

Kröner-Herwig B (2007) Schmerz – eine Gegenstandsbeschreibung. In: Kröner-Herwig B, Frettlöh J, Klinger R, Nilges P Schmerzpsychotherapie. Springer, Berlin-Heidelberg-New York 7-19

Störmer S, Gerner HJ, Metzmacher C, Grüninger W, Walker N, Föllinger S, Aldinger W, Rieger-Haug E, Wienke C, Zimmermann M, Paeslack V (1999). Chronischer Schmerz bei Querschnittlähmung – Ergebnisse eines Projekts. In: Grosse W, Pätzug HP (Hrsg) Selbstbestimmtes Leben. Sandstein Verlagsgesellschaft, Dresden S 84-91

www.change-pain.ch; abgerufen am 3.3.2014

Jörg Eisenhuth, Diplom-Psychologe und Psychotherapeut, ist seit 1991 in der Werner-Wicker-Klinik in Bad Wildungen tätig. Er lehrt an der Hochschule der deutschen gesetzlichen Unfallversicherung DGUV. Von ihm gibt es bereits zahlreiche Publikationen auf dem Gebiet der Paraplegiologie. Wiss. Beirat der Deutschsprachigen medizinischen Gesellschaft für Paraplegie DMGP.

Hobbys und Arbeit – Aufgeben oder neu erfinden?

Fritz Vischer

Schicksalsschläge bedeuten Verzicht auf Liebgewonnenes. Das trifft alle hart. Trotzdem richten sich manche schneller in der neuen Normalität ein als andere. Mit steigendem Alter riskieren sie aber, ihre Kräfte zu überschätzen. Andern fällt der Verzicht schwerer, bis sie sehen, dass in der veränderten Lage Neues entsteht, das sie kreativ nutzen können. Im Alter drängen sich wieder Anpassungen auf. Behinderte haben den Vorteil, diesen Vorgang schon zu kennen. Trotzdem müssen auch sie sich vermehrt geistigen Aktivitäten zuwenden.

Das Hobby ist in unserem Sprachgebrauch die erfüllende Nebenbeschäftigung, der wir mit Leidenschaft und Eifer nachgehen. Im Englischen erweitert sich der Begriff zum «hobby horse» – einem Stock mit Pferdekopf am oberen Ende, geschaffen für Kinder, die mit ihm freudig und rastlos spielen. Im Deutschen ist daraus «das Steckenpferd» geworden. Damit bezeichnen wir schrullige Liebhabereien, denen sich einige unserer lieben Mitmenschen mit Begeisterung hingeben. Bei Hobby und Steckenpferd reicht das Spektrum vom sinnspendenden Tun bis zum einfältigen Zeitvertreib. Neutral nennt man es auch «Interessen».

Aufgeben bedeutet aufgezwungener Verzicht

Heisst das Hobby Gleitschirmfliegen, hochalpines Klettern oder trägt es den Markennamen «Harley-Davidson», so kostet es nicht nur Zeit und Geld, sondern auch Kopf und Kragen, wenn's der Teufel will. Teuflisch wird's bei einem schweren Unfall, dessen Verletzungsfolgen im Kern irreparabel sind und beispielsweise zu einer Querschnittlähmung führen können. Die Frage des Aufgebens oder Neuerfindens stellt sich dann nicht nur im Zusammenhang mit Hobbys. Das Hobby hat aber einen besonderen Stellenwert, weil es zur selbstbestimmten Lebensgestaltung gehört, auf die niemand gerne verzichtet – im Gegensatz zu einem Job, der einzig dem Broterwerb dient, ansonsten aber kaum Entfaltungsmöglichkeiten bietet.

Der Umgang mit Einschränkungen ist Behinderten vertraut. Im Alter ist das zwar ein Vorteil, den zusätzlichen Erschwernissen aber können auch sie nicht entrinnen.

Die Bereitschaft und die Fähigkeit zum Verzicht sind des Pudels Kern: Der unwiederbringliche Verlust der körperlichen Unversehrtheit bedeutet Verzicht als Dauerzustand. Darin liegt das Trauma. Im Umgang mit der aufgezwungenen Verzichtleistung gibt es so viele individuelle Vorgehensweisen und Abläufe wie betroffene Leidtragende. Auf die Frage nach dem Aufgeben oder dem Erfinden neuer Hobbys gibt es keine einfachen Antworten. Es gibt dagegen Lösungen, die im individuellen Falle leichter umzusetzen sind als andere, nicht aber Rezepte für alle. Trotzdem zeigen die Beobachtungen, dass es typische Verhaltensweisen und Verläufe gibt. Der Verzicht verlangt, etwas aufzugeben, es nach Möglichkeit zu vergessen und nach Neuem zu suchen. Leicht fällt das im Innersten niemandem, aber es gibt Menschen, die sich schneller neu ausrichten können, während andere über einen erlittenen Verlust nur schwer hinwegkommen, ihn unter Umständen nie verschmerzen können. Aus dieser unterschiedlichen Dynamik unserer

Anpassungsfähigkeit bilden sich zwei Grundtypen heraus: Nennen wir den einen «Durchstarter», den andern den «Bedächtigen». Natürlich sind diese Bezeichnungen vereinfachend und unwissenschaftlich, die Bildhaftigkeit erleichtert aber das Verständnis.

Der Durchstarter – als wäre nichts geschehen

Der Durchstarter neigt dazu, das traumatisierende Ereignis möglichst schnell auszublenden. Dabei spielen die äusseren Umstände eine wichtige Rolle. Der Draufgänger, der bei einem seiner vielen Abenteuer verunfallt, mag durchaus einer Verkettung widriger Umstände zum Opfer gefallen sein. Trotzdem muss er sich an die eigene Nase fassen, und in stillen Stunden über seinen Beitrag zum Unglück sinnieren. Dieser Denkprozess ist eine gesunde Form von Lebendigkeit. Entsprechend ist seine Bereitschaft, aber auch sein Pflichtgefühl, sich möglichst schnell den veränderten Bedingungen anzupassen, grösser.

Im Grunde will er aber sein Leben fortführen, als wäre nichts geschehen. Der Durchstarter ist deshalb auch Bewahrer. Er sucht nicht nach Neuem. Aufgeben ist für ihn keine Option, schon gar nicht im Bereich seiner Interessen, ob es nun Hobbys oder Steckenpferde seien. Für eine nach klaren und einheitlichen Schwerpunkten aufgebaute Rehabilitation ist diese Grundhaltung ideal. Ihr Ziel ist ja die Wiedererlangung verlorener Fähigkeiten und die Rückkehr ins Berufs- und Gesellschaftsleben.

Trotzdem hat diese Erfolgsformel einen Haken, der im Laufe des Lebens immer spürbarer wird. Sie übergeht nämlich, dass die Folgen des Traumas eine zusätzliche Last sind, welche die Mitmenschen nicht zu tragen haben. Im Wettbewerb mit ihnen, dem wir im Berufsleben und in der Freizeit ausgesetzt sind, ist das ein Nachteil. Wer diesen Nachteil mit Eifer und Einsatz überspielen will, läuft Gefahr sich zu übernehmen. Vermeidbare gesundheitliche Schädigungen bis hin zum frühzeitigen Tod können die Folgen sein.

Niemand entrinnt dem Alter

Unübersehbar wird diese Gefahr mit fortschreitender Lebenszeit. Wir beginnen bereits ab dem Alter von zwanzig Jahren zu altern, als progressiven Prozess nehmen wir dies ab etwa vierzig wahr und spätestens mit sechzig ist es nicht mehr zu leugnen. Wir reden dann gerne von Alterungsschüben, nach denen wir uns wieder in neuem Gleichgewicht finden. Die Möglichkeiten, sozialem, aber auch beruflichem Druck standzuhalten, nehmen aber mit jedem dieser Schübe ab. Wir werden langsamer, ermüden schneller, und unser Gesichtsausdruck verändert sich. Gegenüber Neuerungen werden wir starrköpfig. Auf der Höhe der Zeit zu bleiben, kostet uns Überwindung. Wir haben auch Mühe, uns dies im richtigen Ausmass einzugestehen. Wir verfallen entweder in übertriebene Furcht vor Krankheiten und Komplikationen oder überschätzen unsere vermeintliche Jugendlichkeit.

Wer nebst dem natürlichen Alterungsprozess eine zusätzliche Bürde zu schultern hat, ist gut beraten, das in seiner Lebensgestaltung zu berücksichtigen. Aufgeben, was zu viel ist, wird dann zur lebensbejahenden Umorientierung, aus der sich eine erfreuliche Neuorientierung ergeben kann. «Kürzertreten» ist die umgangssprachliche Ausdrucksweise dafür. Über kurz oder lang kommt am Kürzertreten niemand vorbei, denn die Beschwerlichkeiten des Alterns treffen alle. Behinderungen zwingen in praktisch jedem Falle zu einem beschaulicheren Leben. Es ist deshalb nicht zufällig, dass sich alte Menschen und jüngere Behinderte in ihren Aktivitäten oft an denselben Orten treffen und in ihren Anliegen an die Umwelt und Überlegungen zur praktischen Lebensbewältigung übereinstimmen, auch wenn sie im Übrigen kaum weltanschauliche Gemeinsamkeiten haben. Der Umgang mit Einschränkungen ist Behinderten vertraut. Im Alter ist das zwar ein Vorteil, den zusätzlichen Erschwernissen aber können auch sie nicht entrinnen.

Was Geld kann und nicht kann

An dieser Stelle ist es angebracht, die Rolle des Geldes anzusprechen. Wer viel davon hat, kann in einer Gesellschaft, die ums nackte Überleben kämpft, seine Existenz auf einfache Art sichern, indem er sie erkauft. Geld entscheidet in einem solchen Umfeld über Sein und Nichtsein. In modernen Gemeinwesen mit sozialstaatlichen Vorsorgeeinrichtungen und vielen privaten Hilfswerken nimmt die Hebelwirkung des Geldes aber ab. Sowohl Behinderte wie auch alte Menschen verwenden es vielfach für die Finanzierung von zusätzlichem Luxus, der ihnen das Leben erleichtern soll. Das ist zwar angenehm, verändert aber die Lebenslage nicht grundlegend. Auch ein teurer Rollstuhl aus Titan, den die Sozialversicherung nicht finanziert, bleibt ein Rollstuhl. Trotzdem bleibt es ein Privileg, nebst den anderen Sorgen nicht auch noch finanzielle zu haben. Es befreit jedoch nicht vom körperlichen und seelischen Unbehagen. Reich und Arm klagen deshalb gleichermassen.

Dieses Klagen weist aber darauf hin, dass vorhandenes Geldvermögen nicht sinnvoll zum Einsatz kommt. Wenn es darum geht, behinderungs- und altersbedingten Veränderungen mit kreativen Projekten und Strategien zu begegnen, kann Geld sehr wohl spürbare Verbesserungen bringen. Mein Pate war Ingenieur und in leitender Stellung. Nach der Pensionierung wurde er in vergleichsweise kurzer Zeit ein recht erfolgreicher Bildhauer. Ohne finanziellen Rückhalt und die Beziehungen zur Giesserei seines ehemaligen Arbeitgebers wäre das aber nie möglich gewesen. Wir brauchen aber nicht so hoch zu greifen wie er: Privatunterricht in einer musischen oder schöngeistigen Aktivität kostet nicht alle Welt und ist so anregend, dass wir zu neuen, möglicherweise hilfreichen Einsichten kommen. Wer stets etwas Kleingeld in der Tasche trägt, kann sich auch bequem mit dem Taxi zu interessanten Veranstaltungen fahren lassen und sich dort – ein willkommener Nebeneffekt – mit andern Besuchern austauschen, sie vielleicht noch ins Wirtshaus einladen und Freunde gewinnen. Der Tetraplegiker, der seine Modelleisenbahn wieder mal aufstellen möchte, kann gegen eine Belohnung den Nachbarjungen um Hilfe anfragen. Solange wir Geld nur für Konsumzwecke verbrauchen, bringt es uns kaum weiter. Dagegen kann es uns in kreativer Verbindung mit unseren Interessen durchaus zu Erfüllung und Befriedigung verhelfen.

Der Bedächtige

Kehren wir nach diesem Exkurs zurück zum «Bedächtigen»: Ihm ist es im Vergleich zum «Durchstarter» grade umgekehrt ergangen: Er verunfallte, weil Dritte das Unglück fahrlässig oder sogar mutwillig herbeigeführt haben. Beispiele sind Kriegsverletzte, Opfer von Gewaltverbrechen, von Verkehrssündern oder von mit wenig Aufwand vermeidbaren Arbeitsunfällen. Sie sind im wörtlichen und übertragenen Sinne «getroffen» und fühlen sich begreiflicherweise betrogen. Ihnen fällt es schwerer, sich schon bald aufraffen zu müssen, einen neuen Beruf zu erlernen und überdies die geliebte Nebenbeschäftigung, zum Beispiel die Pflege des eigenen Bio-Gemüsegärtchens, aufgeben zu müssen. Es ist verständlich, wenn sie auf die vergangenen guten Zeiten zurückschauen und die dramatisch veränderte Lebenslage als bedrohlich und zudem als ungerechte Strafe empfinden.

Ihnen ist zu wünschen, dass ihre bedächtige und skeptische Grundhaltung nicht in Bitterkeit umschlägt, denn sie ist vereinnahmend und sie blockiert. In Verbitterung lässt sich das Leben kaum aktiv gestalten, der Wunsch nach einem Hobby kann gar nicht aufkommen. Ein solcher Verlauf ist umso bedauerlicher, als die bedächtige Grundhaltung ein guter Ausgangspunkt wäre, um dem Leben im guten Sinne eine neue Wende zu geben.

Neue Perspektiven

Ebenso unterschiedlich wie die Unfallursachen sind auch die denkbaren, häufig ungewissen Perspektiven, welche sich auf den neuen Wegen eröffnen können. Die Welt ist nicht gerecht, und nach Eintritt einer Behinderung scheinen die Startchancen auf dem Weg in eine veränderte Zukunft besonders ungleich verteilt zu sein. Nebst den äusseren Rahmenbedingungen ist nämlich auch das Ausmass der Behinderungen sehr unterschiedlich, und unsere Organismen, welche die erlittenen Schäden ertragen sollten, sind nicht alle gleich robust. Bei diesem breiten Spektrum verschiedenster Profile neigen die Rehabilitationsmediziner dazu, eine vereinheitlichende Ordnung in die Vielfalt menschlicher Schicksale zu bringen. Auf der Suche nach einer sinnstiftenden Aktivität, die über die Vorgeschichten hinweg alle vereint, haben sie den Sport entdeckt und daraus den Behindertensport entwickelt. Er ist gewissermassen das vom Rehabilitationsarzt angebotene neue Hobby.

Sport heisst Bewegung und damit Lebendigkeit. Diejenigen, welche schon immer Sport getrieben haben, übernehmen dieses Angebot spontan, die anderen suchen nach einer Form, die ihnen passt. Der gemeinsame Nenner bei allen ist die Einsicht, dass Rehabilitation und sportliche Aktivität ineinander verflochten sind. Im Alter wiederholt sich dieser Vorgang. Der Akzent der sportlichen Aktivität verlagert sich aber. An die Stelle von Sportarten wie Tischtennis, Kraftübungen und Rollstuhltennis oder Wettfahrten treten Gedächtnistraining, Sinnieren, Meditieren, Spielen und schöpferische Aktivitäten. Wir wissen, dass sich in unserem Kopf bis ins höchste Alter neue Nervenverbindungen bilden. Dazu müssen wir unser Gehirn aber anregen. Das ist altersgerechter, wohltuender Sport im weitesten Sinne, der die Lebensqualität ohne Nebenwirkung erhöht! Diese Gesetzmässigkeit macht Demenz so tragisch.

Das Nützliche und das Angenehme verbinden

Ich selbst gebe wenig auf Leistungssport, mache mir aber einen Sport daraus, möglichst oft in meinem Rollstuhl aus eigener Kraft zur Post zu radeln. Dort – und nicht am nahen Briefkasten um die Ecke – werfe ich alle Briefe der Familie ein und verknüpfe diese Exkursion manchmal mit einer ausgedehnten Spazierfahrt. Ich setze auch alles daran, dass ich trotz Tetraplegie in den täglichen Verrichtungen weitgehend selbstständig bleibe. Auch das ist Sport, denn es trägt dazu bei, dass ich «im Schuss» bleibe. Die Zeit, die ich dafür beanspruche, entspricht wegen der behinderungsbedingten Erschwernisse einem 30-Prozent-Job. Würde ich mit derselben Hingabe und Konsequenz Tischtennis trainieren, wäre ich ein Spitzenspieler. Nach meinen Wertmassstäben hätte ich davon aber weniger, denn lieber bin ich selbstständig als ein besonders geschickter Tischtennisspieler. Andere würden das vielleicht grade umgekehrt beurteilen. So oder so: Wichtig ist, mit einer gewissen spielerischen Leichtigkeit an diese Aufgaben heranzugehen, als wären sie eine Liebhaberei.

Von den mehr oder weniger sportlichen, aber nützlichen Aktivitäten ist der Übergang zu schicksalsbedingten Interessen fliessend: Ich befasse mich seit meinem Unfall mit Neurologie, weil ich wissen möchte, warum mein Blutdruck schwankt und warum ich selbst im Hochsommer zuweilen Gänsehaut habe. Ich wirke deshalb auch in einer Stiftung mit, die Projekte zur Erforschung des Zentralnervensystems finanziert. Alle diese Aktivitäten verknüpfen das Nützliche mit dem Angenehmen. Entwickeln wir sie weiter, so kommen wir zu Strategien, die im besten Falle das Nötige, das Mögliche und das Interessante zu einem Dreieck verbinden. Yoga ist ein gutes Beispiel: Diese Form der Meditation steht auch behinderten und alten Menschen offen. Sie tut gut. Gleichzeitig ist ihr geschichtlicher und philosophischer Hintergrund ein spannendes Studienthema. Das körperlich Wohltuende, das Machbare und das intellektuell Anregende sind vereint.

Gelingt es, dieses Dreieck durch Einbezug beruflicher Aktivitäten zu einem Viereck zu erweitern, ist das Optimum erreicht. Es lohnt sich im wörtlichen und übertragenen Sinne, die Verbindung zur Berufswelt so lange wie möglich zu bewahren. Das Viereck ist attraktiv, weil es bei selbständiger Tätigkeit auch alterstauglich ist. Die Berufssäule stürzt nicht wegen Pensionierung von einem Tag auf den andern ein. Das Viereck lässt sich betreiben, solange es währt. Ich räume aber ein, dass die Säulen an seinen Eckpunkten immer wieder wanken: Mal habe ich zu viel, mal zu wenig zu tun, mal bin ich nicht gut drauf, mal ereilen mich Komplikationen, die mit der Tetraplegie, aber auch dem steigenden Alter zu tun haben.

Schicksal als Chance

Hobbys und Arbeit – aufgeben oder neu erfinden? Jeder Schicksalsschlag bedeutet, etwas aufzugeben, aber auch Neues entstehen zu lassen und in der Folge Neues zu erfinden. Die sozialstaatlichen Angebote mit Rehabilitationen und Umschulungen lassen Experimente zu. Scheitern wir, so ist das zwar abermals demütigend, bedroht uns aber dank der finanziellen Auffangnetze nicht unmittelbar.

Fritz Vischer ist Bankkaufmann. 1977 zog er sich bei einem Verkehrsunfall eine Tetraplegie zu. Er absolvierte danach eine Publizistikausbildung und war journalistisch tätig, bevor er wieder in die Bankenwelt eintauchte. Seit 2007 wirkt er als freischaffender Texter und Redaktor. Er ist verheiratet und Vater von zwei erwachsenen Töchtern.

Gut alt werden – Chancen für eine hohe Lebensqualität mit Querschnittlähmung

Gabriele Kirchmair

«All would live long, but none would be old.»
Benjamin Franklin

Älter werden trotz und mit Behinderung, was ist bei uns Betroffenen anders? Was können wir selbst dazu beitragen, um eine hohe Lebensqualität auch im Alter zu geniessen? Wann sind Operationen unvermeidbar? Und welche Folgen sind zu bedenken?

Alt werden und alt sein

Laut Weltgesundheitsorganisation (WHO) gilt als alt, wer das 65. Lebensjahr vollendet hat. Altern ist für die meisten Menschen mit negativen Folgen verbunden: Abnahme der Leistungsfähigkeit, Bewegungseinschränkung, Funktionseinbussen. Aber Altern ist keine Krankheit an sich. Bei Menschen mit Behinderung tritt der Alterungsprozess deutlich früher ein: Sie erleiden zum Zeitpunkt des Eintritts (durch Unfall oder Erkrankung) der Behinderung einen massiven Alterungsschub. Bei einer Rückenmarksschädigung kommt es zu gravierenden Umbauprozessen: Die Muskulatur im gelähmten Bereich wird grösstenteils in Fettgewebe umgewandelt, die Knochendichte im gelähmten Bereich nimmt im ersten Jahr rapide ab, im weiteren Verlauf des Lebens mit Behinderung tritt meist eine Überbelastung der funktionellen Gelenke (vor allem Schultergelenke) auf, weil diese die «Arbeit» der gelähmten Extremitäten übernehmen müssen, dafür aber nicht *konstruiert* sind. Generell sind diese Prozesse *normale* Alterungsprozesse, die im Verlauf eines Lebens auftreten. Allerdings erst im Alter und nicht wie im Falle einer Querschnittlähmung bereits zum Zeitpunkt der Rückenmarksschädigung. Trotzdem, vor allem durch den medizinischen Fortschritt ist die Lebenserwartung von Menschen mit Paraplegie annähernd gleich hoch wie die von Menschen gleichen Alters ohne Behinderung. Und bei Tetraplegikern ist sie annähernd so hoch, stark abhängig von der Lähmungshöhe und Beeinträchtigung der Atemfunktion. Dies war nicht immer so. In den 1940er- und 1950er-Jahren betrug die durchschnittliche Lebenserwartung nach Eintritt einer Querschnittlähmung ein bis zehn Jahre!

> Wie können wir Alterungsprozessen vorbeugen? Altern ist ein dynamischer Prozess.

Wir möchten zwar alle gerne alt werden, aber keiner möchte alt sein. Wir reden nicht gerne darüber (über graue Haare, Falten, Konzentrationsstörungen, nachlassendes Gedächtnis und vieles mehr). Da unsere Gesellschaft von Jugend und Erfolg geprägt ist, hat das Altern keinen Platz. Das ist eigentlich schade, denn viele Alterungsprozesse können wir beeinflussen. Gerade Menschen mit Behinderung sollten das Wissen über Altern nutzen, um die Chancen für eine hohe Lebensqualität im Alter zu steigern.

Wie können wir das Wissen über Altern nutzen? Wie können wir Alterungsprozessen vorbeugen? Altern ist ein dynamischer Prozess. Das biologische Alter hängt einerseits von genetischen Faktoren ab, andererseits aber auch von äusseren Einflüssen wie Lebensstil, Umgang mit Stress, Erarbeiten und Erlernen von Bewältigungsstrategien sowie von sozialen Rollen. Diese äusseren Einflüsse kann jeder für sich sehr wohl beeinflussen.

Professor Wick, Gerontologe an der Universität Innsbruck, erklärt den Beitrag, den jeder selbst zu einem positiven Altern beisteuern kann, mit den drei Schlagwörtern: *Laufen, Lieben, Lernen.*

Laufen, im Sinne von «sich Bewegung verschaffen»

Viele von uns treiben Sport, nehmen an Wettkämpfen teil und erbringen körperliche Leistungen, von denen «Nichtbehinderte» oft nur träumen können. Spitzensport ist oft ein wichtiger Weg, eine Behinderung zu *meistern*, sich auf diesem Weg Anerkennung und Erfolg zu holen. Wichtig ist dabei – das zeigt mir meine eigene *Rollstuhlkarriere*, aber auch mein Wissen als Ärztin –, die Grenzen des eigenen Körpers zu achten: Ein ausgewogenes Mass an Be- und Entlastung, genügend Erholungsphasen und ausreichend Zeit zur körperlichen Regeneration sind essenziell. Viel wichtiger finde ich den Breitensport, der zwar in der Allgemeinheit auf wenig Interesse und somit Anerkennung stösst, aber für jeden Einzelnen von uns einen sehr positiven Beitrag zum Erhalt unserer Gesundheit darstellt.

Lieben, im Sinne von «menschliche Gemeinschaft suchen»

Liebe spielt im wahrsten Sinne des Wortes an sich eine grosse Rolle. Jeder Mensch braucht und wünscht sich Zuwendung, Zärtlichkeit, die Nähe und Liebe eines Partners; aber auch die Teilnahme am Leben in der Öffentlichkeit ist von hoher Wichtigkeit. Im Rahmen meiner Vorbereitung zu diesem Buchbeitrag habe ich vier Freundinnen gebeten, die alle auch querschnittgelähmt sind, spontan anzugeben, was sie für wichtig halten für positives, lebendiges Altern. Alle vier bewerteten das soziale Leben als sehr wichtigen positiven Beitrag, beispielsweise einer Tätigkeit nachzugehen, an öffentlichen Veranstaltungen teilzunehmen, Freundschaften zu pflegen. Eine Freundin beschrieb es so: «Mir war und ist immer noch sehr wichtig dazuzugehören, nicht aus der Gesellschaft *rauszufallen* oder wegen meiner Behinderung ausgegrenzt zu werden.»

Ich hatte das Glück, bereits während meiner Erstrehabilitation im Rehabilitationszentrum der Allgemeinen Unfallversicherungsanstalt Österreichs (AUVA) in Bad Häring in Tirol die «Mittwochsrunde» kennenzulernen. Dies ist eine Selbsthilfegruppe, die am Mittwochnachmittag die Sportstätten des Zentrums mit Therapeuten nutzt. Von ganz Tirol, teils auch von den benachbarten Bundesländern, kommen Betroffene, treiben gemeinsam Sport oder eher Bewegungstherapie und nutzen den Austausch unter Gleichgesinnten. Seit über dreissig Jahren nehme ich – mit beruflich bedingten Unterbrechungen – ein- bis zweimal im Monat daran teil. Wir sind eine heterogene Gruppe: Der Jüngste und zugleich auch «Frischeste», Daniel, ist Anfang zwanzig, unser Urgestein Bertl, seit über sechzig Jahren querschnittgelähmt, wird dieses Jahr 85 Jahre alt. Und trotzdem gelingt es, alle irgendwie unter einen Hut zu bringen, für alle Sport anzubieten. Jeder kann sich im Tischtennis, in der Sporthalle bei Konditionsübungen oder im «Wettkampf» beim Prellball austoben. Wir nehmen Rücksicht aufeinander, sparen auch nicht mit Lob, wenn einer aus der eigenen Mannschaft mal sehr geschickt beim Ballfangen ist, oder mit Schadenfreude, wenn der Gegner mal daneben greift. Wir lachen mit einander, schwitzen beim Basketball, spielen und unterhalten uns im Anschluss gerne über Alltagsprobleme oder aktuelle Themen – wie es an jedem anderen «Stammtisch» auch gemacht wird.

In dieser Gruppe sind wir unter uns, in einem «geschützten Rahmen», weil jeder die Probleme des anderen kennt, und wir uns in einem barrierefreien Umfeld treffen. Aber natürlich haben wir alle auch ein Leben ausserhalb. Einige von uns arbeiten, leiten einen Betrieb, sind in Ausbildung oder schon im Ruhestand. Aber alle müssen wir uns im Alltag die *Lebensqualität* erobern.

Zum Beispiel so: Eine «Cirque du soleil»-Veranstaltung, «Quidam», wird in Innsbruck angeboten. Mein Mann und ich waren schon an anderen Vorstellungen dieser Zirkusgruppe in Wien und in Salzburg und jedes Mal begeistert. Und wenn es schon quasi vor der Haustür stattfindet, dann laden wir doch gleich noch Leute ein und besuchen gemeinsam «Quidam» in einer grossen Veranstaltungshalle in Innsbruck. Die Karten orderte ich selbst, konnte mir leider aufgrund des Rollstuhls die Plätze nicht aussuchen und musste nehmen, was mir vorgeschlagen wurde. Welche Enttäuschung dann am Tag der Veranstaltung: Uns wurde ein Platz vor einer Glaswand angeboten, die oben mit einem undurchsichtigen, breiten Balken abgeschlossen war, sodass mir die Sicht versperrt war, wenn ich mich nicht ständig hochstützen oder bücken wollte. Ich reklamierte heftig, schliesslich wollte ich diesen Abend geniessen. Zudem waren die Karten nicht billig. Nach einigen Diskussionen durften mein Mann und ich dann bei einem Treppenabgang sitzen, ohne Glaswand vor uns, mit freier Sicht auf die Bühne.

Lernen, im Sinne von «Neues wagen»

Lebenslanges Lernen bedeutet, offen zu sein für Neuerungen, neugierig und geistig rege zu bleiben, die neuronalen Verschaltungen in unserem Gehirn immer wieder anzukurbeln, neue Verbindungen anzuregen. Für Menschen mit körperlicher Beeinträchtigung bedeutet Lernen auch: offen zu sein beispielsweise für

Hilfsmittel, mutig zu sein für etwas Neues. Vielleicht auch mit Hilfe von Physio- oder Ergotherapeuten Bewegungsmuster, die über Jahre stur durchgeführt wurden, zu überdenken und im Sinne von körperlicher Schonung zu ändern. Lernen bedeutet auch, sich auf dem Laufenden zu halten: Gerade in der Entwicklung von Rollstühlen kommt es immer wieder zu Neuerungen. Meinen ersten Rollstuhl erhielt ich 1980, der wog sage und schreibe 25 Kilogramm. Allein diesen anzutreiben, bedeutete eine grosse Kraftanstrengung. Aber ich war jung, lernte schnell, und im Wettkampf mit meinen männlichen Rollstuhlkollegen baute ich Kraft und Muskulatur auf. Mein Rollstuhl, den ich jetzt habe, wiegt keine 10 Kilogramm mehr und fährt praktisch von selbst. Er ist wendig, optimal auf meinen Körper und meine Lähmung angepasst. Jedes Mal wenn ich einen neuen Rollstuhl bekomme, denke ich, das sei jetzt das Beste vom Besten, da könne man nichts mehr verbessern – bis ich dann bei einem Kollegen oder auf einer Reha-Messe etwas Neues entdecke, das noch mehr zur Verbesserung meiner Lebensqualität führt.

Zum Lernen gehört auch der sinnvolle Einsatz von Hilfsmitteln, z. B. eine elektrische Rollstuhlziehhilfe. Seit sechs Jahren habe ich einen *Swisstrac* und frage mich oft, wie ich mich in den Jahren davor oft unnötig plagte. Das Gerät ist schnell angekoppelt, und gerade im Winter, wenn etwas Schnee liegt, komme ich ohne unnütze Kraftanstrengung vorwärts.

Wir Rollstuhlfahrer haben uns meist unsere Selbstständigkeit und Unabhängigkeit mühsam erarbeitet und denken oft nicht daran, dass unser Bewegungsapparat darunter leiden kann. Die körperliche Anstrengung überfordert unsere Gelenke, unsere Wirbelsäule. Gerade die Halswirbelsäule oder die Schultergelenke sind im Alltag eines Rollstuhlfahrers grossen Belastungen ausgesetzt. Es ist sinnvoll, bereits in der Erstrehabilitation präventiv zu arbeiten, vor Überlastungen zu schützen, Bewegungstherapien und Hilfsmittel korrekt einzusetzen.

Wenn Operationen notwendig sind

In der Physikalischen Medizin ist die Prävention von Erkrankungen des Bewegungsapparates von grösster Bedeutung, und im Falle einer Schädigung werden alle Therapiemöglichkeiten der Physikalischen Medizin ausgeschöpft: Ergo- und Physiotherapie, manuelle Massagen, spezielle Behandlungen der Muskulatur, Wärme- und Kälteanwendungen, Hilfsmittelabklärung und vieles mehr – alles konservative Massnahmen.

Bei einer Querschnittlähmung sind Operationen manchmal unumgänglich: z.B. beim Vorliegen eines höhergradigen Dekubitus. Ein schlampiger Transfer aus oder in den Rollstuhl, monotones stundenlanges Sitzen oder Liegen, Infekte, all diese Umstände können zu einer Hautschädigung führen. Reagiert man nicht gleich bei Vorliegen einer Rötung der Haut mit Entlastung, Verbesserung der

Durchblutung, eventuell mit einem speziellen Sitzkissen und besonderer Hautpflege, schreitet die Schädigung fort, der Dekubitus wird immer grösser und tiefer und kann nur noch chirurgisch saniert werden. Wir haben im gelähmten Bereich keine Schmerzempfindung, wir reagieren nicht wie ein Gesunder durch Entlastung, wenn das Gesäss schmerzt, wenn wir unbequem oder zu lange sitzen. Wir spüren nicht die Überlastung der Haut, wir sehen oder tasten es nur. Und uns fehlt die schützende, polsternde Muskulatur im gelähmten Bereich.

Bei Menschen mit Querschnittlähmung können im Alter sogenannte Engpasssyndrome des Nervensystems eine grosse Rolle spielen: zum Beispiel das Karpaltunnelsyndrom (eine Einengung des Nervus medianus im Handgelenksbereich). Den Betroffenen schlafen die Hände ein, es kommt zu Taubheitsgefühlen und Missempfindungen, sogar zu Lähmungserscheinungen im Bereich der Hände. Das Hauptsymptom sind jedoch Schmerzen, die sehr heftig werden können, vor allem nachts auftreten und den Schlaf rauben. Beim Vorliegen dieser Symptome denkt der Arzt sofort an eine chirurgische Entlastung des Nervus medianus. Aber wegen Vorliegen der Querschnittlähmung muss er noch genauer hinschauen: Spielt ein weiteres Engpasssyndrom eine zusätzlich Rolle, zum Beispiel im Bereich der Halswirbelsäule durch einen Bandscheibenvorfall, und unterhält den Schmerz? Wie steht es mit dem Schultergelenk? Auch hier gibt es durch Schädigung oder Abnützung Einengungen von Sehnen und Muskeln, die sehr schmerzhaft werden können. In einer *differenzierten* Abklärung, einer manuellen körperlichen Untersuchung und, falls notwendig, mit weiteren radiologischen Untersuchungen sollte die Indikation einer Operation genau geprüft werden. Gerade die Physikalische Medizin bietet konservative Therapiemassnahmen, die meiner Meinung nach ausgeschöpft werden müssen: Bewegungstherapien, Haltungs- und ergonomisch ausgerichtete Verhaltensschulung, Anleitung zu Dehnübungen, Schienenversorgung für die Nacht, Behandlung der muskulären Überlastungen und vieles mehr.

Die Folgen einer Operation

Ein weiterer Aspekt, der nicht ausser Acht gelassen werden darf: die Folgen einer Operation. Zur Verdeutlichung hier zwei Szenarien: Ein Nichtbehinderter stürzt zum Beispiel und bricht sich den Oberschenkelhalsknochen; er wird operiert und das postoperative Regime ist genau vorgegeben: Der Chirurg entscheidet, wie lange eine Entlastung erfolgen soll, wie lange er mit Krücken gehen muss. Wie sieht es bei einem Rollstuhlfahrer aus? Bei einem Fall aus dem Rollstuhl, etwa beim Sport, aber auch im Alltag, kann der Oberschenkelhals brechen. Er wird operiert, der Knochenbruch wird versorgt, und dann? Schmerzen bei zu früher oder falscher Belastung nach der Operation nimmt der Rollstuhlfahrer, wenn überhaupt, nur indirekt wahr über vermehrte Spastizität, Schwitzen, allgemeines

Unwohlsein. So kann es passieren, dass er das Gelenk zu früh belastet und es im schlimmsten Fall zu einer Lockerung des Implantats kommt, wodurch eine neuerliche Operation notwendig wird.

Natürlich ist eine Operation bei einer Fraktur unumgänglich. Wichtig ist aber, sich Gedanken über die Zeit nach dem Eingriff zu machen: ein längerer stationärer Aufenthalt, am besten in einer spezialisierten Einrichtung für Menschen mit Querschnittlähmung, ist notwendig. Auch für die Zeit danach muss die Entlastung, muss die Hilfe zu Hause gewährleistet sein, bis die vollständige Regeneration wieder hergestellt ist. Nur so kann das Risiko für weitere Komplikationen minimiert werden.

Und – hier spricht wieder die Physikalische Medizinerin: Was war die Ursache für den Sturz? Wie können weitere Stürze vermieden werden?

Abbau von Barrieren: Barrierefreie öffentliche Einrichtungen müssen die Regel und nicht eine Besonderheit sein. Im angelsächsischen Sprachraum verwendet man ein viel schöneres Wort anstelle von Barrierefreiheit, nämlich: *universal design*. Daraus geht hervor, dass Barrierefreiheit in unserer Umwelt ein Segen für alle ist, selbst dann, wenn nur ein geringer Prozentsatz von Menschen sie benötigen. Es bedarf noch grosser Arbeit – im öffentlichen Raum und in den Köpfen der Menschen.

Abschliessend

Einen vertrauenswürdigen Arzt zu haben, ist gerade im Alter wichtig. Für Menschen mit Querschnittlähmung kommt dabei ein weiterer Aspekt hinzu:

Ärzte *und Therapeuten* sind hier gefragt, die gerade Menschen mit körperlichen Beeinträchtigungen nicht nur an ihren Symptomen messen und behandeln, sondern sie ganzheitlich betrachten und auch nicht zögern, den Rat von Kollegen einzuholen, die in diesem Bereich erfahrener sind. (Aber wenn die Arztpraxis nur über Stufen zu erreichen ist …)

Eine Weiterführung des Konzepts «Lieben», wie ich es oben beschrieben habe, ist die Bedeutung unseres Tuns für die Gesellschaft.

Unser eigenes Engagement: Mit und trotz Behinderung können auch wir einen Betrag für das Allgemeinwohl leisten. Wir dürfen nicht ausschliesslich zu Empfängern des sozialen Systems degradiert werden. Vielmehr sollten wir durch unsere Arbeit, egal ob in einem regulären Arbeitsverhältnis oder im Rahmen einer ehrenamtlichen Tätigkeit, aktive Mitglieder unserer Gesellschaft sein.

Und schliesslich bleibt die *Verantwortung für uns selbst:* Durch unsere Behinderung erfahren wir körperliche Grenzen viel früher. Für erlebte Lebendigkeit und ein «gesundes» Altern hat die viel proklamierte gesunde Lebensführung für uns eine grössere Bedeutung als für Menschen ohne körperliche Behinderung. Dazu gehören: ausreichend Bewegung, gesunde Ernährung, Entspannungsverfahren, um mit belastenden Lebenssituationen umgehen zu können, und massvoller Umgang mit Genussmitteln.

Literatur
Kemp BJ, Mosqueda L, Ed. (2004), Aging with a disability, what the Clinician needs to know, John Hopkins University Press

Dr. med. Gabriele Kirchmair ist nach einem Schulunfall 1979 Rollstuhlfahrerin. Nach der Matur 1984 studierte sie an der Universität Innsbruck Humanmedizin und schloss 1993 mit der Promotion ab. Das Paraplegiker-Zentrum Nottwil und das Münchner Klinikum Großhadern waren ihre beruflichen Stationen, bevor sie sich in Österreich als Fachärztin für Physikalische Medizin und allgemeine Rehabilitation spezialisierte. 2001 eröffneten sie und ihr Mann (Facharzt für Anästhesie und Schmerztherapeut) eine eigene Praxis in Innsbruck.

Sexualität und Liebe – Alt, behindert, asexuell?

Daniel Stirnimann

Die Menschen werden immer älter. Zwar gelingt es vielen, bis ins hohe Alter eine einigermassen gute Gesundheit zu erhalten. Aber je älter Menschen werden, desto eher müssen sie sich mit Einschränkungen der funktionellen Leistungsfähigkeit auseinandersetzen. Die Akzeptanz dieser Veränderungen, auch in der Sexualität, ist eine zentrale Herausforderung des Älterwerdens. Menschen mit einer Querschnittlähmung müssen sich solchen Veränderungen früher in ihrem Leben stellen.

Sexualität, ein Ausdruck des Menschen

Es ist nicht etwa so, dass man Sexualität in irgendeiner Form leben muss, um ein zufriedener Mensch zu sein. Die Sexualität ist jedoch ein wichtiges menschliches Bedürfnis und ein Ausdruck des Individuums, geprägt von sozialen Normen und gestaltet vor dem Hintergrund persönlicher Lebenserfahrungen.

Sexualität ist ein Teil unserer Identität. Wir haben mehr oder minder feste Vorstellungen davon, wie, wo und mit wem Sexualität gelebt werden soll. Es kann auch vorkommen, dass wir lustvolle sexuelle Vorstellungen unterdrücken, weil wir diese als nicht mit unserem Selbstbild vereinbar empfinden oder weil die soziale Gruppe ein Ausleben sanktioniert.

Was sich im Kopf abspielt

Erregung kann durch reine mechanische Reizung entstehen, z.B. durch das Streicheln des Gliedes oder der Vagina. Viel stärker jedoch bewegt uns das, was sich in unserem Kopf abspielt (quasi das Kino im Kopf). Reize aus unserer Umgebung können Vorstellungen und Stimmungen aktivieren, welche sexuelle Lust auslösen. Ebenso jedoch können bestimmte Reize Vorstellungen und Stimmungen hervorrufen, welche Lust töten. Anders gesagt: Wenn es in unserem Kopf nicht stimmt, dann geht sexuell häufig gar nichts. Unser Innenleben, so wie wir uns mit uns selbst fühlen, hat Auswirkung auf die Sexualität. Erotische Ausstrahlung (für andere attraktiv sein, Aufmerksamkeit erzeugen) ist mit körperlichen Attributen, unserem Aussehen, verbunden. Aber auch damit, wie wir als Person sind und wie wir uns fühlen. Wer sich selbst so, wie er/sie ist, akzeptieren kann, strahlt

> Was körperlich nicht mehr geht, ist nicht einfach gänzlich verloren.

Selbstbewusstsein aus und handelt zielorientierter (auf jemanden zugehen, den Kontakt suchen) als jemand, der sich seiner schämt. Ein negatives Selbstkonzept (Vorstellungen, die mit Ungenügen verbunden sind) führt eher zu Vermeidung gegengeschlechtlicher Kontakte und zu sexuellen Funktionsstörungen (Davison und McCabe, 2005).

Frauen und Männer, zwei Welten im Spannungsfeld

Geschlechterrollen (z.B. er ist aktiv, sie ist passiv) erleichtern in gewisser Weise die Interaktion zwischen Mann und Frau, weil sie die Spielregeln des sexuellen Spiels von Verführung und Akt definieren. Sie engen aber auch ein und können dadurch das Ausleben einer befriedigenden Sexualität erschweren.

Frauen haben nicht weniger sexuelle Bedürfnisse als Männer, sondern sie haben den Wunsch, als Person wahrgenommen zu werden, nicht nur als Körper. Zudem wird eine Frau, die an Sex denkt und sich Sex holt, wenn sie darauf Lust verspürt, ganz schnell als Schlampe wahrgenommen. Männer hingegen, die «nur an das Eine denken», anderen Frauen nachschauen und Bordelle besuchen, geraten damit viel weniger unter Druck.

Die störenden Unstimmigkeiten, die sich in der Sexualität zwischen Mann und Frau manchmal ergeben, haben in erster Linie mit Beziehungsproblemen, mit kollidierenden Rollenvorstellungen, mit der Herabsetzung des weiblichen Körpers zum Sexualobjekt (Bartky, 2010) und mit mangelnder Kommunikation zu tun.

Querschnittlähmung: Wenn die Sexualität erfunden werden muss

Die Querschnittlähmung hat Auswirkungen auf Sexualfunktionen wie die Erektion und Ejakulation, die klitorale Stimulation, das Feuchtwerden der Scheide und auf die Möglichkeit, einen Orgasmus zu erreichen. Viel schwerer noch wiegen der Verlust der Sensibilität und allfällige Missempfindungen. Die Lähmung und die Spastik können Bewegungsmöglichkeiten einschränken. Dazu kommt die Inkontinenz als potenzieller Stimmungskiller. Damit umzugehen bedeutet eine ziemliche Herausforderung.

Verständlicherweise versuchen Menschen mit einer Querschnittlähmung zunächst, die bisherigen sexuellen Funktionsmöglichkeiten wiederherzustellen. Männer lassen sich beispielsweise PDE-5-Hemmer (z.B. Viagra) verschreiben oder setzen andere Hilfsmittel ein, um eine Erektion wiederzuerlangen. Häufig funktioniert das einigermassen, und das ist gut. Aber dies allein löst das Problem nicht. Der querschnittgelähmte Körper reagiert auf Stimulation nicht mehr gleich. Und insbesondere der querschnittgelähmte Mann entdeckt, dass er seine gewohnte sexuelle Rolle trotz Hilfsmitteln nicht mehr in der gleichen Art leben kann.

Dazu kommt die Erkenntnis der Betroffenen, dass sie als sexuelle Wesen (teilweise) anders wahrgenommen werden und, schlimmer noch, sich selbst anders wahrnehmen. Jetzt ist das Problem im Kopf. Es kommen Vorstellungen (z.B. «so wie ich bin, will mich niemand mehr» oder «ich kann meinem Partner nichts mehr geben») ins Spiel, die das Kontaktverhalten sowie auch das Aufkommen von Lust empfindlich stören.

Diese frustrierende Ausgangslage kann dazu führen, verunsichert oder verbittert in die Vermeidung zu gehen. Manche Menschen mit einer Querschnittlähmung schieben dann die Sexualität zur Seite. Sie sind überzeugt, dass eine lustvolle Sexualität so nicht mehr möglich sei. Deshalb suchen sie nicht weiter. Sie verstummen. Im Untergrund aber bleiben (nicht gelebte) sexuelle Wünsche aktiv (Hess und Hough, 2012).

Zum Glück bringen viele Menschen mit einer Querschnittlähmung den Mut und die Kraft auf, sich der Herausforderung zu stellen. Sie öffnen sich und reden mit dem Partner, der Partnerin und mit anderen Betroffenen, vielleicht auch mit Fachleuten. Sie fokussieren nicht auf das Verlorene, sondern halten das Ziel vor Augen, eine lusterfüllte Sexualität. Sie probieren aus und erkunden Neuland. Und hoffentlich haben sie dabei einen Partner oder eine Partnerin an der Seite, der/die sich auf diesen Weg einlässt, ja ihn unterstützt und, das verspricht der Autor, selbst davon profitieren wird.

Dabei gilt es zunächst ein paar Barrieren im Kopf abzubauen:
- Sexualität bedeutet nicht nur machen, sondern auch spüren. Deshalb heisst es, diejenigen Bereiche des Körpers zu entdecken und zu nutzen, die lustvolle Empfindungen auslösen können. Die Rituale des Tantra mit ihrer Verbindung von Berührungen, Düften und Klängen können hier Vorbild sein. Häufig entdecken Menschen mit einer Querschnittlähmung erogene Stellen, die sie vorher noch nicht gekannt haben. Im Film «Intouchables» («Ziemlich beste Freunde», 2011) sind es die Ohren, und das ist kein Witz. Menschen mit Querschnittlähmung berichten, wie sie verlorene Empfindungen kompensieren können mit Vorstellungen und damit, hinzuschauen oder mit der Hand mitzugehen, wenn Mann/Frau da liebkost wird, wo er/sie es nicht mehr spürt.
- Sexualität bedeutet nicht zwingend Geschlechtsverkehr (auch wenn ein solcher häufig möglich ist), sondern es gibt unzählige Spielarten sexueller Begegnung. Warum also immer dasselbe essen, wenn die Speisekarte so gross ist? Abwechslung bereichert.
- Was körperlich nicht mehr geht, ist nicht einfach gänzlich verloren. Warum nicht dem Partner zuflüstern, was man jetzt tun wollte, sich gemeinsam in diese Vorstellungswelt hinein leben und die Lust, die daraus entsteht, geniessen? Kopfkino und sexuelle Lust gehören zusammen (Bérart, 1989).
- Sexuelle Befriedigung ist nicht zwingend mit einem Orgasmus verbunden (obwohl viele Männer und Frauen mit Querschnittlähmung Orgasmen haben können). Klar kann ein Orgasmus ein gigantisches Erlebnis sein. Aber wer ausschliesslich nach dem Superlativ strebt, der vergisst leicht, wie grossartig der Weg da hin sein kann.

- Es braucht nicht immer einen Partner oder eine Partnerin. Schon mal Selbstbefriedigung ausprobiert? Und wie steht's mit Cybersex?
- Lustvolle Sexualität ist nicht auf einen voll funktionierenden Körper angewiesen, wohl aber auf mentale Beweglichkeit. Stimmungen, Gefühle, Vorstellungen und Fantasien machen uns heiss. Die Frage heisst also weniger «Steht er, oder steht er nicht?», sondern «Was macht mich geil?».
- Können Sie sich Sexualität nur mit einem nichtbehinderten Partner vorstellen? Dann leiden Sie an derselben mentalen Einschränkung, die Sie vielleicht Nichtbehinderten ankreiden.
- Sexuelle Probleme kommen nicht nur bei Menschen mit einer Querschnittlähmung vor. Das ist schwacher Trost. Aber es ist trotzdem wichtig, sich dies vor Augen zu halten, damit die Herausforderung nicht überdimensional wird.

Menopause und Erektionsstörungen: Das Älterwerden als sexuelle Herausforderung

Die Menschen werden immer älter, und die Lebenserwartung bei Querschnittlähmung ist ebenfalls deutlich gestiegen. Zwar gelingt es vielen, bis ins hohe Alter eine einigermassen gute Gesundheit zu erhalten. Aber je älter wir werden, desto eher müssen wir uns mit altersbedingten Einschränkungen auseinandersetzen. «Fit mit 70 wie mit 30» ist ein attraktiver Slogan. Er entspricht aber eher einem Wunschdenken als der Realität. Die Akzeptanz von (zunehmenden) Einschränkungen in der funktionellen Leistungsfähigkeit, auch in der Sexualität, ist eine zentrale Herausforderung des Älterwerdens. Häufig sind dies ein vermindertes Feuchtwerden der Scheide nach der Menopause, Erektionsschwierigkeiten, verminderte Beweglichkeit und vielleicht Schmerzen.

Natürlich gibt es auch hier Hilfsmittel wie Gleitcrèmes und PDE-5-Hemmer (falls die Herzfunktion es erlaubt). Aber ähnlich wie Menschen mit einer Querschnittlähmung profitieren ältere Menschen davon, nicht allein auf den Geschlechtsverkehr zu bauen, sondern andere sexuelle Spielarten zu praktizieren. Manchmal verhilft aber gerade der Umstand, dass der Mann im Alter mehr Zeit braucht bis zum Samenerguss, der Frau eher zu einem Orgasmus.

Neben den rein funktionalen Problemen sind jedoch drei andere Herausforderungen zu nennen, die die Sexualität im Alter erschweren:

- Partnermangel: Gerade ältere Frauen sind oft damit konfrontiert, dass ihr geliebter Partner stirbt. Und einen neuen zu finden, ist schon aus demografischen Gründen nicht einfach. «Hinzu kommt die nach wie vor verbreitete Tendenz, dass Männer sich eher eine jüngere Partnerin aussuchen und Frauen eher einen älteren Partner» (Bernhardt, 2008, S. 20).

- Qualität der Beziehung: Konflikte im Paar, vor allem aber eine emotionale Distanzierung (sich auseinandergelebt haben) sind viel eher als körperliche Beeinträchtigungen dafür verantwortlich, wenn die Sexualität im Alter stirbt. Sexualität ist gerade bei älteren Menschen stark eingebettet in eine tragende Beziehung (Gott und Hinchcliff, 2003).
- Erwartungen der Gesellschaft: Dass Sexualität im Alter gelebt wird, ist zudem nicht nur eine unpopuläre Vorstellung, sondern löst sogar Ablehnung aus. Die Vorstellungen sexueller Attraktivität und sexueller Handlungen sind eher mit einem jungen und fitten Körper verbunden. Frauen sind dabei stärker diskriminiert als Männer. «Noch immer gelten ältere Frauen, die offen ihre Sexualität leben, als anrüchig und peinlich, während dies für Männer nicht in gleichem Ausmass gilt. [...] Oftmals neigen Frauen dazu, dieses Phänomen des ‹double standard of aging› zu verinnerlichen» (Bernhardt, 2008, S. 20).

Grundsätzlich sind ältere Menschen ganz und gar nicht asexuell (Moreira et al., 2005). Jedoch nimmt die Häufigkeit sexueller Handlungen tendenziell ab. Das hat vermutlich damit zu tun, dass funktionelle Einschränkungen nicht überwunden werden können oder dass die Beziehung fehlt (auch wenn sie faktisch vielleicht noch vorhanden ist).

Auch die Sexualität im Alter ist auf Selbstakzeptanz angewiesen. Oftmals sind es gerade die Männer, die mit dem Auftreten von Erektionsstörungen und dem Verlust ihrer gewohnten sexuellen Rolle in die Vermeidung gehen und damit ihre Partnerinnen der Sexualität berauben (Zeiss und Kasl-Godley, 2001).

Umgekehrt kann erst recht eine weiterhin gelebte Sexualität im Alter dazu beitragen, die Beziehung und die Selbstzufriedenheit zu stärken. Ältere Menschen, die sich geliebt fühlen und die Sexualität in einer für sie befriedigenden Form leben, haben ein gutes Körpergefühl, obwohl sie sich sehr wohl bewusst sind, dass ihr Körper nicht mehr den Schönheitsidealen entspricht (Davison und McCabe, 2005).

Die veränderte oder – besser gesagt – vielseitigere Sexualität von Menschen mit einer Querschnittlähmung kann dazu beitragen, auch im Alter noch eine befriedigende Sexualität zu leben. Lombardi et al. (2008) zeigen, dass auch ältere Männer mit Querschnittlähmung noch eine befriedigende Sexualität leben, häufig jedoch darauf verzichten, wie in jungen Jahren PDE-5-Hemmer einzusetzen. Wichtigste Voraussetzung für Spass im Bett ist auch hier eher eine funktionierende Beziehung mit emotionaler Nähe.

Sex im Elektrobett

Heimordnungen, fehlende Intimität und Widerstände des Personals erschweren das Ausleben der Sexualität für Betagte (Rheaume und Mitty, 2008), ebenso wie für Menschen mit einer Behinderung. Aber auch Angehörige können ablehnend reagieren. Hier braucht es eine gerüttelte Portion Mut und Willen, sich diesem mentalen Druck nicht zu beugen, sondern seine Bedürfnisse zu leben. Machen Sie es wie die Jungen: die tun es sowieso … Es ist einfach zu schade, sich lustvolle Erlebnisse entgehen zu lassen.

Literatur

Bartky SL (2010) Foucault, femininity, and the modernization of patriarchal power. In: Weitz R (Hrsg) The politics of women's bodies: Sexuality, appearance, and behavior. Oxford University Press, New York, S 76–97

Bérard E (1989) The sexuality of spinal cord injured women: Physiology and pathophysiology. A review. Paraplegia 27: 99–112

Bernhardt B (2008) Liebe und Sexualität im Alter. GRIN Verlag GmbH, München

Davison TE, McCabe MP (2005) Relationships Between Men's and Women's Body Image and Their Psychological, Social, and Sexual Functioning. Sex Roles 52(7-8): 463–475

Gott M, Hinchliff S (2003) How important is sex in later life? The views of older people. Social Science & Medicine 56(8): 1617–1628

Hess MJ, Hough S (2012) Impact of spinal cord injury on sexuality: Broad-based clinical practice intervention and practical application. Journal of Spinal Cord Medicine 35(4): 211–218

Intouchables [Film] (2011), Nakache O, Toledano, E. Frankreich

Lombardi G, Macchiarella A, Cecconi F, Aito S, Del Popolo G (2008) Sexual life of males over 50 years of age with spinal-cord lesions of at least 20 years. Spinal Cord 46(10): 679–683

Moreira ED, Hartmann U, Glasser DB, Gingell C (2005) A population survey of sexual activity, sexual dysfunction and associated help seeking behavior in middle-aged and older adults in Germany. European journal of medical research 10(10): 434–443

Rheaume C, Mitty E (2008) Sexuality and intimacy in older adults. Geriatric Nursing 29(5): 342–349

Zeiss AM, Kasl-Godley J (2001) Sexuality in older adults' relationship. Generations 15(2): 18–25

Daniel Stirnimann studierte Psychologie an der Universität Zürich. Seit 1989 ist er als klinischer Psychologe und Psychotherapeut am Zentrum für Paraplegie der Uniklinik Balgrist in Zürich tätig und zugleich Leiter der Beratenden Dienste (klinische Psychologie, Berufsberatung, Sozialberatung). Mitarbeit an verschiedenen paraplegiologischen Forschungsprojekten.

Unbedient
Urs Zimmermann

Alle kennen G. Er gehört einfach zum Dorf. Hier kam er zur Welt, und hier verbrachte er die bald achtzig Jahre seines Lebens. Zur Schule allerdings ging er auswärts. Im Dorf hätte man ihn nur ungenügend unterrichten können. G. ist sehbehindert, fast schon blind und war auf eine Sonderschule angewiesen. Damals vor siebzig Jahren verstand man es wenig, behinderte Kinder zu fördern. G. ist nicht dumm, aber seine Schulbildung ist einfach und zur vollen Selbstständigkeit reichte es nie. So lebte er bei seiner Mutter und verrichtete Heimarbeit. Vor drei Jahren bezog er ein Zimmer im Altersheim. Nach Mutters Tod war er im kleinen Haus überfordert.

G.s Alltag verläuft geregelt. Die Essenszeiten stehen fest, am Nachmittag ein Spaziergang und zum Abschluss ein Bier im «Rössli», einmal die Woche Besorgungen im Volg, einmal monatlich der Gang zur Bank und dann zur Post und alle sechs Wochen der Besuch beim Coiffeur. Und überall ist G. bekannt, im «Rössli», im Volg, am Bank- und Postschalter und beim Coiffeur. Die Begegnungen mit den Menschen da bedeuten G. viel. Sie bringen Abwechslung und machen Freude.

Auch am Bahnhof kannte man G. Hin und wieder löste er ein Billett und fuhr in die nahegelegene Stadt. Für G. ein Abenteuer und wieder eine Abwechslung.

Kürzlich wurde der Bahnhof geschlossen. Man hat den Betrieb vereinfacht, das heisst, rentabler gemacht. Aus der bedienten Station wurde eine unbediente und Billette können jetzt nicht mehr am Schalter, sondern müssen am Billettautomaten gelöst werden.

G. kann das nicht. Der Bedienung des Automaten ist er auch aufgrund seiner Sehbehinderung nicht gewachsen. Im Altersheim hat man das erkannt und das Richtige getan. Für G. wurde eine Sechsfahrtenkarte besorgt.

G. fährt auch jetzt in die Stadt, hin und wieder und nach wie vor. Nur die kurzen Begegnungen am Billettschalter fehlen ihm. Ein wenig Menschlichkeit in einer eiligen und kühlen Welt. Ob es wahr ist, dass auch die Post bald geschlossen wird?

III NEUSTART INS LEBEN

«Ich musste neu starten und war gefordert. Der Wiederaufbau des Selbstwertgefühls und das Abbauen von Abhängigkeiten sind ein Reifeprozess, der mir beim Älterwerden helfen sollte.»

Heinz Frei

Nils Jent

«MEIN UNFALL WAR JUST JENE CHANCE, MEINE KRAFT VOLL ZU ENTFALTEN»

Im Alter von achtzehn Jahren erlitt Nils Jent einen schweren Motorradunfall, der ihn fast das Leben kostete. Er lag im Koma, während einer Notoperation stand sein Herz zweimal still. Die Ärzte gaben ihm keine Überlebenschance. Doch er überlebte. Vier Monate in der Bettenstation der chirurgischen Abteilung des Kantonsspitals Baden, anschliessend zweieinhalb Jahre Rehabilitation in der Suva-Klinik Bellikon. Schritt für Schritt gewann er sein Leben zurück. Doch es ist ein anderes Leben. Er ist blind, seine Muskulatur gehorcht kaum, er muss sämtliche Bewegungen inkl. Sprechen und Kauen von Grund auf neu erlernen.
Heute, nach über dreissig Jahren, ist Nils Jent Professor für Diversity Management an der Universität St. Gallen und gehört dem Team des Center for Disability and Integration (CDI) derselben Universität an. Er setzt sich für die Reintegration von Menschen mit Behinderungen in der Wirtschaft, im sozialen Umfeld und in der Gesellschaft ein.

Interview: Irène Fasel

Sie sind im Alter von 18 Jahren mit dem Motorrad verunglückt und sitzen seit dem Unfall im Rollstuhl. Das ist fast doppelt so lang. Wie alt fühlen Sie sich heute mit bald 52?
Das Alter ist relativ. Mal lache ich über meine mir erhaltene jugendliche Flausigkeit;

mal lasten die 33 Jahre meines Lebens als Mensch mit Behinderung in der Welt von Menschen ohne Behinderung schwer auf mir; mal geniesse ich es, aus den über 52 Jahren gesammelten Erfahrungen und entwickelten Lebensstrategien reich schöpfen zu können; mal fühle ich mich wie ein Methusalem weise oder schlicht auch nur uralt und grau. Wie alt ich verbrieft tatsächlich bin, ist entsprechend kein Fühlen, sondern ein wenig bedeutendes Wissen. Manchmal denke ich, dass all das, was ich erlebt habe, gut für zwei Leben reichen würde.

Wann beginnt für Sie das Alter?
Altern beginnt gleich nach der Geburt. Das Alter lässt sich nicht an einer Zahl festmachen. Das Alter begreife ich immer als Relation zu einer Bezugsgrösse: Für einen Teenager bin ich ein Oldie; für einen Senior bin ich dagegen noch ein Junior; für das Alter des Universums sind wir kaum der winzigste Teil einer Zeiteinheit. Für mich persönlich beginnt per Konvention das Alter, wenn wir es uns leisten können, das Erwerbstätig-sein-Müssen aufzugeben. Jene Lebensphase also, in welcher ein neuer Lebensabschnitt geplant werden darf. Es ist ein Abschnitt, in dem vielleicht andere Faktoren als der berufliche Erfolg in den Vordergrund treten. Zum Beispiel der kulturelle Genuss, das vermehrt freie Zeitgestalten, die Gemeinschaft. Mit Alter verbinde ich selbstverständlich auch die körperliche Entwicklung und Veränderung: Meine körperliche Kraft, Beweglichkeit, Elastizität und Ausdauer lassen über die Zeit etwas nach. Bei Bedarf lässt sich aber viel Energie in diese Faktoren investieren, um sie zu erhalten. Das ist ein individueller Entscheid. Das Alter hat etwas mit reicher Lebenserfahrung, reflektierter Lebenserfahrung zu tun, bedingt jedoch das hohe Alter genauso wenig, wie dieses ein Garant für reiche Lebenserfahrung, reflektierte Lebenserfahrung ist.

Freuen Sie sich auf das Älterwerden?
Das lässt sich nicht klar mit Ja oder Nein beantworten. Das Bewusstsein erweitert sich laufend. Der bewusste Erfahrungsschatz macht mich innerlich reicher und reicher und mein unersättlicher Lebenshunger wird satter und satter – so gesehen, ja. Aber die Zukunftsfragen nehmen auch zu: kann ich weiterhin alleine leben, macht mein Körper die alltäglichen Herausforderungen noch lange mit – so gesehen, nein.

Die Zeit nach Ihrem Unfall war nicht nur ein Kampf ums Leben für Sie. Sie waren gezwungen, Ihr Leben völlig neu zu beginnen. Wie würden Sie heute Ihre Fähigkeit im Umgang mit schwierigen Lebenssituationen beschreiben? Worin besteht diese Fähigkeit im Besonderen?
Ich habe erkannt, dass ich alleine einen ganz neuen Weg finden und gehen muss, da es schlicht niemanden gab, auf dessen Selbsterfahrung mit einer analogen Extremsituation ich

hätte zurückgreifen können. Ich musste lernen, mich nicht ins blosse Akzeptieren zu schicken, sondern im Prozess des Loslassens zu bleiben, um für ganz Neues offen zu werden. Ich habe gelernt, kleine Ziele zu setzen und vor allem, in der Gegenwart zu leben. Zukunft und Vergangenheit beschäftigen mich nur insofern, wie diese für die Gegenwart notwendig sind und in dieser zu einer weiterführenden Erkenntnis führen. Ich erkannte gerade noch rechtzeitig in meinem Leben, dass im Miteinander sich grosse Berge versetzen lassen, wo der Einzelkämpfer kläglich strauchelt. Der Seitenwechsel vom Menschen ohne zum Menschen mit Behinderung führte zu meinen «sieben Erkenntnissen des lebend Seins», die in meinem neuen Buch «Essenzen des Wahrnehmens» publiziert sind. – Ich empfehle das Buch wärmstens (lacht verschmitzt).[1]

Haben Sie aus Ihrer bisherigen Erfahrung auch Fähigkeiten für den Umgang mit Einschränkungen im Alter erworben? Wenn ja, welche?
Da ich über keinen Blick in die Zukunft verfüge, kann ich kaum abschätzen, welche Einschränkungen mich künftig herausfordern. Die Herausforderung meiner Einschränkung bereits heute ist, nicht ausschliesslich jenes zu sehen, was mir die Einschränkung nimmt, und nicht blind dafür zu sein, was erst möglich wird, gerade weil ich sogenannt eingeschränkt bin. Warum tendieren wir dazu, in einer schlichten Begebenheit weit stärker das Einschränkende wahrzunehmen, anstatt die Möglichkeiten, die sich neu öffnen? Die Möglichkeiten des Neuen auszuloten, das hält lebendig. Diese Betrachtungsweise von Begebenheiten schenkt möglicherweise nicht nur mir etwas mehr Gelassenheit, die Dinge zu nehmen, wie sie sind.

Braucht Älterwerden Disziplin? Wenn ja, worin besteht diese und wie gehen Sie persönlich damit um?
Das Älterwerden an und für sich braucht gar nichts – also auch keine Disziplin. Es ist eine Frage, wie hartnäckig wir eine Vorstellung, ein Wollen verfolgen. Ziele sowie das Entwickeln und das Erhalten von Fähigkeiten braucht wohl meist Disziplin. Je nachdem, was einem wichtig ist, braucht es im Leben immer Disziplin. Auch ein Kleinkind braucht Disziplin, um x-mal wieder aufzustehen, bis es laufen gelernt hat.

Was gibt Ihnen Zuversicht, wenn Sie an das Älterwerden denken?
Einerseits meine Eltern, welche 82 Jahre alt sind und nach wie vor sehr rege und fit sind.

---

1 Nils Jent (2013) Essenzen des Wahrnehmens – Entwicklungsstationen auf dem inneren Weg des zweiten Lebens. Lone Bech Verlag, Altshausen

Ich hoffe da auf genetische Komponenten (lacht). Andererseits sicher auch die Erfahrung, dass ich für mich wertvolle Menschen um mich habe. Und schliesslich meine Art, wie ich bisher den Weg meines Lebens ging.

Fürchten Sie eine zunehmende Abhängigkeit?
Mein Geist ist sehr unabhängig und frei. Für mein Gefühl von Selbstständigkeit ist das zentral. Mein Körper macht sehr abhängig – nicht nur mich, sondern auch mein gesamtes nahes Umfeld. Damit habe ich gelernt umzugehen, indem ich mich auf mein Innerliches besinne und darin Ruhe, Erfüllung und Zufriedenheit finde.

Worin besteht Lebendigkeit für Sie persönlich?
Lebendigkeit bedeutet für mich, sich voll ins Leben zu geben mit all seinen bunten und auch schattigen Seiten. Der Mensch, das finde ich, ist auf der Welt, um intensiv zu leben und Erfahrungen zu sammeln, Dinge auszuprobieren und Emotionen zuzulassen – das macht die Lebendigkeit aus. Erfahrungen, ganz einerlei, ob wir diese in die Schublade «tonnenschwer» oder «federleicht» stecken, bringen uns zum Erkennen, bringen uns weiter und machen uns innerlich reich.

Trotz Ihrer Blindheit und mit eingeschränkter Beweglichkeit haben Sie eine äusserst lebendige Vorstellungskraft – oder besser: ein ziemlich intensives und lebendiges Innenleben –, um beispielsweise all den Stoff zu verarbeiten und konstruktive Zusammenhänge zu bilden. Wäre Sehen und eine grössere Beweglichkeit eine Ablenkung? Verhilft die Einschränkung bzw. verhelfen die Einschränkungen zur Konzentration und inwiefern führt diese zu Lebendigkeit?
Visuelle Eindrücke lenken uns oft ab – das kann ich als ehemals Sehender nur bestätigen. Einschränkungen haben immer etwas Gutes an sich, indem sie einen zur Hinwendung zum Raum vor der einschränkenden Grenze zwingen. Dadurch entwickelt sich eine Lebendigkeit. Es ist, wie wenn man das Beste aus dem einen zur Verfügung stehenden Territorium herausholen muss. Dies ist ein anderer Ansatz – weder besser noch schlechter, als wenn man mehr Beweglichkeit und einen uneingeschränkten Visus hat.
Nicht trotz, sondern gerade wegen meiner Blindheit und meiner körperlich veränderten Funktionalität wurde es mir möglich, mich äusserst zu fokussieren. Vor meinem Seitenwechsel verzettelte und verlor ich mich in all den lockenden Optionen, die mir möglich waren. In dieser Verwirrung lahmten meine Entschlusskraft und meine Zielstrebigkeit. Das Weniger heute ist sehr viel mehr. Auch wenn jeder Tag wieder eine neue, harte Herausforderung ist, so war mein Unfall just jene Chance, meine Kraft voll zu entfalten und auf ganz

Weniges zu konzentrieren. Erst so kam ich in mir weiter und gewann Lust und Freude an meinem Sein. Denn bis heute ist nichts selbstverständlich, alles jedoch sehr bewusst gelebt.

An Ihrem Wirkungsort, dem Center for Disability and Integration (CDI) der Universität St. Gallen, setzen Sie sich besonders für Menschen ein, die mit Einschränkungen leben müssen. Was ist der Hauptfokus dieser Organisation? Welches sind ihre Anliegen, ihre mittelfristigen Ziele?
Unser Ziel ist es, im Umgang mit Behinderung konkrete Ansätze zu erforschen und auch vorzuleben. Zentraler Wert für unser Arbeiten ist das Miteinander von Menschen mit und ohne Behinderung; und dies nicht nur in unserer Gesellschaft, sondern insbesondere an jenen Schaltstellen, wo es um die Inklusion von unseren Gesellschaftsmitgliedern mit Behinderung in den ersten Arbeitsmarkt geht. Dabei geht es uns vor allem um die Ressourcenorientierung, und nicht um die Defizitorientierung – wir richten unser Augenmerk also auf die Abilities und nicht auf die Disabilities: Menschen mit einer Behinderung weisen oft komparative Kompetenzen auf. Das sind Kompetenzen, welche gerade aufgrund einer Behinderung – oder aufgrund fortgeschrittenen Alters – ausgebildet wurden. Nach diesen Kompetenzen gilt es zu fragen und diese auch entsprechend einzusetzen; dies zum Nutzen aller. Die a) Inklusion von Menschen mit Behinderung in Gesellschaft und Wirtschaft zum b) Nutzen aller, dazu einen Beitrag zu leisten und dafür Experten zu werden, das sind unsere beiden Aufgaben und Ziele.

«Ein Behinderter kann etwas, was ein Nichtbehinderter nicht schafft» ist ein Zitat aus Röbi Kollers Biografie von Ihnen[2]. Was ist in Ihrer Wahrnehmung das, was Sie am meisten und nachhaltigsten geprägt hat?
Das ist ganz klar die Erfahrung, dass im Miteinander mit anderen Menschen, wie zum Beispiel zusammen mit meiner Familie, vieles erreichbar ist, was im Alleingang gänzlich chancenlos bliebe. Der Mensch ist kein isoliertes Wesen und wir sind alle wesentlich abhängiger voneinander, als wir es uns auf Anhieb eingestehen wollen. Dieser Tatsache Rechnung zu tragen, tut nicht nur mir gut, sondern verhilft uns allen zu einem solidarischen Umgang und ermöglicht die Potenzierung sowohl von Fähigkeiten und Kräften als auch von Talenten.

---

2 Koller R (2011) Dr. Nils Jent. Ein Leben am Limit. Wörterseh, Gockhausen

Heinz Frei

«ALTSEIN BEDEUTET, KEINE ZIELE MEHR ZU HABEN»

Heinz Frei ist 1958 in Oberbipp geboren. Der gelernte Vermessungszeichner stürzte am 9. Juli 1978 bei einem Berglauf in die Tiefe und brach sich das Rückgrat auf der Höhe des vierten und fünften Wirbels. Nach der Bergung eröffneten ihm die Ärzte im Schweizer Paraplegiker-Zentrum, dass er sich auf ein Leben im Rollstuhl vorbereiten müsse. Dies, nachdem er gemäss seinen eigenen Worten «bis zwanzig ein Leben führte, das von Kopf bis Fuss wunderbar funktionierte». Im Rahmen der Rehabilitation fand er den Weg zurück zum Sport. Er trat dem Rollstuhlclub bei und trug von dort aus mit seiner Leistungsbereitschaft massgeblich zur Entwicklung des Rollstuhlsports bei. Der Spitzensportler gewann im Laufe seiner Karriere bis 2012 zahlreiche Goldmedaillen und Auszeichnungen. Daneben arbeitete der verheiratete Vater eines Sohnes und einer Tochter immer halbtags. Er ist im Stiftungsrat der Schweizer Paraplegiker-Stiftung und Präsident von deren Gönnervereinigung. Überdies ist er verantwortlich für die Nachwuchsförderung bei Rollstuhlsport Schweiz und tritt regelmässig als Referent auf.

Interview: Irène Fasel, redigiert von Fritz Vischer

Sie sind Spitzensportler, aber mit 56 Jahren haben Sie schon ein gewisses Alter. Wo stehen Sie heute?
Meine sportliche Ausrichtung ist in letzter Zeit vor allem Paracycling, also Para-Velofahren. Ich habe auf das Handbike gewechselt, nachdem ich 2004 von den Paralympics zurückgekehrt war. Da war ich 46 und habe gedacht, das war's, und habe mir ein neues Sportgerät

gesucht, gewissermassen als Altersvorsorge. Zu meiner Überraschung wurde ich dann auch damit recht erfolgreich.

Wie begann denn Ihr Werdegang?
Nachdem ich mir über meine Situation klar geworden war, musste und wollte ich dem Rehabilitationsziel genügen, nämlich die grösstmögliche individuelle Selbstständigkeit wiederzuerlangen.

Gab es 1978 auch schon spezifische sportliche Angebote?
Nein, das war eine Pionierzeit. Es lag an uns, immer mehr und immer Besseres auszutüfteln. Erst ab Mitte der 1980er-Jahre begannen Rollstuhlhersteller, als Nischenangebot Sportrollstühle herzustellen. Unser Wissen brauchte es aber immer.

Braucht es den Kick?
Es braucht Pioniere, es braucht auch etwas Kick. Ich selbst bin aber nicht der Typ, der das Abenteuer sucht. Ich würde mich nie an einen Deltaflieger hängen.

Wird man als Mensch mit Querschnittlähmung allgemein vorsichtiger?
Auf mich trifft das sicher zu. Ich weiss zwar, das Leben bleibt lebensgefährlich. Dosiertes Risiko, das ich im Griff habe, gehört aber dazu, wenn ich am Leben teilnehmen will. Trotzdem: Bei einem Rennen können einen auch die Gegner gefährden, und vielleicht lauert die grösste Gefahr im Training, zum Beispiel auf Hauptstrassen.

Verschärft sich als Folge einer Querschnittlähmung der Sinn für Gefahren?
Die Basis ist, den Körper zu kennen, auch die Paraplegie-spezifischen Risiken. Steige ich in ein neues Sportgerät, muss ich sicherstellen, dass es mir keine Druckstelle bereitet, und in Kauerhaltung im Rennrollstuhl darf mir das Blut nicht abschneiden. Jeder wird mit der Zeit Professor für seinen eigenen Körper!

Im Sport ist Disziplin unerlässlich, gilt das erst recht für Menschen mit Querschnittlähmung?
Ist die Anfangsphase mal überstanden, kommt auch wieder Freude am eigenen Körper auf. Er muss wieder mein Freund werden. Ihm muss ich Sensibilitäten entgegenbringen, die ich sonst nicht mehr spüre. Ab diesem Moment entwickeln sich neue Sinne, setzt das Selbstwertgefühl wieder ein und das Bewusstsein für Selbstverantwortung. Das wiederum führt zu Disziplin. So kommt das Leben wieder auf die gute Bahn.

Wann kam denn der sportliche Ehrgeiz wieder?
Vor meinem Unfall freute ich mich immer, was ich diesem Körper abverlangen konnte, und dann lag ich plötzlich querschnittgelähmt in diesem Bett. Das kann ich abhaken, war die erste Reaktion. Das löste Ängste aus. Die Physiotherapie kam dem Sport nahe, weckte auch meinen Ehrgeiz. Eine eigentliche Perspektive konnte ich nicht entwickeln, und es musste eine Phase der Bewegungsarmut folgen. Die zwang mich dann zum Suchen. So trat ich zwei Jahre später einem Rollstuhlclub bei.

Woher nehmen Sie sich Zeit zum Trainieren?
Als Paraplegiker habe ich das Glück, wieder etwas Tempo in mein Leben gebracht zu haben. Dennoch muss ich mich einem Zeitmanagement stellen, um alles unter einen Hut zu bringen: die Arbeit, das Training, meine Rolle als Familienvater und Hauseigentümer. Ich hatte allerdings immer nur einen 50-Prozent-Job.

Verspürten Sie Verlustgefühle?
Am Anfang war das intensiv die Frage. «Was alles kann ich nicht mehr?» stand im Vordergrund. Auch das Thema Beziehung. Vom Selbstwertgefühl her war ich anfänglich nicht beziehungsfähig. Erst mit der Reintegration in Beruf und Gesellschaft wurde das wieder zum Thema. Die Familie habe ich erst Jahre nach dem Unfall gegründet.

Thema unseres Buches ist ja das Alter. Haben Sie einen Bezug zu diesem Thema?
Ja, ich bin durchaus sensibilisiert. Nicht zuletzt in meiner Funktion als Stiftungsrat der Paraplegiker-Stiftung. Ich habe mitentschieden, dass dies ein Schwerpunkt unserer Tätigkeit ist, dem wir die nötigen Mittel zuweisen müssen, um den jetzt Älterwerdenden wiederum Perspektiven aufzuzeigen. Im Sport steuere ich seit Jahren auf meinen Zenit zu und erlebe, wie ich eingeholt und schliesslich überholt werde. Der nächste Schritt wird sein, dass ich für die Selektion nicht mehr gut genug bin. Dieses Verdikt will ich nicht abwarten. Ich gehe vorher.

Es geht doch darum, eine altersgerechte Lebensgestaltung zu finden?
Genau, man muss die Realitäten wirken lassen und nicht glauben, sich etwas beweisen zu müssen. Ich hatte übrigens nie das Gefühl, meinen Körper überfordert zu haben. Eine Studie hat gezeigt, dass meine Gelenke sogar weniger abgenützt sind als bei Nichtsportlern. Bei ihnen kann es vorkommen, dass sie ihre Gelenke überstrapazieren, weil die Muskulatur ungenügend ist.

Was sind denn Ihre Empfehlungen an andere?
Ein gutes Verhältnis zu seinem Körper zu haben. Bewegt euch ein bisschen, seht zu, dass ihr in Schwung bleibt und die Balance zwischen Körper und Geist haltet. Ein Patentrezept habe ich aber nicht.

Gibt es Lebendigkeit ohne sportliche Fitness?
Ich bin überzeugt, dass es sie gibt. Nehmen Sie Schäuble: Für ihn ist Kopfarbeit Lebendigkeit. Auch Künstler pflegen die Lebendigkeit auf ihre Art. Ich habe mich schon gefragt, wie ich mich lebendig halte, wenn ich zu Bewegungstätigkeiten nicht mehr fähig bin. Altsein bedeutet doch, keine Ziele mehr zu haben. Dann nimmt der Lebensmut ab.

Gibt es aufgrund der Querschnittlähmung mehr Risiken?
Sehr wohl, ob ich Sport treibe oder nicht, ist nicht entscheidend. Osteoporose kriege ich trotz Sport. Das gehört gewissermassen zum Programm. Wo Schmerz nicht mehr gespürt werden kann, besteht das Risiko von Druckstellen, Verbrennungen, Erfrierungen usw.

Machen diese Risiken Angst?
Angst nicht, aber sie bewirken Respekt. Angst lähmt, und ich bin schon in ausreichendem Masse gelähmt. Man muss dran bleiben. Disziplin ist deshalb bei mir immer ein Thema.

Von Achtsamkeit reden alle. Ist sie bei Ihnen bedingt durch den Unfall besonders wichtig?
Ja, der Unfall hat die Achtsamkeit verstärkt. Das wird mir auch auf das Alter hin helfen. Die Frage, ab wann man sich alt fühlt, ist sehr individuell. Es gibt aber auch Stolpersteine auf der Lebensreise, ständige Komplikationen beispielsweise.

Alle wollen alt werden, aber niemand will alt sein. Sind die Einschränkungen einer Querschnittlähmung eine Vorbereitung auf das Altwerden?
Wohl schon, ich musste seinerzeit meine Erwartungen ans Leben zurückschrauben. Ich musste neu starten und war gefordert. Der Wiederaufbau des Selbstwertgefühls und das Abbauen von Abhängigkeiten sind ein Reifeprozess, der mir beim Älterwerden helfen sollte. Die Balance zwischen Körper und Geist muss ich wahren. Wie beim Sport will ich auch mit dem Älterwerden den Zeitpunkt, die Weichen zu stellen, nicht verpassen.

Béatrice Moor-Middendorp

«WIR PARAS UND TETRAS MÜSSEN MEHR TUN ALS ANDERE»

Béatrice Moor-Middendorp ist 1950 in Chur geboren. Dort hat sie ihre Schulzeit verbracht und die Ausbildung zur Pflegefachfrau durchlaufen. 1974, im Alter von 24, erlitt sie einen Skiunfall, bei dem sie sich eine komplette Paraplegie zuzog. In der Folge schulte sie sich zur Arztgehilfin um und übte danach Tätigkeiten im Labor sowie als Dozentin an der Krankenpflegeschule in Chur aus. Seit dem Umzug in die Region Basel und der Heirat im Jahre 1983 ist sie nicht mehr berufstätig. Sie kümmert sich um den Haushalt im von ihr und ihrem Mann neu gebauten, zweckmässig eingerichteten Haus in Bottmingen. 1986 kam ihre Tochter zur Welt, die heute in Basel lebt. Béatrice Moor ist in allen täglichen Verrichtungen selbstständig. Zu ihrer Lebensgestaltung gehört die Mitwirkung in Gesprächs- und Arbeitsgruppen, aber auch der Besuch von Kursen. So lernt sie seit einigen Jahren Spanisch und verbringt auch die Ferien gerne in Spanien. Mit ihrem alljährlichen Sommeraufenthalt im Engadin ist auch die Verbindung zu Graubünden erhalten geblieben.

Interview: Fritz Vischer

Altern ist eine Herausforderung wie jede andere! Stimmt das?
So formuliert, nicht. Denn dem Altern kann ich gar nicht ausweichen. Es ist keine Entscheidungsfrage, im Gegensatz zu Herausforderungen, die ich willentlich auf mich nehme. Die Herausforderung des Alterns besteht darin, aus der gegebenen Situation etwas zu gestalten.

Älterwerden ist positiv belegt, Altern negativ. Wann tritt nach Ihrer Meinung der Wendepunkt ein?
Dieser Übergang tritt nicht von einem Tag auf den andern ein. Es ist ein kontinuierlicher Prozess. Die Belastungsfähigkeit nimmt ab, ich habe weniger Kraft und deshalb in einzelnen Lebensbereichen diesen Wendepunkt wohl schon überschritten. Ins Auto steigen ist ein Beispiel aus dem Alltag. Ich unternehme aber alles, um meine Möglichkeiten zu erhalten und meine Selbstständigkeit zu bewahren.

Haben Sie denn schon Vorbereitungen getroffen, um das Alter möglichst gut zu bewältigen?
Ja, sehr wohl, seit ein, zwei Jahren überlegen sich mein Mann und ich, dass wir im Alter eine Wohngemeinschaft gründen und zusammen die Pflege organisieren könnten, die wir selbst bezahlen. Dies mit dem Ziel, möglichst selbstständig zu wohnen, wenn möglich bis zum Tod.

Angst vor dem Alter verspüren Sie nicht?
Angst im eigentlichen Sinne habe ich nicht. Ich habe weniger Angst vor dem Alter, wenn ich mir schon zuvor Gedanken darüber gemacht habe. Je besser ich mich vorbereite, desto weniger Angst habe ich.

Das Leben geht einfach weiter trotz Alter und Behinderung. Teilen sie diese Auffassung?
Das ist eine etwas seltsame Frage, denn sie wird in dieser Form gar nicht gestellt. Es geht eh weiter, aber du musst das Beste daraus machen. Wenn du das nicht willst, musst du Suizid begehen.

Wir lassen uns von Lebendigkeit und Lebensfreude tragen – worin bestehen sie denn?
Lebendigkeit und Lebensfreude sind überall dort, wo ich aktiv bin, wo ich mich aus eigenem Antrieb in die Gesellschaft einbringe, zum Beispiel bei Einladungen oder Kursbesuchen. Solange ich das aktiv mache, bin ich lebendig und voller Lebensfreude. Das braucht aber Energie, und diese Energie nimmt ab. Die Herausforderung ist, trotzdem so viel zu unternehmen, wie möglich ist.

Sind Menschen mit Behinderung für diese Herausforderung besser gerüstet?
Ja, wenn sie denkende Menschen sind. Sie haben gelernt, aus dem, was ihnen verblieben ist, das Beste zu machen.

Das Beste zu machen kann heissen, in Zuversicht, Heiterkeit und Gelassenheit zu leben. Wie erreichen wir solche Zustände?
Das kann schwanken und hängt von der Tagesstimmung ab. Wichtig scheint mir aber die Frage, was man persönlich dazu beitragen kann, um Zuversicht, Heiterkeit und Gelassenheit zu erreichen. Rezepte dafür sind Gespräche, zum Beispiel mit meinem Mann, aber auch Gespräche mit Leidensgenossen. Der Austausch mit andern Menschen, die ähnliche Interessen haben, ist generell wichtig.

Wir brauchen also alle einen Kreis von Menschen, der uns trägt!
Sich tragen zu lassen, ist vielleicht nicht die ideale Formulierung, aber Freundschaften zu pflegen, das ist sehr wichtig.

Bei aller Freude braucht das auch Überwindung und Disziplin?
Ja, aber man muss aktiv bleiben, dort, wo es möglich ist. Wer dies nicht tut, der vereinsamt. Diese Gefahr ist für uns Paras und Tetras ohnehin viel grösser, weil unser Aktivitätsradius begrenzt ist. Wir müssen hier mehr tun als andere.

Ist Sport ein gutes Mittel, um auf Trab zu bleiben?
Körperlich aktiv zu bleiben, finde ich wichtig. So mache ich regelmässig Kraftübungen, um die mir verbliebenen Muskeln zu trainieren. Einmal pro Woche gehe ich in die Physiotherapie.

Zum Abschluss Ihre Meinung zu folgender These: Ohne die Hilfe Dritter und gute Infrastruktur läuft gar nichts!
Ja, so ist es – ohne meinen Mann wäre alles schwieriger. Verheiratete sind hier privilegiert.

Schicksalsschlag als Chance –
Das Leben geht erst recht weiter

Peter Lude

Dieser Beitrag versucht zu zeigen, wie Lebendigkeit trotz plötzlicher und zunehmender Einschränkungen bestehen bleiben bzw. sich entwickeln oder steigern kann. Dabei schränkt sich vielleicht sogar die von aussen sichtbare Lebendigkeit ein, und dennoch kann sie über lange Zeit in ihrem Kern sehr stark erhalten bleiben. Vielleicht lässt es sich am besten mit einem Funken von Lebendigkeit vergleichen, einem «feu sacré» (heiliges Feuer), einem «gezündeten psychischen Airbag» für das Leben, bis das Leben selbst erloschen ist.

Direktbetroffene: Vor dem «Point of no Return»

Mit Schicksalsschlägen wird oft die Vorstellung von Traurigkeit, Schwächung, Ohnmacht, vielleicht sogar von Ungerechtigkeit und Ähnlichem verbunden. Schicksalsschlag steht oft auch für Trauma – und da gibt es ganze Theorien über die Art und Weise der richtigen Bewältigung. Frühere Theorien betonen sehr stark das sogenannte Durcharbeiten bzw. die «Trauerarbeit», gerade bei Verlusten (Bonanno, 2012). Findet keine Trauerarbeit statt, so die Annahme dieser Theorien, kann auch keine gesunde Bewältigung und somit keine wirklich gute Lebensführung nachfolgen. Die Trauer scheint unabdingbar zu sein, meist werden auch Depressionen fast als gesetzmässige Reaktion auf Verlust angenommen, ja geradezu erwartet. Alles andere scheint verdächtig, kann nicht sein (Lude, 2010).

Neuere Forschungsergebnisse kommen da zu ganz anderen Schlussfolgerungen (Bonanno, 2012; Kennedy et al., 2013; Lude, 2002), die übrigens als Phänomen schon lange bekannt sind. In letzter Zeit beginnt man die kreativen Verarbeitungsprozesse immer besser zu verstehen (Lude et al., 2011; 2012).

An dieser Stelle muss festgehalten werden, dass alle Reaktionen auf ein bestimmtes Ereignis jeweils individuell sind. Es kann hier nur darum gehen, eine Möglichkeit zur Entstehung von Lebendigkeit aufgrund von Schicksalsschlägen zu skizzieren – allerdings eine empirisch gut belegte. Wie kann man sich diese vorstellen?

> Menschen, die eine akute Bedrohung überlebt haben, erleben dies oft als «einen neuen Start ins Leben».

Schicksalsschlag als Chance – ein recht abgedroschener Titel. Und trotzdem hat er etwas für sich, denn das Leben ist auf das Überleben angelegt (Eisenhuth, Lude, 2014). Einfache Beispiele machen das deutlich (Lude, 2002, 2014): Was ist die erste Reaktion, wenn sich jemand verschluckt? Denkt man zuerst daran, was es wohl heute zum Abendessen geben wird? Wird man depressiv, weil das Leben so keinen Sinn mehr macht? Nein, die erste Reaktion ist reflexartiges Husten. Es ist keine Frage, ob man husten möchte oder nicht. Und je länger es nicht gelingt, die Atemwege frei zu bekommen, umso stärker – nicht schwächer – wird der Drang zu husten. Es geht ums Überleben. Dieser Kampf ums Überleben ist nicht schön anzusehen. Es wäre aber ein Fehler, dieses Husten deshalb «stoppen» oder gar «behandeln» zu wollen. Im Gegenteil, das Husten sollte sogar unterstützt werden, beispielsweise indem jemand einem zusätzlich auf den Rücken klopft, anstatt nur starr vor Entsetzen daneben zu stehen.

Solche Überlebensreaktionen sind im Organismus angelegt. So ist es beispielsweise unmöglich, sich rein durch Anhalten der Luft das Leben zu nehmen. Irgendwann wird der Drang zu atmen so stark, dass die Luft nicht mehr angehalten werden kann. An einem gewissen Punkt kippt der Vorgang. Er kehrt sich in sein Gegenteil – vom Hinderlichen zum Förderlichen. Wäre der Organismus nicht auf Überleben programmiert, könnte er sich einfach ersticken, indem er die Atemluft nicht mehr einströmen liesse. Der Impuls zu überleben ist biologisch gesehen stärker als das Bestreben, die Lebensfunktionen nur mit blossem Willen unterbrechen zu können. Die ersten Reaktionen auf eine akute Bedrohung sind immer lebenszuwendende Reaktionen. «Der Entscheid für das Leben fällt bei dem Betroffenen tief innen und schnell. Wenn dieses innere Ja nicht entschieden erfolgt, erhält ein unbewusstes Nein zunehmend mehr Raum. Oft beginnen dann automatisch Komplikationen. Es ist, als würde der Mensch sich selbst aufgeben. Natürlich können Komplikationen auch anders begründet sein» (Lude und Zwygart, 2012, S. 27). Wenn sich jemand das Leben nimmt, werden diese Überlebensprozesse gezielt meist mit Gewalt übertrumpft, der «Point of no Return» überschritten.

Der Airbag-Effekt: ein starker, psychischer Überlebensprozess

Erleidet jemand eine Querschnittlähmung, dann steht diese augenfällige Erscheinung im Vordergrund: Der Mensch ist durch Mark und Bein erschüttert. In der Tat wird der Körper ordentlich gebeutelt. Er verliert sozusagen seine Spannkraft und seine Empfindungsfähigkeit. Dazu kommen je nach Verletzungsgrad und Verletzungshöhe erhebliche bis lebensbedrohliche vegetative Störungen, Schmerzen, Spastik, Blasen- und Darmfunktionsstörungen, eingeschränkte Atemfunktion, Dysreflexien, Dekubitus, um nur einige mögliche Folgen und Komplikationen zu nennen. Manch einer sagt sich, wenn er gelähmt wäre, dann wäre das kein lebenswertes Leben mehr für ihn, und er würde vermeintlich den Tod vorziehen – bis es tatsächlich so weit ist.

Wir wollen an der Tragik einer Querschnittlähmung nichts schmälern (Lude, 2002; Lude-Sigrist, 2002; Lude und Lude-Sigrist, 2008). Doch wie geschieht denn eine Wandlung hin zum Leben, das man zuvor als kaum oder nicht mehr lebenswert eingestuft hätte? Könnte man sich das etwa ähnlich vorstellen, wie wenn sich jemand verschluckt und als Reaktion reflexartig zu husten beginnt?

Warum nicht? Vielleicht ist es vergleichbar mit einem «psychischen Husten». Wenn jemand unmittelbar bedroht wird, dann versucht er, sich reflexartig aus der bedrohlichen Situation zu retten. Das heisst streng genommen, dass die Wahrnehmung einer vitalen Bedrohung Reaktionen in Gang setzt, die den betroffenen Menschen schützen. Wäre er gleichgültig gegenüber der Bedrohung, wäre er höchst gefährdet. Das verhält sich genau so, wenn eine körperliche Schädigung bereits eingetreten ist, z.B. eine Querschnittlähmung. Die Bedrohung muss keineswegs nur ausserhalb des Körpers sein, sondern sie kann entweder in Form einer Krankheit, von Altersbeschwerden oder eines Unfalls die eigene Unversehrtheit sogar stark betreffen.

Bleiben wir beim Eintritt einer Querschnittlähmung: Auch hier werden die inneren natürlichen, starken psychischen Prozesse schlagartig auf das Überleben ausgerichtet – nur, sie sind von aussen nicht mehr sichtbar, weil der Mensch gelähmt ist (Lude, 2002, 2014). Das lässt sich vergleichen mit einem «Airbag-Effekt», eine Metapher, die salopp besagt, dass es «vorne kracht, und hinten etwas aufgeht»: Schlagartig (Plegie = Schlag) mit der körperlichen Verletzung werden natürliche, starke psychische Überlebensprozesse in Gang gesetzt, quasi als Gegenrealität. Dies hat nichts mit Realitätsverlust zu tun, sondern eher mit einem Silberstreifen am Horizont. Diese Kräfte sind sozusagen die Initialzündung für die langfristige Bewältigung der Querschnittlähmung. Im Gegensatz zum «physischen Airbag» im Auto, ist der «psychische Airbag» nicht direkt beobachtbar, wirkt von aussen betrachtet oft irritierend und wird gerne aufgrund mangelnden Verständnisses (weg-)behandelt mit zum Teil verheerenden Folgen für die Patienten (Lude, 2002, 2014).

Der frisch querschnittgelähmte Mensch kann sich bei einer hohen Querschnittlähmung (Tetraplegie) überhaupt nicht mehr bewegen, nicht einmal mehr die Arme. Innerlich ist er jedoch hellwach (auf den Spezialfall Schädel-Hirn-Trauma kann hier nicht eingegangen werden), denn er versucht zu überleben. Im Innern bleibt er hochaktiv. Äusserlich bestimmt die Querschnittlähmung, also der gelähmte Körper, das Bild.

Häufig wird nach einem einfachen Körper-Geist-Dualismus (wie der Körper so die Psyche) von der äusseren auf die innere Verfassung des frisch querschnittgelähmten Menschen geschlossen. Forschungsergebnisse belegen jedoch, dass es sich bei dieser Einschätzung in den meisten Fällen um eine Plausibilitätsfalle handelt (Lude, 2002, 2010, 2014). Die Frage «Konnten Sie in letzter Zeit gute Gefühle oder sogar Momente des Glücks empfinden?» beantworteten nur 3% der Befragten im Schnitt vier Wochen nach Eintritt der Querschnittlähmung mit «nie», alle anderen bejahend mit «oft» oder «sehr oft» (Lude, 2002). Gewiss gibt es auch Menschen mit Querschnittlähmung, die von Anfang an (10,7% gemäss Bonanno et al., 2012) unter einer Depression leiden, wobei nicht zuverlässig geklärt werden kann, wie viele schon zuvor depressiv waren. Im Laufe von zwei Jahren ergaben sich verschiedene Veränderungen in dieser Stichprobe, sodass schliesslich 20,5% (ohne Kovariate, mit Kovariate 25,3%) eine depressive Symptomatik aufwiesen. Gut 66% waren von Anfang an während der ganzen Zeit nie depressiv. Als die Menschen das Trauma Querschnittlähmung längerfristig zu überleben begannen, etwa ab 1960, ging die Lehrmeinung davon aus, dass zu einer guten Bewältigung auch eine Depression gehöre. Es war einfach unvorstellbar, wie es jemandem in diesem Zustand auch nur ansatzweise gut gehen konnte. Aber schon damals, trotz schwerfälliger Rollstühle und unzureichender Hilfsmittel, gab es Menschen mit Querschnittlähmung, die ihr Leben vorbildlich meisterten und heute zu den über 70-Jährigen gehören. Sie sind mit ihrer Querschnittlähmung bereits ziemlich alt geworden, trotz einer damaligen Lebenserwartung von gerade einmal weiteren zehn bis fünfzehn Jahren. Offenbar liegt in dieser harten Auseinandersetzung mit dem eigenen Schicksal und dem Leben an sich auch etwas sehr Kraftvolles. Dieses «Kraftvolle» kommt aber ganz anders daher als das, was man üblicherweise als kraftvoll, im Sinne von athletisch oder dynamisch versteht (siehe Beitrag «Lebensmotto Fitness», S. 52). Es ist eine «leise» Kraft, die unabhängig von Beweglichkeit und körperlicher Spannkraft wirkt – gerade in einem gelähmten Körper – und offenbar für eine innere Lebendigkeit sorgt, die einen hoch gelähmten Körper über die Jahrzehnte erhält.

Erstaunlich, nicht? Eine Kraft ist eben nie direkt sichtbar, sondern immer nur deren Auswirkung. Vielleicht werden aufgrund der besonderen Herausforderungen, die an die Lebensbewältigung eines Menschen mit Querschnittlähmung gestellt werden, immer wieder «kleine Airbags gezündet».

Angehörige

Die Situation der Angehörigen stellt sich im Vergleich zu den Menschen mit Querschnittlähmung ganz anders dar, geradezu gegenteilig. Unsere Forschungsergebnisse zeigen, dass die Angehörigen diejenigen Reaktionen aufweisen, die man eigentlich von den Menschen mit Querschnittlähmung erwarten würde (es handelt sich hierbei um Mittelwerte!): wenig Ressourcenmobilisierung, hohe Stresswerte (Lude-Sigrist, 2002). «Wie denn das?», fragt man sich automatisch.

Wir erklären uns das folgendermassen: Erhält man eine sehr schlechte Nachricht mitgeteilt, dann ist man oft zuerst wie gelähmt, obwohl gar keine Lähmung durch eine äussere mechanische Kraft erfolgte. Einzig die Bedeutung der Nachricht vermag eine solch lähmende Kraft zu entfalten (Lude, 2014; Neikes et al., 2014). Hier wird deutlich, wie stark psychische Bewertungen und Vorstellungen wirken können. Wie im Positiven bei den Direktbetroffenen, so auch im Negativen. Die Angehörigen mobilisieren sicher auch psychische Ressourcen, ähnlich wie die Direktbetroffenen, aber nicht so stark, keine überdurchschnittlichen. Sie bleiben in ihren Werten der Allgemeinbevölkerung vergleichbar. Im Unterschied zu den Direktbetroffenen sind sie nicht körperlich verletzt, d.h., sie müssen nicht unmittelbar um ihr eigenes Überleben bangen bzw. kämpfen. Insofern ist es für Angehörige geradezu ein Handicap, nicht querschnittgelähmt zu sein (Lude, 2002; Lude-Sigrist, 2002).

Worin liegt die Chance?
Menschen, die eine akute Bedrohung überlebt haben, erleben dies oft als «einen neuen Start ins Leben». Häufig empfinden sie eine Dankbarkeit dem Leben gegenüber, die sie so vorher noch nicht gekannt haben – und das hat etwas enorm Belebendes. Die Aufmerksamkeit bündelt sich, da auch der Spielraum bei bleibender Behinderung wesentlich enger geworden ist. In diesem Zusammenhang könnte man vielleicht von einer erhöhten Konzentration oder auch Wachheit gegenüber Bedrohungen, und insofern auch gegenüber dem Leben selbst, sprechen. Eine weitere Chance sehen viele Menschen, die ihre eigene Verletzlichkeit stark zu spüren bekommen haben, vor allem in sich vertiefenden Beziehungen. Und sie berichten auch, dass sie durch die Bewältigung sehr viel gelernt hätten (Kennedy et al., 2013).

Bei den Angehörigen ist dies ähnlich, trotz ihrer an sich «schwierigeren» Ausgangslage, sofern sie in einer solchen Beziehung bestehen und beide eine Gleichwertigkeit in der Beziehung zueinander erlangen können (Lude-Sigrist, 2002). Dann müssen sie einen ähnlich fordernden Bewältigungsprozess durchlaufen. Dieser ist nicht ausschliesslich anstrengend, sondern oft auch sinngebend (Lude, 2013). Trotzdem sei gesagt: An der Tragik einer Querschnittlähmung soll weder für die Direktbetroffenen noch für die Angehörigen etwas geschmälert werden. Es geht hier nur darum, auf möglicherweise leicht zu übersehende Phänomene aufmerksam zu machen. Die Entwicklung hin zum alten Menschen zeigt sehr viele Parallelen, vielleicht in «kleineren Dosen» verabreicht und deshalb ähnlicher der Situation der Angehörigen, bis das Leben selbst erloschen ist.

Alter – die Parallele
Bis dahin jedoch ist der Alterungsprozess ein über Jahrzehnte hinweg langsam fortschreitendes Geschehen, das keineswegs linear verläuft, aber doch schon von der Jugend aus unausweichlich seiner Bestimmung entgegenwächst. Im Gegensatz zu einer Querschnittlähmung, die in den allermeisten Fällen plötzlich eintritt, kommen die Altersbeschwerden schleichend. Manche sagen, es sei die Jugend, die sich da «auswirke». Insofern liegt der wesentliche Unterschied zwischen der plötzlich eintretenden Querschnittlähmung und dem langsam verlaufenden Alterungsprozess in der Geschwindigkeit. Dennoch sind viele der altersbeding-

ten Einschränkungen, wie beispielsweise zunehmende Immobilität, Probleme mit Haut, Blase, Verdauung, Blutdruck, Gleichgewicht, Verlust der körperlichen Spannkraft, Müdigkeit – um nur einige zu nennen –, den Einschränkungen einer Querschnittlähmung annähernd gleich. Der Effekt der Einschränkungen bei älteren Menschen wird oft in Aussagen deutlich wie: «Ich habe nicht mehr so viel Zeit», «die Zeit läuft immer schneller», «man wird nicht schöner im Alter», «alles wird beschwerlicher, aufwendiger», «die Schmerzen nehmen zu», «ich werde immer einsamer», «früher bereitete mir dies und das überhaupt keine Mühe», «ich werde immer langsamer» und vieles andere mehr. Parallel zu den zunehmenden körperlichen Beschwerden nimmt bei älteren bzw. alten Menschen die Stärke der Sinne (die sind auch körperlich) ab, und nicht selten reduzieren sich kognitive Leistungen, Regenerationsfähigkeit und Flexibilität. Dennoch tritt bei vielen älteren und alten Menschen eine Art Gelassenheit ein – gerade den Beschwerden gegenüber –, bis sie «lebenssatt» sind.

Aber auch hier sei gesagt: Altwerden ist kein reines Vergnügen[1]! Gelegentlich wird es gar als die Verwaltung des Niedergangs bezeichnet. Diese abwertende Seite des Alterns unterliegt mancherlei hartnäckigen Tabus. Sie wiederum wurzeln in der Angst vor den gefürchteten Beschwerden im Alter, der eigenen Vergänglichkeit, Verletzlichkeit und durch Behinderung verursachten Andersartigkeit. Altersbeschwerden sind nicht schön; sie sind ärgerlich, kränkend und für manche fast schon beleidigend. Dem vermeintlichen Schutz durch Tabus lässt sich, neben entschiedenem Handeln zur Erhaltung der Würde, allerdings nur noch mit Humor begegnen. Zwei typische Altersbeschwerden seien auf diese Weise beschrieben:

Die erste betrifft den hirnorganischen Abbau bis hin zur Demenz:
> Altern ist ein hochinteressanter Vorgang: Man denkt und denkt und denkt – plötzlich kann man sich an nichts mehr erinnern.
>
> *Ephraim Kishon*

Die zweite betrifft den männlichen Körper, mit Einschränkung auch den weiblichen:
> Gerne der Zeiten gedenk' ich, da alle Glieder gelenkig – bis auf eins.
> Doch die Zeiten sind vorüber, steif geworden alle Glieder – bis auf eins.
>
> *Johann Wolfgang von Goethe*

Möge jede und jeder mit der nötigen Heiterkeit den Herausforderungen des Alter(n)s begegnen.

---

1 Vgl. auch Altersleitbild Bad Zurzach: http://www.badzurzach.ch/dl.php/de/0dobj-a7e0h9/ALTERSLEITBILD_Bad_Zurzach.pdf

Literatur

Bonanno GA (2012) Die andere Seite der Trauer: Verlustschmerz und Trauma aus eigener Kraft überwinden. Aisthesis, Bielefeld

Bonanno GA, Kennedy P, Galatzer-Levy IR, Lude P, Elfström ML (2012) Prospective trajectories of resilience, depression and anxiety following spinal cord injury. Rehabilitation Psychology 57(3): 236–247

Eisenhuth J, Lude P (2014) Gesund – was ist das? In: Strubreither W, Neikes M, Stirnimann D, Eisenhuth J, Schulz B, Lude P (Hrsg) Klinische Psychologie bei Querschnittlähmung. Grundlagen – Diagnostik – Rehabilitation. Springer, Heidelberg

Kennedy P, Lude P, Elfström ML, Cox A (2013) Perceptions of gain following spinal cord injury: a qualitative analysis. Topics in SCI Rehabilitation, 19(3): 202–210

Lude P (2002) Querschnittlähmung: Innensicht vs. Aussensicht des Verarbeitungsprozesses bei Direktbetroffenen. Hist. Fak., Bern

Lude P, Lude-Sigrist Y (2008) Bewältigungsstrategien. In: FGQ: Sonderheft «Gesundheit» der Fördergemeinschaft der Querschnittgelähmten. Humanis, Mölsheim, S 21–25

Lude P (2010) Querschnittlähmung: Psychologischer Forschungsstand. Psychotherapie Forum 3, Springer: 153–161

Lude P, Kennedy P, Elfström ML (2011) Kognitive Bewertung, Coping und ihre Wirkung auf die Bewältigung von Querschnittlähmung: Eine Multi-Center-Längsschnitt-Studie. DMGP Informationsblatt, S 24–25

Lude P (2012) Empowerment von innen & aussen bei Querschnittlähmung: Das Wichtigste, was Sie in Ihrer beruflichen Laufbahn unbedingt gehört haben sollten. Vortrag auf der 25. Jahrestagung der DMGP, Basel

Lude P, Zwygart C (2012) «Traurigkeit ist ansteckend – Lachen zum Glück auch». Paraplegie 142:24–27

Lude P (2013) Macht sie lahm oder lebendig – die Querschnittlähmung? DMGP Deutschsprachige Medizinische Gesellschaft für Paraplegie. Informationsblatt (Mai 2013), S 20–22

Lude P (2014) Der Bewältigungsprozess im zeitlich begrenzten stationären Aufenthalt. In: Strubreither W, Neikes M, Stirnimann D, Eisenhuth J, Schulz B, Lude P (Hrsg) Klinische Psychologie bei Querschnittlähmung. Grundlagen – Diagnostik – Rehabilitation. Springer, Heidelberg

Lude-Sigrist Y (2002) Querschnittlähmung: Der Verarbeitungsprozess bei Angehörigen bzw. nahen Bezugspersonen. Ergebnisse einer Längsschnitt- und einer Querschnittstudie. Hist. Fak., Universität Bern

Neikes M, Lude P, Strubreither W, Bendfeldt A (2014) Angehörigenbetreuung. In: Strubreither W, Neikes M, Stirnimann D, Eisenhuth J, Schulz B, Lude P (Hrsg) Klinische Psychologie bei Querschnittlähmung. Grundlagen – Diagnostik – Rehabilitation. Springer, Heidelberg

Dr. phil. Peter Lude führt seit 1994 eine eigene Praxis für Psychologische Psychotherapie in Bad Zurzach, lehrt als Dozent für Rehabilitationspsychologie an der ZHAW Zürcher Hochschule für Angewandte Wissenschaften, ist Affiliate Faculty Member der Schweizer Paraplegiker-Forschung und des Schweizer Paraplegiker-Zentrums Nottwil und wurde zweimal mit dem Ludwig-Guttmann-Preis der DMGP ausgezeichnet. Der Preis wird für eine hervorragende wissenschaftliche Arbeit auf dem Gebiet der klinischen Erforschung der Querschnittlähmung, ihrer Folgen und jeglicher Aspekte der umfassenden Rehabilitation von Menschen mit Querschnittlähmung verliehen. Tetraplegie seit 1984.

Ewige Sorge:
Angehörige zwischen Normalität, Lebenslust und Dauerkrise
Iren Bischofberger

Angehörige geraten abrupt oder schleichend in eine kürzer oder länger dauernde Krankheits- oder Behinderungssituation. Der Verlauf ist oft nicht vorhersehbar. Rund um die ungewisse Verlaufsdynamik sind Patienten und Angehörige zusammen mit Gesundheitsfachleuten gefordert, ein individuelles und möglichst nachhaltiges Versorgungsarrangement aufzubauen, und dies meistens im Privathaushalt.

Der Schock

Es ist Abend. Mona und Florian Scheurer sitzen mit ihren Kindern Nina und Timo am Tisch, als das Telefon klingelt. Mona nimmt ab und kommt wenige Minuten später wieder zurück. Sie bringt kein Wort hervor. So haben Nina und Timo ihre Mutter noch nie gesehen. Sie weiss immer eine Antwort. Erst nach einer Ewigkeit erzählt sie, dass ihr Vater beim Apfelpflücken vom Baum gestürzt ist und nun auf der Intensivstation liegt. Mehr kann Mona nicht sagen, die Stimme versagt. Ihre Gedanken jagen sich. Sie arbeitete früher selbst als Pflegefachfrau auf der Intensivstation. Dort lernte sie ihren Mann kennen, einen Spitalseelsorger. Nun muss sie also an einen Ort zurück, der Leid, aber auch ihr persönliches Glück bedeutet.

Mehr «cure» heisst auch mehr «care»

In der Betreuung von Menschen in einer Krankheit- oder Behinderungssituation ist neben «cure» (*engl.* Heilung) auch mehr «care» (*engl.* Pflege) gefragt (Eidgenössisches Departement des Innern, 2013). Denn dank moderner Behandlungsmethoden ist heute auch mit Gesundheitsbeeinträchtigung ein deutlich längeres Leben möglich (Sturny & Camenzind, 2011; Colombo et al., 2011). Dies erhöht in gleicher Weise die Zahl der unbezahlt an der Pflege und Betreuung beteiligten Angehörigen (Schön-Bühlmann, 2005).

> Chronische Krankheiten dauern länger und sind diagnostik- und therapieintensiver, und die Gesundheitsversorgung wird zunehmend auf den Privathaushalt verlagert.

Das Glück

Als Mona die Intensivstation betritt, hat eine Kollegin von ihr Dienst – was für ein Glück. Sie weiss ihren Vater sofort in guten Händen. Die Spannung bleibt, bis sie den ersten Blick auf ihren Vater werfen kann. Sie hat in all den Berufsjahren einen klinischen Blick entwickelt, der nun auch ihrem Vater gilt. Mona setzt sich neben ihre Mutter. Die Kollegin erzählt Mona, was passiert ist, und wie es in den nächsten Stunden weitergeht. Monas Spannung legt sich langsam, sie gibt ihrem Vater zu verstehen, dass gut zu ihm geschaut wird. Sie will am nächsten Tag mit ihrer Mutter wiederkommen und mit dem Behandlungsteam sprechen, wie es weitergeht. Mona geht zu Fuss nach Hause. Nach einer Stunde ist sie daheim. Florian liegt mit den Kindern im Bett, alle schlafen.

Gesundheitswesen und Sozialversicherungen: Angehörigenorientierung auf dem Prüfstand

Westliche Gesellschaften werden stets vielfältiger. Heute leben vier Generationen nebeneinander, Familien werden kleiner und sind über den Globus verteilt, Frauen sind zunehmend erwerbstätig. Chronische Krankheiten dauern länger und sind diagnostik- und therapieintensiver, und die Gesundheitsversorgung wird zunehmend auf den Privathaushalt verlagert. Gesundheitsfachleute können weniger auf die uneingeschränkte Vor-Ort-Präsenz der Angehörigen zählen. Dieser Wandel tangiert auch den Bedarf an Unterstützungsangeboten für Angehörige, einschliesslich die soziale Absicherung von unbezahlter Arbeit (Stutz & Knupfer, 2012). Wenn Angehörige weniger Präsenz leisten können, tritt vermehrt das Phänomen der «Care Migration» in den Vordergrund, d.h., meist Frauen aus Osteuropa werden vorübergehend oder dauerhaft in Privathaushalten von pflege- und hilfsbedürftigen Personen für Alltagsaufgaben angestellt (van Holten et al., 2013).

Der Alltag

Zwei Jahre später. Monas Vater hat nicht mehr gehen gelernt, obwohl das Chirurgie- und Rehabilitationsteam sein Bestes gab. Aber fit ist er immer noch. Er fährt Nina und Timo manchmal spazieren im Rollstuhl. Dabei hütet er den Rollstuhl wie seinen Augapfel. Seit der Pensionierung vor einem Jahr hat er keinen Versicherungsanspruch mehr auf ein so gut passendes Modell. Im Bad und in der Küche muss alles so geordnet sein, dass der Vater eigenständig zurechtkommt. Wenn Nina und Timo zu Besuch sind, müssen die Medikamente weggestellt werden. Monas Kinderzimmer wurde zum Materialraum umfunktioniert. Anfangs schlief Mona einmal pro Woche bei den Eltern und ging mit ihnen alle anstehenden Arbeiten durch: Lagerungsmaterial aufräumen, Inkontinenzmaterial bestellen, Therapietermine abstimmen, Medikamentenpläne durchsehen. Heute ist das nur noch zweimal pro Monat nötig, weil die Mutter und der Vater vieles dazugelernt haben. Mona ist stolz auf ihre Eltern.

Selbstmanagement und Gesundheitskompetenz

Patienten und Angehörige können sich heute vermehrt kundig machen, um ihre Gesundheitsbeeinträchtigung(en) eigenständig in den Griff zu bekommen. Mit der nötigen Gesundheitskompetenz handeln sie als kompetente Partner in der Gesundheitsgesellschaft. Mittels Selbstmanagementprogrammen und Methoden der Patientenbildung werden sie darin unterstützt (Lorig, 2012, www.evivo.ch). Gesundheitsfachleute ihrerseits sind gefordert, im Sinne der Koproduktion ihr Wissen und die Aufgaben im Krankheitsalltag partnerschaftlich zu teilen. Menschen mit Behinderung haben dies bereits vor Jahrzehnten gefordert. Unter anderem mündete ihr Engagement in den Assistenzbeitrag im heutigen Invalidenversicherungsgesetz.

Der Beruf

Monas Mutter ist erwerbstätig. Während der Rehabilitation ihres Mannes lernte sie skypen. Wenn der Vater von den Therapien und die Mutter von der Firma zurückkamen, konnten sie den Alltag teilen. Am Wochenende fuhr sie zur Rehaklinik und übernachtete in der Nähe auf dem Campingplatz, damit sie keine Reisezeit verlor. Wenn alle zusammen zu Besuch gingen, durften Timo und Nina mit dem Rollstuhl des Grossvaters umherfahren. Sie hatten keine Berührungsängste. Vom Arbeitgeber erhielt Monas Mutter bereits mit 59 Jahren eine Woche mehr Ferien. So konnte sie unter der Woche bei wichtigen Besprechungen in der Rehaklinik dabei sein. Ihre Teamkolleginnen tolerierten dies in der Regel gut, manchmal aber nicht, wenn sie dadurch Überzeit machen mussten.

Auch Mona und Florian sind berufstätig. Sie können den Arbeitsplan so organisieren, dass sie an denselben Wochenenden Dienst haben. Dann verbringen Nina und Timo die Zeit bei Nachbarn. Den Beruf aufgeben oder reduzieren wollen Mona und Florian nicht. Von ihrem Vater hat Mona dafür die volle Unterstützung. Ihre Mutter macht manchmal Bemerkungen, die Mona verunsichern. Erwartet sie mehr Hilfe? Was genau braucht sie? Florian sollte einmal als Schwiegersohn und Seelsorger das Gespräch suchen, denkt sie.

Mona hat eine jüngere Schwester. Der Kontakt ist fast ganz abgebrochen, seit sie mit ihrer Lebenspartnerin nach Übersee auswanderte. Seit dem Unfall kommt sie einmal pro Jahr zu Besuch, muss aber immer wieder rasch zu ihrer eigenen Familie zurück. Sie führen ein Bed & Breakfast, da sind immer alle Hände gefragt. Zur grossen Überraschung für alle hat die Schwester ihr B&B inzwischen barrierefrei umgebaut. Die Idee kam ihr, als sie ihren Vater besuchte und die Investition als Mehrwert für neue Gäste erkannte. Nun ist aber auch klar, dass sie nicht in ihre alte Heimat zurückkehren wird. Aber könnte Mona mit ihren Eltern die Schwester besuchen? Diese Idee sollte sie nicht zu lange aufschieben, denn dem Vater geht es gesundheitlich gut. Eine lange Flugreise könnte machbar sein. Aber wie lange noch? Und wann wäre ein guter Moment?

Pflege zu Hause und Pflege im Beruf

Berufstätige mit kranken oder behinderten Angehörigen erhalten in der Schweiz seit einigen Jahren Aufmerksamkeit, sowohl von Arbeitgebenden als auch von Behörden (Bischofberger, 2012, www.workandcare.ch). Das Gesundheitswesen ist von dieser Vereinbarkeitsproblematik doppelt herausgefordert, einerseits durch berufstätige Angehörige der Patienten, die nicht jederzeit verfügbar sind, und andererseits als Arbeitgeber von Mitarbeitenden mit pflege- oder hilfebedürftigen Angehörigen (Ward-Griffin, 2009; Bischofberger et al., 2012). Als berufliche Option wird ein noch wenig praktiziertes Erwerbsmodell vermehrt diskutiert: die Anstellung von pflegenden Angehörigen bei der Spitex (Leu & Bischofberger, 2012). Ziel ist unter anderem, die von Angehörigen erbrachten Pflege- und Betreuungsleistungen in die Qualitätssicherung der Spitex einzubetten.

Die Krankengeschichte

Bei Arztterminen ungefähr alle zwei Monate begleiten Mona und ihre Mutter den Vater. Über die Jahre hinweg wurden sie beide zu «wandelnden Patientenakten», denn niemand kennt den Verlauf so gut wie sie. Und niemand dokumentiert so gut wie sie, wenn immer möglich elektronisch. Bei Therapieänderungen oder der Anschaffung von neuen Materialien müssen sie immer wieder neu recherchieren, abwägen, diskutieren und entscheiden. Auf Wunsch der Eltern erkundigt sich Mona bei Hilfsmittelstellen, Beratungsangeboten oder Behörden. Manchmal ist ihr Know-how gefragt, manchmal gilt sie als Besserwisserin.

Angehörige als «wandelnde Patientenakte»

Im ausdifferenzierten und kleinteiligen Schweizer Gesundheitssystem bündelt sich das Wissen zum Krankheitsverlauf oft bei Patienten oder Angehörigen. So werden sie nicht selten zu «inoffiziellen Case-Managern» (Bischofberger, 2011). Sich im Gesundheitssystem zurechtzufinden und Gehör zu verschaffen, kann eine Folge der Gesundheitskompetenz sein. Allerdings ist es auch Zeichen dafür, dass ein professionelles bzw. offizielles Case-Management erst bei wenigen Leistungserbringern etabliert ist. Besonders die Übergänge zwischen Institutionen, beispielsweise beim Spitaleintritt oder -austritt, sind anfällig für Versorgungsbrüche und bedürfen einer optimalen Versorgungskoordination (Levine et al., 2010; www.nextstepincare.org).

Der Rückschlag

Trotz grossen Anstrengungen für eine gute Lagerung entwickelt sich bei Monas Vater eine offene Druckstelle. Da sie nicht heilt, braucht er eine aufwendige

Wundbehandlung. *Diese soll laut Hausarzt im Spital durchgeführt werden. Mona ist skeptisch. Warum soll die Wunde im Spital besser heilen als zu Hause? Gibt es in der Wohngegend ihrer Eltern ein mobiles Wundbehandlungsteam? Was kostet die Behandlung zu Hause? Fragen über Fragen. Nachdem sich der Vater für eine Spitalbehandlung entschieden hatte, kommt er prompt mit Wundkeimen nach Hause, die er vorher nicht hatte. Zurück auf Feld 1, so fühlt sich der «Behandlungserfolg» an.*

Misserfolg trotz Dauereinsatz

Ein typisches Merkmal von dauerhaften und schweren Gesundheitsbeeinträchtigungen ist, dass der Arbeitsaufwand für Patienten und Angehörige eher grösser wird als kleiner, und dass dennoch Verschlechterungen auftreten. Dazu gehören im Spital erworbene Infektionen. Sie sind weltweit und in der Schweiz besorgniserregend (Schwappbach, 2012). Wenn sie mit Antibiotika-resistenten Keimen einhergehen, sind sie besonders gefürchtet.

Die Kreativität

Mona und Florian basteln ein Leiterlispiel mit allen Erfahrungen mit dem Gesundheitswesen, den Sozialversicherungen und in der eigenen Familie. Manchmal müssen sie beim Zeichnen und Dichten lauthals lachen, manchmal bleibt es ihnen im Hals stecken, z.B. bei den vielen Harnwegsinfektionen des Vaters. Sie führen zu Umwegen und Abstürzen im Leiterlispiel. Die langen Wartezeiten in der Arztpraxis oder Poliklinik werden mit «dreimal aussetzen» markiert. Die von Florian organisierte Familienkonferenz führt hingegen stracks zehn Felder vorwärts. Die mangelnde Koordination in der gesamten Versorgung wirft wiederum zehn Felder zurück. Die gesunde Neugierde von Nina und Timo für die Belange ihres Grossvaters zeigt fünf Punkte vorwärts. Mona und Florian schenken das fertige Spiel dem Behandlungsteam in der Rehaklinik, ein anderes reichen sie in der Apotheke, Hausarztpraxis und Spitex herum. Das Spiel wird zum Augenöffner. Denn kaum jemand hat den Überblick, was ausserhalb der jeweiligen Institution zu leisten und zu meistern ist.

Zwischen Tragik und Komik

Aus der Not geboren ist Humor, hier in Form eines selbst kreierten Spiels, eine wichtige Bewältigungsstrategie im Umgang mit Gesundheitsproblemen (Bischofberger, 2008). Für Angehörige ist die Bewältigungsform Humor besonders befreiend, denn die Unzulänglichkeiten ihrer Nächsten bilden während langer Zeit einen Wall gegen Heiterkeit und Lachen.

Das Abenteuer

Mona möchte sich schon seit Langem zusammen mit Florian in Palliative Care weiterbilden. Die Situation eines sterbenden Menschen brachte sie seinerzeit auf der Intensivstation zusammen. Ein kühner Wunsch wächst in Mona heran: Sie könnten während der Weiterbildung alle zusammen bei ihrer Schwester im neuen B&B wohnen. Das gäbe ihrer Familie wieder neuen Kitt. Für ihren Vater gibt es in der Metropole mehrere gute Spitexdienste. Die Kinder könnten eine Fremdsprache lernen. Die inzwischen pensionierte Mutter und ihr Vater könnten zu den Kindern schauen. Mona, Florian und die Kinder sind sich rasch einig, das Abenteuer einzugehen.

Es ist Abend. Mona und Florian sitzen mit den Kindern am Tisch. Das Telefon klingelt. Kurze Zeit später kommt Mona zurück, setzt sich und lächelt. Nun weiss sie eine Antwort. Das Abenteuer «Übersee» kann zusammen beginnen. Die Behinderung ihres Vaters behindert ihre Familie nicht.

Aufbruch zu neuen Ufern

Familien oder Paare in palliativen Situationen begegnen Abschied und Trennung «in extremis» (Hudson & Payne, 2009). Bei einer Querschnittlähmung steht nicht das Lebensende bevor, sondern wie das Leben nach einer abrupten Gesundheitskrise zurückerobert wird. Dabei zählt die Resilienz, also die Widerstandskraft und Flexibilität, mit denen ein Wandel gemeistert wird, und dies sowohl in gesundheitlicher, sozialer als auch finanzieller Hinsicht (Simpson & Jones, 2013; Simon et al., 2013).

Literatur

Bischofberger I (2008) Das kann ja heiter werden – Humor und Lachen in der Pflege. Bern, Hans Huber

Bischofberger I (2011) Angehörige als wandelnde Patientenakte: Ausgewählte Ergebnisse aus einem Projekt zur Klärung der Rolle der Angehörigen. Care Management 4(5): 27–9

Bischofberger I (2012) Erwerbstätige pflegende Angehörige – drei zentrale Handlungsfelder. Soziale Sicherheit CHSS (1): 6–8

Bischofberger I, Jähnke A and Radvanszky A (2012) Double Duty Caregiving: Neue Herausforderung: berufstätig sein und Angehörige pflegen. Competence 76(10): 28–9

Bundesamt für Gesundheit BAG & Gesundheitsdirektorenkonferenz GDK (2012) Nationale Strategie Palliative Care 2013–2015. Bern, BAG/GDK

Colombo F; Llena-Nozal A; Mercier J & Tjadens F (2011) Help wanted – Paying and providing for long-term care. Brussels, OECD

Eidgenössisches Departement des Innern EDI (2013) Gesundheitspolitische Prioritäten des Bundesrates «Gesundheit 2020». Bern, EDI

Hudson P & Payne S (Hrsg) (2009) Family carers in palliative care. A guide for health and social care professionals. Oxford, Oxford University Press

Levine C Halper D, Peist A & Gould, D A (2010) Bridging troubled waters: Family caregivers, transitions, and long-term care. Health Affairs 29(1): 116–24

Leu A, & Bischofberger I (2012) Pflegende Angehörige als Angestellte in der Spitex: Eine Annäherung aus rechtlicher, qualifikatorischer und konzeptioneller Perspektive. Pflegerecht und Pflegewissenschaft 1(4): 210–8

Lorig K (2012) Gesundheit und aktiv mit chronischer Krankheit leben. Kickbusch I & Haslbeck J (Hrsg), Zürich, Careum Verlag

Schön-Bühlmann J (2005) Unbezahlte Pflegeleistungen von Privatpersonen und -haushalten. Soziale Sicherheit CHSS No. 5: 274–80

Schwappbach DL (2012) Frequency of patient-reported infections among sicker adults in high-income countries: an international perspective. American Journal of Infection Control 41(2): 174–6

Simpson G & Jones K (2013) How important is resilience among family members supporting relatives with traumatic brain injury or spinal cord injury? Clinical Rehabilitation 27(4): 367–77

Simon MA; Gunia B; Martin EJ; Foucar CE; Kundu T: Ragas DM & Emanuel LL (2013) Path toward economic resilience for family caregivers: mitigating household deprivation and the health care talent shortage at the same time. Gerontologist 53(5): 861–73

Sturny I & Camenzind P (2011) Erwachsene Personen mit Erkrankungen – Erfahrungen im Schweizer Gesundheitssystem im internationalen Vergleich. Auswertung des International Health Policy Survey 2011 des Commonwealth Fund im Auftrag des Bundesamtes für Gesundheit (BAG) (Obsan Dossier 18). Neuchâtel, Schweizerisches Gesundheitsobservatorium

Stutz H & Knupfer C (2012) Absicherung unbezahlter Care-Arbeit von Frauen und Männern: Anpassungsbedarf des Sozialstaats in Zeiten sich ändernder Arbeitsteilung. Bern, Eidgenössisches Büro für die Gleichstellung von Frau und Mann

van Holten K, Jähnke A & Bischofberger I (2013) Care-Migration – transnationale Sorgearrangements im Privathaushalt (Obsan Bericht 57). Neuchâtel, Schweizerisches Gesundheitsobservatorium

Ward-Griffin C., Keefe J, Martin-Matthews A, Kerr M, Belle Brown J and Oudshoorn A (2009) Development and validation of the double duty caregiving scale. Canadian Journal of Nursing Research, 41(3), 108–28

www.evivo.ch; abgerufen am 7.3.2014

www.workandcare.ch; abgerufen am 7.3.2014

www.nextstepincare.org; abgerufen am 7.3.2014

Die langjährige klinische Tätigkeit als Pflegefachfrau im Spital, in der Poliklinik, im Hospiz und in der Spitex – vor allem mit Aids-Patienten – bereitete Prof. Dr. Iren Bischofberger den Boden, um ihre heutige Tätigkeit in Lehre und Forschung an der Optik von Patient/-innen und Angehörigen auszurichten. In diesem Sinne ist ein nutzerfreundliches Gesundheitssystem ihre Orientierung.

Älterwerden und Altersweisheit
Annemarie Pieper

Mit dem Älter*werden* haben wir keine Mühe, denn älter werden wir alle, nicht nur Angehörige einer bestimmten Altersgruppe. Selbst ein neugeborenes Kind wird jeden Tag älter. Dieser natürliche Vorgang des Älterwerdens hat nichts Anstössiges. Kinder und Jugendliche möchten sogar manchmal ganz dringend und so rasch wie möglich älter werden, um selbst bestimmte Entscheidungen treffen zu können.

Im Unterschied zum Älterwerden wird das Altwerden als negativ empfunden. «Ich werde langsam alt», pflegt jemand zu sagen, wenn er Dinge verlegt oder Namen vergisst. Da jedoch im Wort «Altwerden» noch ein Rest des natürlichen Alterungsprozesses mitgehört wird, kommt den meisten das Altwerden weniger schlimm vor als das Alt*sein*. Alt zu sein bedeutet etwas Statisches, verweist auf einen Zustand, der sich nicht mehr ändert und damit jener Phase vorangeht, in der es kein Leben mehr geben wird. Das macht verständlich, warum wir uns mit dem Altwerden arrangieren, aber auf keinen Fall alt sein wollen.

Altwerden aus philosophischer Sicht

Es gilt also, die Phase des Alt*werdens*, die um das 70. Lebensjahr herum beginnt, möglichst so zu gestalten, dass man die Phase des Alt*seins* – des sogenannten Greisentums – möglichst lange hinausschiebt, bestenfalls gar nicht mehr erreicht. Dazu kann man selbst einiges beitragen. Als Beispiel dient der grosse Philosoph Immanuel Kant, der sich mit 73 Jahren in seiner Schrift *Der Streit der Fakultäten* (1798) darüber ausgelassen hat, wie man durch eine vernünftige Lebensweise seine Lebensqualität erhalten kann. Die Sorge um sich selbst sollten nämlich nach Kants Meinung mündige Menschen nicht an andere delegieren, sondern in ihrem persönlichen Verantwortungsbereich wahrnehmen.

Kant, der unverheiratet war, pflegte zeit seines Lebens mit Freunden und Bekannten in seinem Haus an einer grossen Tafel zu speisen und sich dabei angeregt über Gott und die Welt zu unterhalten. Kant führte das lateinische Wort für Weisheit, *sapientia,* auf das Verb *sapere* (schmecken) zurück. Weisheit verdankt sich demzufolge einem guten Geschmack. Je mehr Unterschiede einer beim Genuss einer Mahlzeit, eines Weines herausschmeckt, desto differenzierter vermag er auch andere Dinge zu beurteilen. Die Urteilsfähigkeit des Gaumens, die man bei Tisch beim Austausch mit anderen über das Genossene einübt und dabei seinen Geschmack bildet, ist das Vorbild für die kognitive und die moralische Urteilsbildung. Auch dort geht es um die Differenzierung komplexer Sachverhalte.

Tischgespräche sind ausserdem im sozialen Kontext von erheblicher Bedeutung, denn in Gesellschaft eingenommene Mahlzeiten fördern im Sinne einer rituellen Kulturtechnik den Zusammenhalt durch Einübung erwünschten Regelverhaltens. Sprachregeln, Benimmregeln, moralische Regeln werden nach dem Muster der Kultivierung des Geschmacks gelernt, und auf diese Weise assoziiert man mit dem Gebrauch von Regeln auch dort noch einen Genuss, wo man gehalten ist, seine Pflichten zu erfüllen, unabhängig davon, ob damit Lust- oder Unlustgefühle verbunden sind.

Demzufolge scheint es also tatsächlich eine direkte Verbindung zwischen *sapere* = schmecken und *sapientia* = Weisheit zu geben. Die Weisheit des Geschmackskundigen besteht darin, dass er es versteht, Genuss und Urteilskraft kommunikativ miteinander zu verbinden. So ist er nicht einsamer Geniesser unter anderen einsamen Geniessern, sondern vertieft sich mitteilsam mit diesen in den Genuss. Dabei entsteht eine Basis für alle übrigen Formen einer sprachlich vermittelten Interaktion und Kooperation. Die bei Speis' und Trank um den Tisch

Versammelten lernen, Meinungsverschiedenheiten und Konflikte gewaltfrei, mit den Mitteln des Dialogs zu lösen. Vielleicht hat die heutige Hektik des Alltags, die in den kurzen Arbeitspausen zum raschen Verschlingen von Fastfood im Schnellimbiss zwingt, das ihre zum Verfall der Solidargemeinschaft beigetragen.

Kant berichtet des Weiteren ausführlich darüber, welche Erfahrungen er mit seinem Körper gemacht hat, und leitet daraus Regeln für den richtigen Umgang mit sich selbst ab. Lange zu schlafen, schien ihm «krafterschöpfend», so wie überhaupt das Bett «das Nest einer Menge von Krankheiten» sei. Sich im Alter zu schonen, fördere frühes Altsein und bewirke eine Verkürzung des Lebens. Das Philosophieren empfiehlt er als probates Mittel zur Abwehr unangenehmer Gefühle, speziell der Hypochondrie. Geistlose Hobbys hingegen führten zur Verdummung. Als Beispiel dafür beschreibt er jemanden, der «in der Abfütterung und Pflege seiner Singvögel hinreichende Beschäftigung fand, um die Zeit zwischen seiner eigenen Abfütterung und dem Schlaf auszufüllen». Ohnehin sei eine Diät sowohl in Bezug auf die Essgewohnheiten als auch auf das Denken ratsam. Wer seine Mahlzeiten allein einnähme und dabei lese oder schwere Gedanken wälze, belästige seinen Magen durch unangemessene Kopfarbeit und beeinträchtige seine Verdauung.

Man mag über den einen oder den anderen Rat lächeln, aber grundsätzlich hat Kant recht: Jeder Mensch ist für sich selbst verantwortlich. Er muss für seine physische und psychische Gesundheit Sorge tragen, indem er auf die speziellen Bedürfnisse seines Körpers und seiner Seele achtet und erst einmal nach eigenen Rezepten für sein individuelles gutes Leben Ausschau hält, bevor er ärztlichen Rat einholt. Der mündige Patient oder das, was wir heute als «Patientenautonomie» bezeichnen, beinhaltete für Kant eine starke Eigenverantwortung für die Gesundheit. Im übertragenen Sinn geht es darum, in persönlichen Angelegenheiten nicht blindgläubig Rezepte von anderen zu übernehmen, sondern sich aus einer kritischen Distanz ein eigenes Urteil zu bilden und gleichsam im Selbstexperiment auf der Basis eigener Erfahrungen zu testen, wie sich Gesundheits- und Lebensprobleme lösen lassen. Denn was dem einen guttut, muss nicht auch mir guttun und umgekehrt.

Altersweisheit und Gelassenheit

Weisheit im Sinne von ästhetischer, theoretischer und moralischer Kompetenz ist in jedem Alter möglich. Sie nimmt zu, je mehr und je unterschiedlichere Situationen jemand erlebt, in denen die Urteilskraft geschult wird durch Augenmass, sachgerechtes Nachdenken und emotionale Anteilnahme. Altersweisheit hat nun noch einmal eine besondere Qualität, und zwar aus zwei Gründen. Zum einen blickt ein älterer Mensch auf eine längere Zeitstrecke zurück, in deren Verlauf er sein Konflikt- und Problemlösungspotenzial erproben konnte. Wo Jüngeren noch die Erfahrung fehlt, können die Älteren Vergleichsfälle heranziehen, die ihnen die Urteilsbildung erleichtern. Sie haben aufgrund ihres Alters einen gewissen Vorsprung vor den nachfolgenden Generationen und kennen entsprechend mehr Perspektiven, aus welchen sie mit ihrer geschulten Urteilskraft nach einer befriedigenden Lösung für ein Problem Ausschau halten können.

> Weisheit erlaubt Gelassenheit.
> Gelassen zu sein, fällt uns nicht leicht.

Allerdings wissen wir, dass man aus der Erfahrung anderer und aus der Geschichte nur begrenzt etwas lernen kann. Jede Generation muss ihre eigenen Fehler machen, da können die Älteren noch so viele gut begründete Ratschläge aus dem Fundus ihrer Lebensklugheit geben, um den Jüngeren Irrwege und Holzwege zu ersparen: Die Situationen sind nie exakt die gleichen. Und mit dem Recht, selbstbestimmt zu handeln hat auch jeder Mensch das Recht, Irrtümer zu begehen.

Zum anderen haben die Älteren gegenüber den Jüngeren den Vorteil, dass sie gelassener an Lebensprobleme herangehen. Sie stürmen nicht mehr blindlings vorwärts, in der Hoffnung, dass die Konflikte dann schon von allein verschwinden werden, sondern treten einen Schritt zurück, um aus der so gewonnenen Distanz ihr Wissensrepertoire abzufragen und nach einer geeigneten Lösung Ausschau zu halten. Gelassenheit und Besonnenheit sind Tugenden, die den ungeduldigen jungen Menschen schwerfallen, da sie lange Lernprozesse erfordern, in denen man gelegentlich auf die Nase fällt, bis sich eine gewisse Abgeklärtheit einstellt, die der Altersweisheit eigen ist.

Weise ist also jemand, der nicht eine bestimmte Sichtweise, nämlich seine eigene, verabsolutiert, sondern möglichst viele Standpunkte zu prüfen bereit ist, um sich – multiperspektivisch – ein umfassendes Bild von einem Problem zu machen. Je älter ein Mensch ist, desto mehr Perspektiven hat er in seinem Leben nicht nur theoretisch, sondern auch in der Praxis kennengelernt. Er weiss, was alles berücksichtigt werden muss, damit eine sachlich angemessene Lösung zustande kommt. Und von dieser Altersweisheit profitiert auch die Gemeinschaft, wenn sie bei der Bewältigung der uns heute bedrängenden Gefahren auf den breiten Erfahrungsschatz ihrer Weisen zurückgreift.

In einer Zeit des Spezialistentums, das dazu geführt hat, dass wir immer mehr über immer weniger wissen, ist viel persönliches Engagement verloren gegangen. Wir delegieren immer mehr an andere, sowohl im privaten Umfeld wie in öffentlichen Angelegenheiten. Was wir daher heute vermehrt brauchen, sind Generalisten, die das Gesamte unserer Lebenswelt mit bedenken – den Verlust an Solidarität, die Verwüstung des Planeten Erde, die Chancen der nach uns kommenden Generationen und so fort. Gefragt ist hier jene Weisheit, die vor allem ältere Menschen haben. Ihre Urteilskraft wurde im Verlauf eines langen Lebens geschult. Durch Beruf, durch Kindererziehung, durch Beziehungen zu ganz unterschiedlichen Individuen und Sachbereichen haben sie gelernt, mit Konflikten umzugehen und nach einvernehmlichen Lösungen zu suchen, die den Bedürfnissen aller Beteiligten gerecht werden.

Weisheit erlaubt Gelassenheit. Gelassen zu sein, fällt uns nicht leicht. Wir sind besitzergreifend, weil wir das Haben hochschätzen. Doch die eigentliche Lebenskunst besteht darin, die Dinge auch einmal stehen lassen zu können, alles loszulassen und einfach nur man selbst zu sein, ohne die Probleme zu leugnen, die ein schwerer Schicksalsschlag, ein kranker Körper, eine seelische Verletzung mit sich bringen. Gelassenheit lässt auch Trauer zu über verpasste Chancen und das Nichtmachbare. Sie macht hellsichtig, öffnet die Augen für das, was einem wirklich wichtig ist im Leben, und trägt so dazu bei, dass man sich sinnvolle Ziele setzt, die unter Berücksichtigung der Umstände wirklich erreichbar sind. Gelassenheit ermöglicht es, ein konsequentes Sinnmanagement zu betreiben, das auf die eigene Person im Rahmen ihrer Lebensverhältnisse zugeschnitten ist.

Die Kunst, das Alter zu ertragen

Wie unterschiedlich Menschen mit ihrem fortschreitenden Alter umgehen, zeigen zwei Bücher, die 2006 erschienen. Die Literaturwissenschaftlerin Silvia Bovenschen, damals Mitte 60, schon lange an multipler Sklerose leidend, und der Literaturkritiker Hellmuth Karasek, damals Mitte 70, haben sich mit dem Vorgang des Alterns auf unterschiedliche Weise auseinandergesetzt. Schon die Buchtitel sind aufschlussreich: Silvia Bovenschens Buchtitel lautet schlicht *Älter werden,* während Hellmut Karasek sein Werk mit *Süsser Vogel Jugend* überschreibt. Bovenschen schildert ihre zunehmende körperliche Beeinträchtigung liebevoll distanziert, ohne Wehleidigkeit. Bei Karasek hingegen hört man aus den bissigen und ironischen Passagen eine tiefe Gekränktheit heraus, welche Zumutungen der Alterungsprozess mit sich bringt, dessen unübersehbare Spuren das jugendliche Selbstbild beschädigen. Bovenschen nimmt all diese Veränderungen und Einschränkungen nicht nur gelassen, sondern mit Humor hin, was ihrem Leben eine eigene Qualität verleiht, während Karasek mit den Verfallserscheinungen des Alterns und den damit verbundenen Einbussen des Selbstwertgefühls hadert.

Blickt man weiter zurück, wie sich die Dichter und Denker über das Alter geäussert haben, fallen auch dort grosse Unterschiede auf. Unter den Maximen François La Rochefoucaulds findet sich eine, die den Ratschlägen der älteren Generation eine gewisse Verschlagenheit unterstellt: «Die alten Leute geben gerne gute

Verhaltensmassregeln, um sich darüber zu trösten, dass sie nicht mehr imstande sind, schlechte Beispiele zu geben.» Ein anderer Schöngeist moniert, das Sprichwort «Alter schützt vor Torheit nicht» verkenne, dass gerade die Fähigkeit, noch Torheiten begehen zu können, für alte Menschen oft ein Trost und eine Quelle des Glücks sei.

Am meisten Trost finden viele Schriftsteller in ihren Werken, da diese sie überdauern und ihnen damit jene Unsterblichkeit verleihen, die ihnen physisch verwehrt ist. So hielt Arthur Schopenhauer in seinen *Aphorismen zur Lebensweisheit* fest: «Im Alter gibt es keinen schöneren Trost als dass man die ganze Kraft seiner Jugend Werken einverleibt hat, die nicht mitaltern.»

Andere wiederum beklagen die Verluste, die das Alter mit sich bringt. «Das Alter ist der Übel höchstes; denn es beraubt den Menschen aller Genüsse, lässt ihm aber das Verlangen danach, und bringt alle Leiden mit sich», notiert Giacomo Leopardi in seinen *Gedanken*. Ganz ähnlich meint Oscar Wilde in *Das Bildnis des Dorian Gray:* «Die Tragödie des Alters beruht nicht darin, dass man alt ist, sondern dass man jung ist.» Eben weil man sich jung fühlt, tut man oft Dinge, durch die man sich nicht nur lächerlich macht, sondern extrem schadet. So hält Luc Vauvenargues in seinen *Maximen und Reflexionen* fest: «Ich beklage einen verliebten Alten: die Leidenschaften der Jugend richten eine schreckliche Verheerung in einem abgenützten und verwelkten Körper an.» Kaiser Friedrich III. zog daraus die nüchterne Konsequenz: «Wenn man einen Alten höflich und glimpflich um das Leben bringen will, so soll man ihm ein jung Weib geben; das ist eines Alten gewisses Gift.»

Auch bei Johann Wolfgang von Goethe finden sich Aussagen über das Alter zuhauf. «Keine Kunst ist's, alt zu werden; es ist Kunst, es zu ertragen», heisst es etwa in den *Zahmen Xenien*. Diese Kunst, das Alter zu ertragen, besteht jedoch nicht darin, sich stets bewusst zu sein, dass man altert, denn, so Christoph Lichtenberg: «Nichts macht schneller alt als der immer vorschwebende Gedanke, dass man älter wird.» Am besten ertragen lässt sich das Alter nach Wilhelm von Humboldt durch eine Akzentverschiebung und den damit gewonnenen Abstand zu den drängenden Begierden der Jugend: «Es ist sicher ein Vorzug des Alters, den Dingen der Welt ihre materielle Schärfe und Schwere zu nehmen und sie mehr in das innere Licht der Gedanken zu stellen, wo man sie in grösserer, immer beruhigenderer Allgemeinheit übersieht.»

Humor, Freude und Glück sind von erheblicher Bedeutung für die Lebensqualität, auch und besonders in den Jahren des sogenannten Ruhestands. Wir gehen heute fitter und gesünder in die letzte Lebensphase als unsere Vorfahren. Anstatt mehr oder weniger ergeben auf den Tod zu warten, können wir nun entspannter mit allem, insbesondere mit uns selbst umgehen, indem wir uns jene Musse gönnen, die den Kopf frei macht für Neues, aber auch für Altes, das aus Zeitmangel liegen geblieben ist und nun mit neuem Schwung in Angriff genommen werden kann. In diesem Lebensabschnitt, der nicht mehr von äusseren Zwängen und Termindruck bestimmt ist, erhalten Emotionen wieder ein stärkeres Gewicht. Die Freude kehrt zurück ins Leben.

Ihr Studium der Philosophie, Anglistik und Germanistik in Saarbrücken schloss Prof. em. Dr. Annemarie Pieper mit der Promotion ab und lehrte von 1972 an in München an der Ludwig-Maximilians-Universität, bevor sie 1981 als ordentliche Professorin für Philosophie an die Universität Basel berufen wurde. Seit ihrer Emeritierung hält sie zahlreiche Vorträge zu den Themen Bildung, Alter, Politik, Sinn- und Wertfragen.

Herr L. freut sich riesig
Urs Zimmermann

Rund zweihundert Personen nahmen an der Meisterschaft im Behindertensport teil. Die meisten davon geistig behindert. Der bald neunzigjährige Herr L. war auch dabei.

Nein, Herr L. ist nicht behindert, er hatte einen geistig behinderten Sohn. Sein Sohn verstarb vor einigen Jahren und Herr L. muss seither niemanden mehr an die Meisterschaft begleiten. Er ist trotzdem da, jedes Jahr, er nimmt als Zuschauer teil und feuert die Sportlerinnen und Sportler an.

Wissen Sie, sagt er, es tut gut, zu erleben, wie diese Menschen einen ganzen Tag lang im Mittelpunkt stehen. Vor sechzig Jahren sei dies anders gewesen, ganz anders. Zumindest in jenem Dorf, in dem er mit seiner Familie lebte. Er und seine Frau hätten sich anhören müssen, dass es die Dorfbevölkerung störe, wenn sich die Familie mit dem behinderten Kind in der Öffentlichkeit zeige. Eine Nachbarin meinte gar, dass man sich für dieses Kind schämen müsse. Das habe sehr weh getan, sagt Herr L., und eben deshalb tue es jetzt so gut, zu erleben, wie diese Menschen im Mittelpunkt stünden, ganz selbstverständlich. Die Zeiten haben sich geändert, sagt Herr L., Gott sei Dank!

Letzter Programmpunkt jeder Meisterschaft ist die Siegerehrung. Herr L. war unter den Zuschauern und erlebte, wie eine junge Frau mit Down-Syndrom in der Disziplin Zielwurf eine Goldmedaille erhielt. Die Freude der jungen Frau war riesig. Jene von Herrn L. auch.

IV FORDERUNGEN AN DIE UMWELT

«Das Alter ist kein Grund, am Leben und der Tetraplegie zu verzweifeln. Man braucht ein Interesse fürs Leben, gute Leute um sich herum, und vor allem sollte man etwas tun, das einen freut, und das auch durchziehen.»
Erika Schwob-Sturm

Heidy Anneler

«MEINE BEHINDERUNG IST EIN TÜRÖFFNER»

Heidy Anneler ist noch keine sechzig Jahre alt, aber seit fünfzig Jahren querschnittgelähmt. Ein Unfall auf einer Baustelle, wo sie als Fünfjährige mit Nachbarskindern spielte, machte ihrer Kindheit ein abruptes Ende. «Gehen Sie nach Hause, Ihr Kind wird sterben», sagte man damals den Eltern. Das war 1964. Noch gab es wenig Wissen zu Rehabilitation bei Querschnittlähmung. Das Kind starb nicht, doch ist sie seither gelähmt.
Ihre ersten fünf Jahre nach dem Unfall verbrachte Heidy Anneler im Kinderspital Affoltern, wo sie unzählige Therapien auf sich nehmen musste und auch zur Schule ging. Das Spital ist heute noch die einzige Reha-Klinik für Kinder in der Schweiz. Im Verlaufe der Jahre folgten zahlreiche Operationen. Heute lebt Heidy Anneler selbstständig in einer Wohnung, letztes Jahr feierte sie ihr 25-Jahre-Arbeitsjubiläum.

Interview: Irène Fasel

Erinnern Sie sich an den Unfall, den Sie mit fünf Jahren erlitten?
Ja, ich kann jede Sekunde aus dem Gedächtnis hervorholen. Alles ist ganz genau präsent. Ich war ein sehr lebendiges kleines Mädchen und freute mich an der Bewegung und am Austoben. Das Baugerüst, wo wir Kinder spielten, war nicht gesichert. Als ich absprang, löste sich die Verstrebung der Eisenbarelle und ich blieb hängen. Das hat mir das Genick gebrochen.

Gab es Schuldgefühle?
Meine Eltern machten sich viele Vorwürfe. Doch Kinder kann man nicht festhalten und nicht dauernd beaufsichtigen. Es war nicht ihre Schuld. Ich erinnere mich vielmehr an Gefühle der Angst und Einsamkeit. Das Atmen war sehr schlimm, und ich hatte Angst zu ersticken. Diese Angst ist mir geblieben. Dazu die Einsamkeit. Die Trennung von meinen Eltern, als ich allein im Spital war, war entsetzlich. Ich wusste ja nicht, was passierte. Es gibt Momente im Leben, die so traumatisch sind, dass sie bleiben. Auch wenn ich damit leben kann.

Was hat Ihnen ins Leben zurückgeholfen?
Ein Kind will ja mit allen Fasern leben! Ich hatte ein sehr gutes, fürsorgliches Elternhaus. Meine beiden Eltern nahmen sich meiner sehr an. Dann habe ich zwei ältere Geschwister, die mir oft zur Seite standen. Und ich habe heute noch einen tollen Freundeskreis. Hilfe bot am Anfang auch der «Beobachter».

Die Illustrierte?
Ja. Man brachte meine Geschichte, und die Baufirma musste sich anschliessend für mich einsetzen. So kamen meine Eltern über die ersten finanziellen Engpässe hinweg. Weil ich zu jung war, gab es keine Versicherung, die zahlte, und auch heute noch falle ich zwischen Stühle und Bänke, wenn es um Versicherungsleistungen geht. Ich muss 20 Prozent der Spitexleistungen selbst bezahlen, also Höchstbeteiligung, das kann ich mir mit meiner 30-Prozent-Stelle kaum leisten.

Sie wohnen allein. Reichen Familie, Freunde und Spitex für Ihre Selbstständigkeit aus?
Alles ist grad an der Grenze. Wenn es schwieriger wird, werde ich Mühe haben. Ich bräuchte mehr Hilfe, kann sie aber nicht bezahlen. Meine Freunde will ich nicht mehr belasten, sie tun schon viel. Und mit ihnen will ich auch den sozialen Teil des Lebens leben, nicht nur die Pflege. Dazu kommt die Angst, dass Nahestehende eines Tages nicht mehr da sind – mein Trauma eben.

Welches war Ihr beruflicher Werdegang?
Nach einer Handelsschule leistete ich mir auf eigene Faust eine akademische Berufsberatung. Das war der richtige Entscheid. Ich hatte einen unglaublichen Bildungshunger, der mich im Übrigen schon durch die Kindheit getragen hat. Ich konnte ja nicht mit Puppen spielen, also habe ich ganze Bibliotheken gelesen. Dank meinem Handelsdiplom und einem anspruchsvollen Aufnahmeverfahren konnte ich eine Ausbildung am IAP (heute HAP)

zur diplomierten Psychologin absolvieren. Später machte ich eine theologische Weiterbildung zur Sozialdiakonin. Heute arbeite ich in der Reformierten Kirchgemeinde Baden, wo ich für die Erwachsenenbildung zuständig bin. Letztes Jahr hatte ich mein 25-Jahr-Jubiläum.

Sie sind noch keineswegs alt, aber Sie realisieren bereits Alterserscheinungen. Sind dies Spätfolgen Ihrer Behinderung?
Ja, durchaus. Fünfzig Jahre im Rollstuhl machen sich bemerkbar. Dazu kommt die Angst, dass plötzlich etwas nicht mehr geht. Wenn eine meiner Schultern ausfällt, bin ich ein Pflegefall. Das möchte ich auf keinen Fall werden. Meine Selbstständigkeit geht mir über alles.

Wie möchten Sie denn leben im Alter?
Meine Traumvorstellung wäre ein Mehrfamilienhaus, worin jede Partie ihre eigene, kleine Wohnung hat, wo man aber verbindlicher miteinander lebt als in einem Wohnblock.

Ähnlich wie es Modelle für ältere Menschen gibt? Mit Betreuung im Hause?
Ja, aber ich möchte nicht weg von meinem sozialen Umfeld. Und wenn ich medizinische Hilfe brauche, kann ein «normales» Spital diese nicht leisten. Hätte ich zum Beispiel Nottwil in meiner Nähe, wäre dies eine grosse Verbesserung meiner Lebensqualität.

Und wo liegt das Problem?
Es ist zu weit weg für eine alleinlebende Rollstuhlfahrerin, wie ich es bin. (Kurzes Zögern, dann leuchtende Augen.) Ich hätte eine Idee...

Das wäre?
Würde man das GZI Forschungsinstitut in Nottwil – das teilweise leer steht – so umbauen, dass es Wohneinheiten für ältere Menschen mit Querschnittlähmung gibt, hätte man alles auf einmal. Rollstuhlfahrer könnten sich dort für eine gewisse Zeit einmieten und falls nötig die professionelle medizinische Hilfe und die Therapiemöglichkeiten des Schweizer Paraplegiker-Zentrums in Anspruch nehmen. Es wäre dann ein Erholungszentrum auf Zeit. Durch die enorme Alltagsbelastung werden Zeiten der Erholung für mich immer wichtiger.

Mit anderen Worten, Sie brauchen nicht Dauerunterstützung, sondern Möglichkeiten der Erholung?
Ja. Mein Leben ist jeden Tag ein Manöver. Der Alltag ist sehr anstrengend und braucht viel Zeit. Für Übungen und Entspannung bleibt mir keine Kraft. Hinzu kommt, dass die Energie mit den Jahren abnimmt. Das spüre ich.

Forderungen an die Umwelt, Interview

Gibt es auch eine Seite des Älterwerdens, die Sie fröhlich stimmt?
Älterwerden ist eine grosse Herausforderung, aber kein Grund, nicht mehr fröhlich zu sein. Im Gegenteil. Ich finde es zum Beispiel schön, dass ich mehr Selbstwertgefühl habe als früher. Ich werde von anderen geachtet. Ich verstehe Zusammenhänge meines Lebens besser als früher. Als Mensch habe ich sicher gewonnen.

Was bedeutet Altsein für Sie?
Es geht mir um die Frage, wie gut ich im Alter aufgehoben bin. Es reicht nicht aus, versorgt zu sein. Die Beziehungen zu den Menschen vertiefen sich. Ich selbst bin demütiger geworden. Doch meine Einstellung zu meinem Leben bestimme ich allein. Es liegt an mir, ihm Sinn und Wert zu geben. Vielleicht bin ich dann wirklich alt, wenn ich das Interesse an meiner Umwelt verliere, vom Leben müde bin und meine Lebenskraft immer mehr abnimmt.

Welches sind die lebendigen Seiten des Alters?
Der alte Mensch ist die Krönung des Lebens. Der Tod ist das Ziel des Lebens. Nicht die Jugend. Altwerden, zu geistiger Reife zu gelangen, ist unser Ziel, nicht jung zu bleiben. Da liegt die Gesellschaft mit diesem Anti-Ageing-Hype völlig daneben.

Wie fühlen Sie sich als Älterwerdende mit Behinderung?
Meine Behinderung ist ein Türöffner. Das bekam ich schon in frühen Jahren zu spüren. Es ermöglicht oft einen Zugang zu Menschen, die es auch schwer haben im Leben. Eine Art Solidarität, wo man sich versteht. Kein Jammertal, sondern gemeinsam nach Lösungen suchen. Das erfahre ich oft in meiner Arbeit als Psychologin bei der Erwachsenenbildung.

Sehen Sie auch Probleme im Alter?
Das Problem des Alters ist, dass wir oft nur noch die Probleme sehen. Wir sind sehr masslos geworden und haben das Kämpfen verloren. Älterwerden ist keine Krankheit, sondern fordert heraus, damit so umzugehen, dass es einem gut geht.

Wie würden Sie damit umgehen?
Als sogenannte «50+» habe ich das Recht, dass auch meine Bedürfnisse ernst genommen werden. Wir können das Altwerden nicht verhindern, auch nicht totschweigen. Aber nicht alle sind ehrgeizige Sportbegeisterte. Doch wenn man älter werdenden Menschen das gibt, was sie für Körper und Seele brauchen, ist schon viel getan.

Erika Schwob-Sturm

«MAN KANN DOCH NICHT EINFACH AUF DEM SOFA SITZEN!»

Erika Schwob-Sturm verunfallte im Jahre 1959, als sie sich im Alter von noch nicht siebzehn Jahren zur Rettungsschwimmerin ausbilden lassen wollte. Im Hallenbad, bei einem Sprung vom Startbock aus ins nur vierzig Zentimeter tiefe Wasser, blieb sie reglos liegen. Als man sie an allen Vieren aus dem Wasser zog, brach die Halswirbelsäule endgültig entzwei. Sie hatte nicht gewusst, wie tief das Becken an dieser Stelle war. Tetraplegikerin seit nunmehr 54 Jahren, glaubt sie heute noch fest daran, dass der Mensch für seine Lebensfreude selbst verantwortlich ist und sich dafür auch anstrengen muss. Die Gründung von FRAGILE Suisse, der Schweizerischen Vereinigung für Menschen mit Hirnverletzung und ihre Angehörigen, ist etwas Zentrales in ihrem Leben, wofür sie sehr gearbeitet und gekämpft hat. Auch im Alter lebt diese aussergewöhnliche Frau nach der Devise der «fröhlichen Hartnäckigkeit».

Interview: Irène Dietschi

Frau Schwob, Sie haben auf manchem Terrain Pionierarbeit geleistet. Nach Ihrem Psychologiestudium haben Sie in den Sechzigerjahren an einer renommierten amerikanischen Universität als Postdoc gearbeitet und anschliessend in Bern eine eigene Praxis für Neuropsychologie eröffnet. Erst vor vier Jahren, mit 67, haben Sie sich aus dem Berufsleben zurückgezogen.
Man muss im Leben etwas wagen, das ist mit einer Querschnittlähmung nicht anders als ohne. Man kann doch nicht einfach auf dem Sofa sitzen und fernsehen, sondern muss zwischendurch «eine Welle reissen». Sonst versimpelt man.

Sie waren langjährige Redaktorin der Zeitschrift von «FRAGILE Suisse».
Die Vereinigung «Fragile Suisse» für Menschen mit Hirnverletzung habe ich mit Hilfe von ehemaligen Schulkolleginnen und -kollegen gegründet. Ich hatte mir damit eine weit schwierigere Aufgabe gestellt, als man sich vorstellt. Sie war etwas Zentrales in meinem Leben.

Auf dem Tisch in Ihrem Praxisraum, an dem Sie früher Patientenberichte schrieben, liegen jetzt Italienisch-Bücher.
Ja, ich habe mir einen lang gehegten Traum erfüllt und lerne Italienisch. Eine wunderbare Sprache, so barock, als würde man ständig in einer Oper mitsingen. Die italienischen Vokabeln indes lerne ich nicht einfach nach Gusto, sondern mit eiserner Disziplin.

Sie sind seit 54 Jahren Tetraplegikerin, sind jedoch kaum damit an die Öffentlichkeit getreten. Was hat Sie daran gehindert?
Ich habe stets nach der Devise gelebt, dass der Mensch für seine Lebensfreude selbst verantwortlich ist und sich dafür auch anstrengen muss. Ob mit oder ohne Behinderung, sei's in jungen Jahren oder im Alter.

Spüren Sie einen Unterschied nach so viel Zeit im Rollstuhl?
Allerdings. Es macht mir mehr und mehr zu schaffen. Die Jahre zehren an meinem mittlerweile geschwächten Körper und sabotieren zunehmend die Kompensationsmuster, die ich mir nach der Querschnittlähmung einst mühsam erarbeitet habe.

Früher waren die Leute an einer solchen Verletzung in der Regel gestorben.
Wäre es nach der damaligen Prognose der Ärzte gegangen, hätte auch ich nicht leben sollen. «Höchstens noch drei Tage, die hört uns bald auf zu atmen», hörte ich im Spitalbett liegend die Mediziner sagen. Doch ich atmete immer weiter. Ich hatte nicht nur ein exzellent trainiertes Zwerchfell, sondern auch einen ungebrochenen Lebenswillen. Als die Ärzte so daherredeten, als läge ich schon im Grab, dachte ich bei mir: So eine Frechheit, denen zeige ich's!

Sie sprechen ungern über Ihre Behinderung, ja verblüffen die Menschen sehr oft damit, wenn Sie im Rollstuhl zu einer ersten Begegnung kommen. Gibt es einen besonderen Grund dafür?
Als junge Frau musste ich mir die nötige Distanz zu den Einschränkungen verschaffen, mit denen ich mich zu arrangieren hatte. Ich hatte immer einen «harten Schädel» und wollte mich auch durch eine Querschnittlähmung nicht unterkriegen lassen. Nur so blieb ich

ich selbst. Schliesslich sass ich ja aus einer Laune des Schicksals heraus im Rollstuhl, der mir die Beine ersetzte, die nicht mehr funktionierten.

Und was sagt die erfahrene Neuropsychologin dazu?
Das ganze Getue um die armen Para- und Tetraplegiker ist mir zu innerst zuwider. Es hätte mich zum Beispiel mit einer Hirnverletzung noch weit schlimmer treffen können. Mit einer Hirnverletzung zu leben finde ich so viel schwieriger, ist doch dabei die Zentrale betroffen und nicht nur das «Kabel». Solange man noch denken und handeln kann, ist es nur lästig und mühsam.

Und doch führte Ihre Lähmung letztlich zur Wahl Ihres Studiums?
Während meiner Rehabilitation in Graz – in der Schweiz gab es zu dieser Zeit für Menschen mit Querschnittlähmung noch keine Einrichtungen – begann ich mir ein breites Wissen über die menschliche Physiologie und Anatomie anzueignen. Ich wälzte die Fachliteratur und hörte die Gespräche der Physiotherapeutinnen mit. Den Ärzten in Graz sagte ich: «Ich tue alles, was mir hilft, aber ich will es auch verstehen.» Von den medizinischen Kenntnissen zehrte ich natürlich später an der Universität. Ich promovierte in Zürich über die psychologischen Aspekte der Rehabilitation bei Querschnittlähmung, ein Thema, über das bisher noch keine wissenschaftliche Arbeit erschienen war.

Die Dissertation brachte Ihnen ein Forschungsstipendium an der Harvard Medical School in Boston ein.
Ja, da konnte ich mich endlich in mein Wunschfach vertiefen: Neuropsychologie – eine vergleichsweise junge Disziplin, die sich mit Veränderungen des Zentralen Nervensystems (vor allem Hirntraumata) und deren neuronalen Auswirkungen auf kognitive und psychische Prozesse beschäftigt. In der Schweiz gab es zwar ebenfalls schon einen Lehrstuhl in Neuropsychologie, aber die Studienplätze waren rar, und vor allem waren sie nicht rollstuhlgängig.

Dass Sie Tetraplegikerin waren, wusste man auch in Boston nicht im Voraus?
Nein, wozu auch? Als ich dort im Rollstuhl aufkreuzte, erntete ich ein paar verwunderte Blicke, doch das war's auch schon. In den USA zu forschen und zu arbeiten war für mich ein Traum, der mir höchste Glücksgefühle bescherte. Nie habe ich in so kurzer Zeit so viel gelernt wie in diesen Jahren an der Harvard Medical School. Ich war im Land der unbegrenzten Möglichkeiten, wo Menschen mit Behinderung die gleichen Rechte hatten wie Menschen ohne Behinderung. Zudem hatte man durch die Kriegsveteranen gezwungenermassen mit Querschnittlähmung mehr Erfahrung, sodass sich alles irgendwie organisieren

liess. Für die Evaluationen meiner neuropsychologischen Tests etwa stellte ich einfach eine Hilfskraft ein, welche die nötigen Handgriffe für mich übernahm. Es gab kaum Hürden, die Dinge fielen mir leicht, und ich wurde für immer angesteckt von der pragmatisch-praktischen Art der Amerikaner.

Zurück in der Heimat waren Sie die erste Neuropsychologin der Deutschschweiz, die eine eigene Praxis eröffnete.
Kollegen haben mich damals gefragt, wie ich das geschafft habe. Ich antwortete ihnen: «Man macht es einfach.»

Das klingt vermutlich einfacher als es ist.
Ich war schon immer sehr diszipliniert, ich bin so erzogen worden.

War es nur Disziplin? Oder war es auch das Wissen darum, was geschehen kann, wenn man sich gehen lässt?
Ein paar Dinge, die ich über all die Jahre eingehalten habe, sind tatsächlich der Vorsorge zuzuschreiben: regelmässig essen, nicht quer und nicht zu viel; genügend trinken, schon beim Aufwachen aus Prinzip ein Glas Wasser, anschliessend eine grosse Kanne Tee, um Infektionen im Urinaltrakt vorzubeugen; genügend liegen und schlafen, sieben Stunden im Durchschnitt; abends um 22 Uhr ins Bett gehen – ausser bei Sitzungen, die bis um Mitternacht dauern –, denn bereits um fünf Uhr morgens beginnt der neue Tag. Ein wichtiger Teil meiner Disziplin ist das ständige Kontrollieren des Körpers auf Druckstellen und andere Krankheitszeichen. Das tue ich abends beim Zubettgehen mit Hilfe meines Mannes. Wir bewegen «pickelhart» alle Gelenke durch.

Was ist der Sinn dieser unerbittlichen Selbstkontrolle?
Rechtzeitig die Bremse ziehen zu können – bevor etwas schlimm wird.

Und so können Sie Ihr Gleichgewicht erhalten?
In letzter Zeit gerät es leider öfters aus dem Lot. Es sind die Tücken des Alters. Man muss lernen, ein neues Leben zu leben, sich mit den Zeichen des Abbaus zu arrangieren. Was vorher selbstverständlicher Teil des Alltags war, geht nun plötzlich nicht mehr.

Zum Beispiel?
Autofahren. Ich habe den Führerschein erst vor Kurzem abgegeben, schweren Herzens. Natürlich kann ich die öffentlichen Verkehrsmittel benutzen und so die ganze Stadt bereisen; doch fehlt meinen Ausflügen plötzlich jegliche Spontaneität.

Das heisst, Sie sind stärker als früher von anderen Personen abhängig?
Ja, von der Spitex, von meinem Partner, von Freunden und Bekannten. Das Ordnen von Papieren ist auch ein Krampf geworden, und kaum bin ich aufgestanden und habe die Pflege hinter mich gebracht, bin ich auch schon wieder erschöpft.

Wie nehmen Sie sonst das Älterwerden wahr?
Ich habe mehr Schmerzen als früher: in den Knien, an den Druckstellen unter dem Kompressionsstrumpf, vom Elastik um meinen Bauch, im Rücken und an den Sitzbeinen, die kaum noch gepolstert sind. Meine Haut ist dünn wie Pergament, das Gewebe darunter praktisch verschwunden, die Muskeln sind verkümmert. 54 Jahre lang sitzen, stellen Sie sich das vor!

Können Sie auf Unterstützung der Medizin zählen?
Den Medizinern in den Rehazentren mangelt es an Wissen und Erfahrung mit «alten» Querschnittgelähmten. Sie raten einem dort zu den abstrusesten Therapien, die jeglicher Logik der veränderten physiologischen Abläufe entbehren, habe ich festgestellt. Am Schluss sind Menschen mit Querschnittlähmung im Alter ganz auf sich allein gestellt, eine Ruhebank gibt es für uns nicht.

Klingt dies nach Resignation, nach so viel Lebensmut?
Im Gegenteil: Das Alter ist kein Grund, am Leben und der Tetraplegie zu verzweifeln. Man braucht ein Interesse fürs Leben, gute Leute um sich herum, und vor allem sollte man etwas tun, das einen freut, und das auch durchziehen.

Ihr Geheimtipp?
Ich habe das Italienisch und abends meine Bücher.

Und Lesen geht problemlos?
In der Reha in Graz habe ich mir seinerzeit angewöhnt, auf dem Bauch zu liegen. Das entlastet Haut und Organe und ist überdies ein Training für das Zwerchfell, so wurde mir damals gesagt. Seither verbringe ich nicht nur meine Nachtruhe auf dem Bauch liegend, sondern auch meine abendlichen Lesestunden. In ein gutes Buch zu versinken, mit einer Kanne Tee neben mir – das sind heute meine Fluchten. Dann spüre ich keine Schmerzen.

Betroffenheit – Betroffensein
Die philosophische, historische und soziale Komponente

Fritz Vischer

Die Not von Mitmenschen macht uns betroffen. Wir helfen spontan.
So entwickelt sich zwischen den Hilfeempfängern und den Helfenden eine
Beziehung, die wir pflegen müssen. Sie wird getragen von gegenseitigen
Erwartungen. Das gilt auch bei Hilfsangeboten der Gesellschaft,
wie etwa erfolgsorientierten Rehabilitationen. Nicht alle Direktbetroffenen
können diese Angebote auch nutzen, denn ihre Lage löst auch und
gerade bei ihnen Betroffenheit und damit einen Denkprozess aus.
Das existenziell Bedrohliche blenden sie nicht einfach aus.

Eine typische Szene aus dem familiären Alltagsleben: Die teilzeitlich arbeitende Mutter hat eine ungewöhnlich anstrengende Woche hinter sich. Sie endet erfreulich mit einem geselligen Betriebsanlass am Freitagabend. Am Samstagmorgen erwacht sie aber verschwitzt und mit brummendem Kopf. Sie hat Fieber. Ihr Partner übernimmt, schmeisst den Haushalt und sieht nach den beiden kleinen Kindern. Am Sonntagnachmittag zeigt sich: Mama bleibt wohl die ganze Woche krank. An Werktagen kann der Vater jedoch nicht einspringen. Zum Glück erklären sich seine Eltern spontan bereit, die Kinder zu nehmen.

Schon ein kleines Unglück zieht weite Kreise

Als Patientin ist die erkrankte Mutter die Direktbetroffene. Die Kinder, ihr Partner, die Eltern, die Arbeitskollegen, ihr Chef und manch andere sind aber mitbetroffen. Sie tragen die Last der Krankheit, und die Mutter darf auch mit dieser Hilfsbereitschaft rechnen. Umgekehrt erwarten die Helfenden, dass sie alles daran setzt, bald zu genesen. Gegenseitige Erwartungen beleben diese Wechselbeziehung und setzen sie auch Schwankungen aus. Hinter diesen Erwartungen stehen verinnerlichte Verhaltensweisen und eine Fülle von teils widersprüchlichen Gedanken und Hoffnungen. Sie bleiben in der Regel unausgesprochen, aber insgeheim wünschen sich alle, der Spuk dieser Grippe sei bald vorüber und die Familie könne wieder zur Tagesordnung zurückkehren.

Diese Hoffnung bleibt im Falle unheilbarer Krankheiten, erdrückender Altersbeschwerden und den Folgen traumatischer Erlebnisse und Verletzungen unerfüllt. Die Betroffenheit der Mitmenschen beschränkt sich nicht mehr auf praktische Hilfe in der Bewältigung des Alltags. Sie weitet sich aus bis zu Mitempfinden, zum tief empfundenen Mitleiden, aus dem das Bedürfnis erwächst, diesem Leiden entgegenzuwirken. Tatkräftige Hilfe, aufrichtige Zuneigung und mitfühlender Zuspruch sind in der Praxis typische Antworten, um das Los des Leidenden nach besten Kräften zu verbessern. Der Anblick und das Ausmass des Leidens können aber auch Ratlosigkeit und Verzweiflung auslösen, und der Wunsch nach Verdrängung kommt auf. Unbeholfenheit, Abseitsstehen und Wegschauen sind dann typische Reaktionen. Sie sind feige, aber durchaus erklärbar. Niemand von uns ist gegen solche Verhaltensmuster gefeit.

Erwartungen werden zu Forderungen

Auch die Direktbetroffenen durchlaufen einen Prozess: Sie werden sich bewusst, dass ihr Unglück nicht vorübergehend ist, sondern dauerhafte Spuren hinterlässt. Sie sind nicht Patienten, die geduldig auf Heilung warten, sondern leidtragende Opfer (auch wenn wir den Begriff «Opfer» in diesen Zusammenhängen meiden, weil er unabänderliche Endgültigkeit unterstellt). Die von Unglück Betroffenen haben aber trotz bleibender Folgen Aussichten auf Besserung, wenngleich sie im Moment nur schon froh sein müssen, dass sie überhaupt noch leben. Aus der schieren Not heraus werden ihre stillen Erwartungen an die Umwelt zu eigentlichen Forderungen. Schon bald werden sie aber einsehen und spüren, dass sie vor allem sich selbst fordern müssen.

> Betroffenheit entsteht, wenn wir Unfassbares erleben.

Die unausgesprochene Einladung, sich doch bald von der Grippe zu erholen, wird zum klar formulierten Rehabilitationsprogramm. Zu dieser Rehabilitation gehört es auch zu lernen, die Hilfsbereitschaft der Mitmenschen klug und sparsam zu nutzen und nicht auszunützen. Von ihrer Umwelt im weitesten Sinne können die Betroffenen fordern, dass ihnen die nötigen Grundlagen bereitgestellt werden, damit sie ihre Entfaltung in der Folge selbst wahrnehmen können. Ihr Fordern wird so zum Nehmen, das sie mit einem Geben beantworten. Schon ein Zeichen der Anerkennung ist eine Form des Gebens, denn es trägt zu einer Atmosphäre der Gegenseitigkeit und der Herzlichkeit bei. So lassen sich auch Abseitsstehende und Wegschauende gewinnen.

Für Menschen mit dauerhaften Beeinträchtigungen und Krankheitssymptomen ist Gesundheit nicht die Abwesenheit von Störungen, sondern die im Rahmen der angebotenen Rehabilitation erworbene Fähigkeit, mit eben diesen Störungen umzugehen. Diese Fähigkeit lässt sich laufend weiter trainieren, so wie auch anderes erlernt und ständig verbessert werden kann. Jede Unterstützung bei der Weiterentwicklung dieser Fähigkeit ist ein besonders wirksames Angebot, denn es ist Hilfe zur Selbsthilfe.

Im Alter nimmt die dafür erforderliche innere Kraft allerdings ab, obschon sie angesichts zunehmender, teils auch neu auftretender Beschwerden mehr denn je gebraucht würde. Gerade aber mit zunehmendem Alter sollten wir uns bemühen, unser Leben so einzurichten und mit unseren Mitmenschen so zu verkehren, dass sie uns die erforderlichen, unumgänglichen Hilfsleistungen im Rahmen des Möglichen gerne erbringen. Diese Regel gilt umso mehr, als die Wertschätzung des Alters und der Respekt gegenüber alten Menschen in den letzten Jahrzehnten abgenommen haben.

Jungsein ist schön, das Alter hässlich?

Das aus Amerika stammende Ideal der Jugendlichkeit, wie es der im Alter von 46 Jahren ermordete US-Präsident John F. Kennedy verkörperte, begünstigt diesen Trend auf der weltanschaulichen Ebene. Die reale Entwicklung der Alterspyramide tut das Übrige: Heute kennen die Enkel Grossvater und Grossmutter meistens selbst und nicht nur durch Erzählungen. Alte Menschen sind keine Seltenheit mehr. Als interessant nimmt sie die Gesellschaft nur noch wahr, wenn sie bis ins hohe Alter einen jugendlichen Auftritt bewahren können. Der 80-jährige Bergsteiger, die bald 90-jährige Schriftstellerin, die eben einen neuen Roman veröffentlicht hat, stossen gar auf Bewunderung. Für alte Menschen, die diesen Druck spüren, ihm aber nicht mehr gewachsen sind, muss das unangenehm sein. Gelassenheit wäre ein Mittel, um über diesem Druck zu stehen, die Energie zu dieser Erhabenheit bringen aber nicht alle auf. Sie verfallen dann eher in Lethargie.

Auch älter werdende Behinderte sind dieser typischen Zeiterscheinung ausgesetzt. Sie haben zwar den praktischen Vorteil, dass sie den Umgang mit Einschränkungen und Funktionsstörungen längst kennen. Aussenstehende aber erkennen dies gar nicht mehr, weil für sie der Eindruck des Alters überwiegt. In jungen Jahren ist es gerade umgekehrt. Die Behinderung steht im Vordergrund. Wer sie gut meistert und messbare Leistung zeigt, erwirbt sich damit die gleiche Bewunderung, mit der auch jugendlich erscheinende Senioren rechnen können.

Der selbstbewusste Auftritt, Leistungsfähigkeit und Eigenständigkeit sind Werte, die unsere Gesellschaft hoch hält. Wer sie anstrebt, darf auch nehmen und sich fördern lassen. Diese Auslegung des Gebens und Nehmens entspringt dem Zeitgeist; er ist von der Aufklärung, die sich seit der Renaissance in Europa durchgesetzt hat, geprägt. Der einzelne Mensch, seine Entfaltung und seine Selbstbestimmtheit stehen im Zentrum. Selbstverantwortung als moderner politischer Begriff leitet sich daraus ab. Und das Fernziel jeder Rehabilitation ist, diese nach dem Rückschlag möglichst schnell wieder übernehmen zu können.

Verschiedenste Wertvorstellungen prägen unser Weltbild

Bewusst und unbewusst tragen wir alle Grundüberlegungen der Aufklärung in uns. Als Betroffene fühlen wir uns entsprechend erniedrigt, wenn uns das Schicksal unserer Freiheiten ganz oder teilweise beraubt, und bei unseren Mitmenschen bewirken solche Schläge Betroffenheit. Betroffenheit entsteht, wenn wir Unfassbares erleben. Nicht nur Trauriges und Hässliches, auch Erfreuliches und Schönes können auslösende Momente dafür sein. Zur Erfassung greift dann das Gedankengut der Aufklärung zu kurz.

Umgangssprachliche Wendungen verraten gut, wo wir im Zustand der Betroffenheit nach Erklärungen suchen. Den greisen Pianisten, dessen ergreifendes Spiel Scharen von Konzertbesuchern zu Tränen rührt, bezeichnen wir als «begnadet». Das etwas provozierende Werk eines jungen Künstlers ist für seine Anhänger «(gott-)verdammt gut». Ein herausragend fein hergerichtetes Essen beurteilen wir als «sagenhaft» oder «himmlisch», den Wein dazu als «göttlich» und «wundervoll». Widerfährt einem Mitmenschen Tragisches, so erfahren wir das als «Hiobsbotschaft» und finden, das Schicksal habe «zugeschlagen» wie ein römischer Gladiator. Verschlimmert sich seine Lage weiter, so empfinden wir das als teuflisch, verbessert sie sich, so «haben sie's noch mal gut gemeint mit ihm», und alle verstehen, wer mit «sie» gemeint ist. In ihrer Betroffenheit sind sich auch alle einig: Da müssen und wollen wir helfen, denn verdient hat der Betroffene diese Strafe Gottes nicht! Hält sich der Geprüfte trotz aller Widrigkeiten erstaunlich gut, dann staunen wir, wie er sein Los mit stoischer Ruhe erträgt.

Als Zitate klingen diese umgangssprachlichen Redensarten vielleicht oberflächlich, sie kommen aber aus tiefster Seele und veranschaulichen, dass wir unter dem Humus der Aufklärung bei den alten Griechen und Römern mit ihren Göttern, aber auch in der Bibel die fruchtbaren Keimlinge finden, die uns helfen, unser Dasein zu erklären und zu bewältigen. Sie bilden die Grundlage unseres Weltbildes und verbinden die Betroffenheit und das Betroffensein: Mit Menschen, die wir wegen ihrer Leistungen und ihrer Ausstrahlung bewundern, verbinden wir uns, indem wir sie verehren. Wir folgen ihnen, versichern sie unserer Treue und nehmen sie als Vorbild. Die Verehrung kann sogar zu Verblendung führen, und wir werden ihnen hörig.

Die gegenseitige Menschenliebe ist auch staatspolitisches Instrument

Das Verbindungsglied zu den leidenden Menschen ist die gegenseitige Menschenliebe, wie sie sich in allen Zivilisationen schon in frühen Zeiten gebildet hat. Aus Betroffenheit stehen wir Menschen, die in Not geraten sind, schon fast reflexartig bei. Wir sind solidarisch mit ihnen. Wir leiden mit ihnen und unternehmen, was in unserer Macht steht, um Linderung herbeizuführen. Vielleicht sind wir so betroffen, dass wir bereit sind, auch unser eigenes Leben vom Schicksal der Leidenden bestimmen zu lassen und uns im äussersten Falle für sie aufzuopfern.

Auf der staatspolitischen Ebene ist die gegenseitige Menschenliebe eine tragende Säule. Dabei verkörperten früher im Wesentlichen die Armeen den Staat. Sie waren gezwungen, sich um die im Krieg kampfuntauglich Gewordenen zu kümmern. Schon in Athen, dem wichtigsten Stadtstaat des alten Griechenland, wurden Kämpfer mit dauerhaften Schädigungen auf Staatskosten ernährt. Im alten

Rom erhielten ausgediente Soldaten Ländereien und reichlich Anteil an der Beute. Das römische Kaiserreich systematisierte die Vorsorge sogar: Ausgediente erhielten eine Abfindung, Invalide ein Gehalt. In den europäischen Monarchien mit ihren grossen Armeen entwickelte sich die Versorgung weiter. Die Einteilung in Ganzinvalide und Halbinvalide, die noch zum Garnisonsdienst fähig waren, setzte sich durch. In Paris liess Ludwig XIV. 1670 das prunkvolle Hôtel des Invalides bauen. Ohne diese Absicherungsangebote hätten die Staatsführer wohl Mühe gehabt, für ihre Berufsarmeen so viele Soldaten zu rekrutieren.

Die gegenseitige Menschenliebe als Ausdruck der Betroffenheit ist mithin auch ein machtpolitisches Instrument, um den Bestand von Gemeinwesen zu gewährleisten, und zwar nach innen wie nach aussen.

Die Unschuldsvermutung als moralischer Faktor

Ob staatlich organisiert oder spontan von Einzelnen erbracht, wir helfen lieber, wenn wir sicher sind, dass die Betroffenen ohne eigenes Verschulden in Not gerieten. Die Betroffenheit erfährt hier eine moralische Dimension, die unsere spontane Hilfsbereitschaft einschränken kann. Wirklich wohl fühlen wir uns aber nicht, wenn unsere Betroffenheit aufgrund von Schulderwägungen verdrängt wird.

Bei Betroffenheit schwirren seit jeher und in allen Kulturräumen Gedanken rund um Schuld und Sühne in unseren Köpfen herum. So lesen wir im Johannes-Evangelium (Joh 8,9), dass die Jünger Jesus fragten, wer denn gesündigt habe, «dieser oder seine Eltern, dass er ist blind geboren». Und Jesus antwortete grossherzig: «Es hat weder dieser gesündigt noch seine Eltern.»

Betroffenheit ergreift auch die Direktbetroffenen

Die Frage der Jünger hat sich mutmasslich auch der Blinde selbst gestellt. Schliesslich hatte er als Zeitgenosse dasselbe Weltbild wie die Jünger. Auch die Direktbetroffenen sind von Betroffenheit erfüllt. Auch sie sinnieren, und in ihren Köpfen brennen dieselben Fragen wie bei ihren Mitmenschen. Nach einem traumatischen Unfall oder einer schrecklichen Krankheitsdiagnose fragen sie sich, wer ihnen das antut, warum sie und nicht andere leiden müssen, und wie lange die Durststrecke wohl dauert. Ist das Unglück eine Mahnung des Himmels oder gar eine Strafe?

Laboruntersuchungen oder genaue Abklärungen zum Hergang eines Unfalls entlasten sie vielleicht von nachweisbarer Schuld. Wirklich tröstlich ist das aber nicht. Wo aber können sie Trost finden? «Bei sich selbst!» könnte eine durchaus vielversprechende, aufklärerisch beeinflusste Antwort lauten. Diese Antwort hilft ihnen, sich der harten Prüfung zu stellen. Natürlich tun sie dies in der Hoffnung auf bessere Zeiten, vielleicht sogar grosse Belohnung, wenn sie tapfer bleiben. Die Idee des beharrlichen Durchstehens, dem reicher Lohn folgt, führt aber wieder in biblische Zeiten zurück: Hiob war bekanntlich lange gedemütigt worden und stand der Verzweiflung nahe. Nach der Qual war er dreimal so reich wie zuvor.

Tiefgreifende, aber letztlich unbeantwortbare Fragen kommen mit der Betroffenheit hoch. Wir alle würden gerne wissen, was für Kräfte denn spielen, wenn Menschen Bewundernswertes vollbringen oder in existenzielle Not geraten. Es wäre uns noch so lieb, wenn wir mehr Einfluss auf den Gang der Dinge nehmen könnten, aber über Versuche, deren Auswirkungen wir nicht ermessen können, kommen wir nicht hinaus. Alle möchten wir gerne möglichst lange gesund und gut leben, wie dieses Ziel zu erreichen ist, wissen wir jedoch nicht wirklich. Aber wir wissen, dass Leben auch Leiden bedeutet.

Wenn uns Leiden ereilt, reagieren wir mit Betroffenheit. Für alle spürbar wird das spätestens dann, wenn mit steigendem Alter die Leistungsfähigkeit zurückgeht und dafür die Anfälligkeit für Beschwerden zunimmt. Bei dauerhaftem Leiden bestimmt der Umgang mit dieser Betroffenheit unser Verhalten. Wir wünschen uns Linderung, im besten Falle Erlösung.

Auf die Frage, wo dieser erlösende Zielort liegt, gibt es viele Antworten. Die Forderung an die Umwelt, also an die Gesellschaft mit ihren staatlichen und privaten Einrichtungen, kann deshalb nur lauten: Es soll jedem gestattet sein, den erlösenden Zielort dort zu suchen, wo er ihn vermutet. Angebote und Vorschläge der Umwelt sind dabei willkommen. Typischerweise sind dies für ältere Menschen Therapie- und Animationsangebote in Heimen, für jüngere Rehabilitationsprogramme und Trainingsmöglichkeiten.

Wir müssen aber anerkennen, dass diese Angebote auf die Fragen und Zweifel, die mit der Betroffenheit in uns aufkommen, in den meisten Fällen nicht näher eintreten. Sie sind vorwiegend leistungsorientiert. Sie bevorzugen all jene, welche sich konsequent daran halten, dass das Leben einfach weitergeht, wenn auch unter veränderten Umständen. Das ist eine erfolgreiche Strategie, in der heutigen Zeit wahrscheinlich die Strategie der Wahl. Trotzdem dürfen wir sie nicht zum Einheitsrezept erklären. Respekt, Verständnis und Grossherzigkeit tragen die Beziehung, die sich aus der Betroffenheit der Aussenstehenden und dem Betroffensein der Direktbetroffenen bildet. Diese Beziehung müssen wir pflegen und immer wieder neu gestalten.

Fritz Vischer ist Bankkaufmann. 1977 zog er sich bei einem Verkehrsunfall eine Tetraplegie zu. Er absolvierte danach eine Publizistikausbildung und war journalistisch tätig, bevor er wieder in die Bankenwelt eintauchte. Seit 2007 wirkt er als freischaffender Texter und Redaktor. Er ist verheiratet und Vater von zwei erwachsenen Töchtern.

Haus oder Heim – Die Erfindung neuer Lebensformen

Renate Schwarz Landis, Peter Lude

Wohnraum eröffnet uns Möglichkeiten, setzt uns aber auch Grenzen. Wohnraum schafft Identität und wir schaffen mit unserer Identität auch wieder Wohnraum. Je flexibler und kreativer sowohl die einzelnen Betroffenen selbst als auch deren Angehörige bei der Schaffung von baulichen aber auch sozialen bzw. zwischenmenschlichen «Strukturen» sind, desto bedarfs- und bedürfnisgerechter die Lebensformen. Es handelt sich hierbei um eine Art volkswirtschaftlicher Lebensqualität. Eine sehr spannende Angelegenheit.

Welche sozialen und baulichen Voraussetzungen braucht es für ein gelingendes Altern? Aufgrund der zunehmenden Überalterung der Gesellschaft verlangt die heutige Alterspolitik zwingend nach neuen Massnahmen. Im Kanton Aargau – dies mag hier stellvertretend für die ganze Schweiz gelten – sind seit Anfang 2013 zwölf Leitsätze zur Alterspolitik definiert worden. Sie beinhalten Folgendes:
- Erfahrungen und Leistungen von älteren Menschen werden wertgeschätzt.
- Arbeitgeber erkennen das Potenzial von älteren Menschen.
- Pflegebedürftige und sterbende Menschen erfahren Solidarität und Würde.
- Ältere Menschen leben eigenverantwortlich.
- Für Menschen mit besonderen Bedürfnissen bestehen unterstützende Angebote.
- Es besteht eine altersgerechte Gesundheitsversorgung.
- Ältere Menschen gestalten die Alterspolitik mit.
- Ältere Menschen haben Zugang zu vielfältigen Angeboten.
- Lebensräume sind altersfreundlich gestaltet.
- Der Zusammenhalt zwischen den Generationen ist spürbar.
- Pflegende Angehörige sind anerkannt und unterstützt.
- Alterspolitik ist ein Querschnittthema.

Wie sieht die Umsetzung bzw. Anerkennung dieser Grundrechte der Menschenwürde in der Wirklichkeit aus? Was heisst etwa konkret: Lebensräume sind altersfreundlich zu gestalten?

Altersfreundliche Lebensräume umfassen den öffentlichen, betreuten und privaten Raum. Wohnraum bedeutet, einen Ort zu finden, der vielfältige Bedürfnisse erfüllt: der Wärme, Geborgenheit, Sicherheit, eine Privatsphäre, eigene Gerüche, verschiedene Gestaltungsmöglichkeiten gewährt. Wohnungen können im Laufe des Lebens oft gewechselt werden, wenn Beruf oder Beziehungen dies erfordern. Immer wieder sind Wohnorte biografische Zeugen von Entwicklung und Veränderung. Menschen lernen ihre Umgebung kennen und schätzen und trennen sich manchmal wieder davon.
Obwohl mit der Geburt auch die Endlichkeit gegeben ist, fehlt ein nüchterner, gelassener Blick darauf. Wie sollen wir wissen, welche Bedürfnisse uns im Alter von siebzig oder achtzig Jahren wichtig sind? Haben alle dieselben Bedürfnisse, und sind es dieselben wie in jüngeren Jahren oder verändern sie sich? Wie können wir uns Gebrechlichkeit vorstellen? Wie sollen Menschen Hilfe annehmen können, wenn ihnen Unabhängigsein wichtig ist? Jeder Planer oder Entscheidungsträger für Wohnen im Alter sollte zwingend einen Tag in einem Alterssimulationsanzug «Gert» verbringen, um annähernd eine Idee von den möglichen Einschränkungen zu bekommen, mit denen wir im Alter konfrontiert werden können.

Vier imaginierte Szenen mögen vier verschiedene Wohn- und Lebensformen für ältere Menschen aufzeigen. (Ähnlichkeiten mit noch lebenden Personen sind rein zufällig.)

Wohnen mit der Familie im selben Haus
Szene 1: Früher war alles besser

Marie S. wohnt in einem Zimmer in der obersten Etage eines Hauses, das einer ihrer Töchter gehört. Es führen steile ausgetretene Holztreppen zu diesem Zimmer, das sie in den letzten acht Jahren nicht mehr verlassen hat. Im Zimmer steht ihr Bett, ein Nachttisch mit Topf, eine Kommode mit Waschschüssel. Badezimmer hat es im Haus keines, die Toilette befindet sich einen Stock tiefer auf einer Laube. Die Tochter bringt ihr jeden Tag Essen und Wasser auf ihr Zimmer. Frau S. sitzt den ganzen Tag im Ohrensessel mit Blick auf das Dorf, das von einer Autobahn durchzogen ist, und strickt Socken für die ganze Verwandtschaft. Der grüne Plüsch des Ohrensessels ist an vielen Stellen abgewetzt und mit gestrickten vielfarbigen Decken aus Restwolle abgedeckt. Als Frau eines Armenpflegers (heute würde er Sozialarbeiter heissen) und Mutter von zehn Kindern hat sie gelernt, sparsam hauszuhalten. Alles wird verwertet, nichts weggeworfen.
Alle zwei Wochen fährt eine Ordensfrau auf dem Fahrrad mit einem himmelblauen Köfferchen den Hügel herauf und verbringt den Nachmittag betend mit ihr. Das Köfferchen verwandelt sich, wenn der Deckel aufgeklappt ist, in ein Tonbandgerät. Zwischen den Gebeten ertönt das Ave Maria aus dem Gerät. Während dieses Besuchs darf niemand in das Zimmer der Urgrossmutter. Willkommen ist ohnehin nur die Urenkelin, die soll bei ihr Socken stricken lernen. Die Achtjährige hat grosse Probleme mit den vielen Nadeln und verliert immer wieder Maschen. Die Urgrossmutter schimpft mit ihr, was zur Folge hat, dass die Urenkelin das Zimmer im dritten Stock meidet, bis wieder diese speziellen Lieder aus dem Tonbandgerät ertönen. Eines Nachts stirbt die Urgrossmutter 98-jährig in ihrem Bett. Sie bleibt aufgebahrt während drei Tagen in ihrem Zimmer, eine weisse Binde um ihren Kopf, damit der Mund geschlossen bleibt, und mit Blumen aus dem Garten in den Händen. Die Stimmung im Haus ist ruhig. Fast lautlos kommen Nachbarn, Bekannte sowie Angehörige, auch solche, die jahrelang nicht mehr gekommen sind, und nehmen Abschied.

Wohnen im Alter bedeutete noch vor einer Generation in ländlichen Gegenden der Schweiz Wohnen mit der Familie im selben Haus oder im Stöckli und Mithelfen auf dem Betrieb, solange die Kräfte ausreichten. Nichtverheiratete Verwandte waren als günstige Arbeitskräfte meist für Kost und Logis auf den Betrieben willkommen, solange sie arbeiten konnten.

Forderungen an die Umwelt, Fachbeitrag

Die ländlichen Wohnbauten wiesen bzw. weisen oft auch heute noch keine besonderen Anpassungen an die Bedürfnisse von älteren Menschen auf. Fehlende Nasszellen, mühsam begehbare Stufen, Treppen, schmale Türen, wie sie auf dem Ausstellungsgelände Museum Ballenberg in Brienz zu sehen sind.

Mehrfamilienhäuser ab vier Wohnungen werden im Kanton Aargau nach der Norm SIA500/2009 hindernisfrei anpassbar gebaut, ab neun Wohnungen muss ein Lift eingebaut werden. Die Norm definiert den stufenlosen Zugang ab öffentlichem Raum zur Wohnungseingangstür, rollstuhlgerechte Parkplätze, Korridore mit der Mindestbreite von 1,20 m und Türbreiten von mindestens 80 cm, sowie

> Wenn heute bei einem Wohnungsinserat «hindernisfrei» steht, ist die Wohnung noch nicht angepasst und schon gar nicht auf die Bedürfnisse für «Wohnen im Alter» ausgerichtet.

Schwellen mit einer maximalen Höhe von 25 mm. Eine Nasszelle von mindestens 3,80 qm Grundfläche und ein Schlafzimmer mit einer Mindestgrundfläche von 14 qm. Die Norm orientiert sich an den Bedürfnissen von Menschen im Rollstuhl und muss nach deren Bedürfnissen bei Bedarf angepasst, also umgebaut werden. Wenn heute bei einem Wohnungsinserat «hindernisfrei» steht, ist die Wohnung noch nicht angepasst und schon gar nicht auf die Bedürfnisse für «Wohnen im Alter» ausgerichtet, wie sie im Merkblatt «Gestaltung von altersgerechten Wohnbauten» vom Bundesamt für Wohnungswesen BWO definiert sind.

Betreuter Platz in einer Pflegeeinrichtung
Szene 2: Stumpen-Anni

Anna K. kommt als 87-jährige, dreifache Witwe ins Haus ihrer Nichte: Der Stiefsohn will die Frau, die er nie Mutter genannt hat, nicht mehr in dem vom Vater geerbten Haus haben. So zieht sie nach langem Hin und Her um. Die Familie der Nichte ist nicht begeistert von der Frau mit dem Hund und den zwei Katzen.

Anna K.s Verhalten ist für alle gewöhnungsbedürftig. Am Familientisch zieht sie ein Pendel aus der Tasche der geblümten Schürze und pendelt aus, ob das Essen für sie bekömmlich ist. Nach dem Essen zündet sie sich eine Zigarre an und vernebelt das Esszimmer. Sie trägt ein Kopftuch wie seinerzeit die deutschen Trümmerfrauen und geistert des Nachts mit Hund und Katzen durch das Haus. Die Tiere müssen schliesslich raus. Als ehemalige Wirtin, deren drei Männer jassend vor dem Zweier Roten gesessen sind und ihrer Frau das Geschäften und Arbeiten überlassen haben, ist sie es gewohnt, sich von nieman-

dem in ihre Angelegenheiten reinreden zu lassen. Erwartungsgemäss platzt dem Hausherrn der Kragen und Anna K. nimmt fortan ihr Essen auf ihrem Zimmer ein. Kein Pendeln und kein Stumpenrauchen mehr am Familientisch. Sie findet Helfer in der Familie, die ihr pro Woche eine Flasche Kräutergeist zum Einreiben bringen und für einen genügend grossen Vorrat an Stumpen sorgen. Sie geniesst ihr heimliches Regiment bis zu jener unsäglichen Nacht, als sie die Treppe herabstürzt. Niemand weiss, ob der Hund oder eine Katze im Weg war. Als sie am nächsten Tag im Spital erwacht, ist ihre Hüfte gebrochen und nichts ist mehr, wie es war. Nach drei Monaten wird Anna K. von ihrer Nichte vom Spital in das Pflegeheim ihrer ehemaligen Wohngemeinde gebracht. Als sie in das kleine Zimmer mit den drei Betten gefahren wird, merkt sie, dass es nicht mehr nach Hause geht zu Hund und Katzen. Noch vor Wochen wäre sie aufgebraust, jetzt lässt sie sich auf das Bett legen und sagt kein Wort mehr. Sie macht den Mund nicht mehr auf, verweigert Essen und Trinken. Nach drei Wochen läuten die Glocken in ihrer Wohngemeinde. An einem kalten Novembertag beerdigen der Pfarrer und zwei Frauen die Stumpen-Anni.

Stürze im Alter können auch heute für viele Menschen einen abrupten ungewollten Wechsel ihrer Wohnsituation bedeuten. Wenn ein Zurück in die gewohnte Umgebung nicht mehr möglich ist, muss ein betreuter Platz in einer Pflegeeinrichtung gesucht werden – auch zur Entlastung der Angehörigen. Das bedeutet einen grossen Anpassungsprozess für die Betroffenen, der zu leisten ist, wenn nicht schon vorher Abklärungen angedacht worden sind.

Im Merkblatt 7/10 «Rollstuhlgängigkeit bei Sonderbauten» der Schweizerischen Fachstelle für behindertengerechtes Bauen sind bauliche Standards von Pflegeeinrichtungen definiert. Diese Vorgaben richten sich vor allem nach den Bedürfnissen der Pflegenden, nicht der zu pflegenden Personen. Natürlich ist es wichtig, dass die Pflegenden gutes Licht haben, um die Venen zum Spritzensetzen zu finden. Ohne viel Aufwand aber werden die Bedürfnisse der älteren Bewohner von Pflegeeinrichtungen weitgehend berücksichtigt, indem ausserdem mit indirekter Beleuchtung Schattenwürfe vermieden, keine reflektierenden Oberflächen eingesetzt, mit Farbkontrasten Orientierungshilfen geschaffen oder mit dem zeitlichen Wechsel von blau- und rottonigem Licht natürliches Tages- und Nachtlicht simuliert werden.

Allein zurechtkommen und für sich selbst sorgen
Szene 3: Virenbekämpfung

Die 96-jährige Magali F. geht jeden Morgen zum Coiffeur um die Ecke und lässt sich die Haare hochstecken. Die Locken müssen immer gleich gerichtet sein, sonst gibt es kein Trinkgeld. Alle vierzehn Tage werden die Fingernägel gefeilt und leuchtend rot gestrichen. Mit einem Hauch rosa Puder auf den Wangen geht sie nachher in die Konditorei und bestellt sich ein belegtes Brötchen mit Ei und einen Milchkaffee. Das ist ihre einzige Mahlzeit während des Tages. Essen ist ihr nicht so wichtig, und zu Hause in ihrer Vierzimmerwohnung kocht sie schon lange nicht mehr. Sie benutzt nur noch ein einziges Zimmer, darin steht der Lattenrost ihres Bettes ohne Matratze. Die hat sie schon vor einiger Zeit entsorgt, da sich darin viele Viren angesammelt haben. Die anderen Zimmer sind mit Kartonschachteln überstellt, die alle in Plastikfolie gehüllt sind. Da sie nachts nur noch wenig Schlaf findet, versucht sie meistens zu lesen, bis es morgen wird. Leider sind die vielen Bücher auch von Viren befallen und die Buchstaben sind am Verschwinden. Sie hat jedes einzelne ihrer vielen Bücher in Plastik verpackt, um die Bücher vor den Viren zu schützen. Der Elektriker, der vor ein paar Wochen von der Verwaltung geschickt wurde, um in der Wohnung eine neue Sicherungsverteilung zu installieren, durfte erst eintreten, als er seine Schuhe mit Plastikschoner überzogen hatte. Er hatte sich auch gewundert, dass in der Wohnung an den Wänden ganze Collagen mit Wundverbänden kleben. Die Fugen der Keramikplatten in der Küche und im Bad sind mit Wundpflaster abgedeckt. Als leitender Angestellten eines medizinischen Labors müsse er ihr nicht erklären, wie sie mit dem Virenbefall umzugehen habe, da wisse sie besser Bescheid. Der Elektriker meldet seine Verwunderung über die verwirrte Frau der Verwaltung. Da die Wohnungsmiete per Dauerauftrag immer pünktlich eintrifft und sich die Nachbarn noch nie beschwert haben, weiss man nicht so recht, wie mit dieser Meldung umzugehen. Als eine Mitarbeiterin Magali F. nach dreimaligem Versuch zu Hause antrifft, lässt diese sie nicht in die Wohnung. Sie brauche nichts und die Prospekte wolle sie nicht annehmen. Sie sei nicht betagt und wüsste nicht, was sie bei diesen Alten zu suchen hätte. Magali F. hat in Spanien noch einen Bruder, zu diesem hat sie aber schon lange keinen Kontakt mehr. Sie kommt gut allein zurecht, das war schon immer so. An einem Frühlingsmorgen setzt sie sich nach dem Kaffee in der Konditorei auf die Bank an der Seepromenade und schaut den Schwänen und Enten zu. Als einer der Schwäne Anlauf nimmt und Richtung Obersee fliegt, fühlt sich Magali F. auf einmal ganz leicht und fliegt mit. Der 14-jährige Junge, der sich am Nachmittag neben die eingesunkene alte Frau setzt, um auf seine Kollegen zu warten, bemerkt erst, als diese zur Seite kippt, was los ist. Mit den Worten «voll krass» zückt er sein i-Phone, macht ein Foto und läuft davon, da auch schon andere auf die tote Frau aufmerksam geworden sind.

Alleinstehende ältere Menschen können oft lange gut für sich selbst sorgen. Wenn eine Demenzerkrankung dazukommt, wird das weniger schnell bemerkt, als wenn jemand in der Familie erkrankt und durch seine Veränderungen im Verhalten auffällt. Manchmal sind es Nachbarn, die sich über nächtliche Unruhe oder üble Gerüche beschweren. Die Selbstwahrnehmung zeigt den Betroffenen ein anderes Bild der Wirklichkeit. Viele von ihnen vereinsamen. Pflegeplätze für geschütztes Wohnen sind dringend nötig – insbesondere für Menschen mit Demenz, vor allem auch zur Entlastung der Angehörigen.

Wann ist die Zeit – für sich und für andere –, sich mit dem Wohnen im Alter zu befassen?

Es braucht Mut, sich mit dem Alter auseinanderzusetzen. Mut macht die amerikanische Gerontologin Naomi Feil, die mit der von ihr entwickelten Methode der Validation eine neue Sichtweise vom Alter vermittelt hat. Sie erschliesst einen Sinn in der Demenz und ermöglicht damit ein Verstehen. Menschen brauchen Kontakt und Beziehungen, um zu wachsen, auch im hohen Alter. Wohnbauten sind wie Gefässe: Auch wenn sie noch so wunderbar gestaltet sind, sie ersetzen keine menschliche Wärme und Zuwendung.

Eigene Alterswohnung beziehen
Szene 4: Späte Liebe

Otto K., 86-jährig, und Lisbeth H. gehen viermal am Tag bei jedem Wetter mit dem kleinen Hund im Quartier spazieren.

Vor drei Jahren ist Otto K.s zehn Jahre jüngere Frau gestorben, über Nacht, ohne krank zu sein. Die ersten Monate konnte er es gar nicht fassen, er war doch der Ältere. Warum sie zuerst? Wochenlang sass er nach ihrem Tod auf der Bank hinter dem Haus neben dem Hasenstall und starrte vor sich hin. Er hielt den einzigen Hasen, den er noch hatte, auf dem Arm und streichelte ihm über die Ohren. Er hatte sich nie Gedanken darüber gemacht, was werde, wenn er sie überleben könnte. Als der Sohn ihm sagte, er dürfe aus Gründen des Tierschutzes keinen Hasen mehr alleine halten, meldete er sich am nächsten Morgen im Altersheim an. Schon nach drei Monaten konnte er umziehen und überschrieb dem Sohn das Haus.

Im Heim ist er für sich und sucht keinen Kontakt zu seinen Mitbewohnern. Es ist recht hier in dem neuen modernen Bau mit den vielen gossen Fenstern. In Ruhe sollen sie ihn lassen, er will weder turnen, singen, noch sonst sich beschäftigen. Lange wird er hier sowieso nicht mehr sein, wozu sich noch anfreunden mit den andern? So verbringt er wartend auf sein Ende über ein Jahr in diesem Haus.

Eines Morgens betritt er den Frühstücksraum und bleibt unter der Tür stehen. Am ersten Tisch sitzt Lisbeth H., sein Schulschatz aus der fünften Klasse. Sein Bethli ist von ihren Kindern in das Altersheim gebracht worden, weil sie «nicht mehr für sich selbst sorgen kann», wie die Tochter es ausdrückt. Ab diesem Morgen sieht man die beiden nur noch zusammen. Hand in Hand spazierend, in der Cafeteria, beim Essen. Nachts holt ihn die Nachtwache aus dem Bett von Bethli und führt ihn trotz aller Widerrede in sein Zimmer. Einige der Mitbewohner finden das Verhalten der beiden ungehörig und unpassend, so etwas in diesem Alter. Auch seine und ihre Kinder sind nicht erfreut. Einzig sein Enkel findet, der Opa zeige wieder Lebensfreude. Bethli sucht immer wieder ihren kleinen Hund, der von ihren Kindern ins Tierheim gebracht wurde. Im Altersheim sind keine Tiere erlaubt.

Nach vier Wochen fasst Otto K. einen Entschluss. Er trifft den Verkäufer der neu erbauten Alterswohnungen im Dorf und kauft eine helle, schwellenlose Dreizimmerwohnung. Als die Kinder davon erfahren, herrscht helles Entsetzen. Weder der Heimleiter noch der Hausarzt sind ihnen eine Hilfe, da beide erklären, Otto K. sei mündig und bei vollem Verstand. Er kann über sein immer noch beträchtliches Vermögen verfügen, wie er will. Die beiden ziehen um mit der Hilfe des Enkels und holen den Hund aus dem Tierheim.

Fazit

Wohnraum ist Lebensraum. Wir haben wenig Probleme, uns dem Wohnraum anzupassen, solange wir jung und flexibel sind. Wir finden es manchmal sogar spannend, in einem Wohnmobil zu reisen, uns auf engstem Raum einzurichten. Je mehr unsere Jugendlichkeit und Flexibilität abnehmen und die körperlichen und/oder geistigen Fähigkeiten uns einschränken, desto mehr müssen wir den Wohnraum an uns anpassen. Oftmals wissen wir – und selbst Architekten und Planer – nicht, wie viel Freiheit und Lebensmöglichkeiten aus baulichen Anpassungen hervorgehen. Einerseits sind die Barrieren im Kopf, also im mangelnden Bewusstsein darüber, und andererseits werden allzu oft Kosten und Mühen gescheut.

Man sollte dabei aber nicht nur an sich selbst denken, sondern auch an die vielen zu erbringenden Dienstleistungen Dritter, die alle von einer hindernisfreien Umwelt profitieren. *Hindernisfrei* ist allerdings relativ: Je nach Einschränkung, beispielsweise der Sehfähigkeit, braucht es entsprechende Orientierungen, keine Schwellen, gut angeordnete Beleuchtung, deutliche farbliche Kontraste, angemessene Schriftgrössen usw., um sich zurechtzufinden. Mit anderen Worten: Was für den einen *hindernisfrei* ist, kann für den anderen Orientierungslosigkeit oder gar Behinderung bedeuten. Da gilt es ausgewogene Kompromisse zu finden.

Eine gute Richtgrösse sind heutzutage Orte mit viel Publikumsverkehr, also Orte, wo viel Geld umgesetzt wird. Da schaut man immer auf eine gute Steuerung der Personen, sei es in Einkaufszentren, sei es aus Sicherheitsgründen am Flughafen oder aus Vermeidung von Engpässen bei der Bahn. Da gilt es, möglichst reibungslose und gezielte Abläufe und Ansammlungsmöglichkeiten zu erreichen – also eine hohe Funktionalität. Dabei spielen die gute Logistik, aber auch zweckmässige Baumaterialien eine entscheidende Rolle. Bei hohem Publikumsverkehr, z.B. der Bahn, wird von sogenannten »Mobilitätsbehinderten« gesprochen. Die Berechnungen der Türbreiten usw. müssen darauf ausgerichtet werden. Zu den Mobilitätsbehinderten zählen rund ein Drittel der Bevölkerung. Das sind all diejenigen, die nicht nur jung und dynamisch mit ihren Aktenköfferchen unter dem Arm in den Wagon springen, sondern alle älteren, alle Menschen mit Behinderung, aber auch solche mit Verletzungen (Stöcken, Krücken, Armschienen usw.), Menschen mit viel Gepäck, schwangere Frauen oder Personen mit Kinderwagen – d.h. sogenannte vorübergehende Behinderungen.

Die Sprache spielt hierbei eine grosse Rolle. Sagt man, es muss behindertengerecht sein, heutzutage besser mit «hindernisfrei» umschrieben, hat das immer noch eine abschreckende Wirkung. Würde man von hoch funktionell, dynamisch, modern, technisch ausgereift – vielleicht sogar raffiniert und elegant – sprechen, wäre es vielleicht für Planer und Architekten wesentlich attraktiver, überhaupt nur noch solche Lösungen anzustreben. Wir vergessen allzu leicht, wenn wir in jungen Jahren ein Haus bauen, dass wir älter werden und manchmal das Haus im Alter wegen der ungeschickten Bauweise verlassen müssen, gerade dann, wenn uns das lieb gewordene Zuhause zusätzlichen Halt, Sicherheit und Geborgenheit bieten würde.

Literatur

https://www.ag.ch/media/kanton_aargau/dgs/dokumente_4/gesellschaft_1/alter_3/leitbildalterspolitik/Leitsaetze_Einlageposter.pdf; abgerufen am 11.3.2014

Eidgenössisches Departement für Wirtschaft, Bildung und Forschung WBF, Bundesamt für Wohnungswesen BWO (2013) Merkblatt Gestaltung von altersgerechten Wohnbauten. Bern, BWO. http://www.bwo.admin.ch/dokumentation/00106/00246/?lang=de#sprungmarke10_1; abgerufen am 11.3.2014

Schweizerische Fachstelle für behindertengerechtes Bauen (2010) Merkblatt 7/10 Rollstuhlgängigkeit bei Sonderbauten. http://www.hindernisfrei-bauen.ch/unterlagen_d.php#merkblaetter; abgerufen am 11.3.2014

Feil N, de Klerk-Rubin V (2013) Validation. Reinhardt, München

Die im aargauischen Turgi wohnhafte Architektin Renate Schwarz Landis mit Jahrgang 1954, arbeitet nach einer Weiterbildung zur Mediatorin und Master als systemische Therapeutin an Altersfragen.

Dr. phil. Peter Lude führt seit 1994 eine eigene Praxis für Psychologische Psychotherapie in Bad Zurzach, lehrt als Dozent für Rehabilitationspsychologie an der ZHAW Zürcher Hochschule für Angewandte Wissenschaften, ist Affiliate Faculty Member der Schweizer Paraplegiker-Forschung und des Schweizer Paraplegiker-Zentrums Nottwil und wurde zweimal mit dem Ludwig-Guttmann-Preis der DMGP ausgezeichnet. Der Preis wird für eine hervorragende wissenschaftliche Arbeit auf dem Gebiet der klinischen Erforschung der Querschnittlähmung, ihrer Folgen und jeglicher Aspekte der umfassenden Rehabilitation von Menschen mit Querschnittlähmung verliehen. Tetraplegie seit 1984.

Generationenvertrag zwischen Alt und Jung

Mechtild Willi Studer, Sabine Schmid

Das Zusammenleben verschiedener Generationen in Gesellschaft, Familie und Arbeitswelt birgt Chancen und Risiken. Da Jung und Alt aus demografischen Gründen in Zukunft wieder stärker aufeinander angewiesen sein werden, lohnt sich eine Auseinandersetzung mit diesem Themenkreis mehr denn je. Wie funktioniert Solidarität auf freiwilliger Basis? Welche Leitplanken brauchen wir dafür? Wo muss der Staat die Rahmenbedingungen schaffen? Und wo ist die Initiative von Familie und Gesellschaft gefragt? Diese und andere Fragen sollen im Folgenden beleuchtet werden.

Generationenvertrag: Gesellschaft und Politik
Weichen für die Zukunft stellen

Jeder Bürger und jede Bürgerin kennt heute die Veränderung der Alterspyramide oder hat zumindest davon gehört. Über die Konsequenzen für das öffentliche und das eigene Leben denkt man jedoch eher weniger nach. Während wir bis vor wenigen Jahren im Pensionsalter selten auf zwei Generationen stiessen, ist dies heute bald die Regel. Eine Pflegeexpertin hat diesen Umstand mit einer Anekdote auf den Punkt gebracht: Eine fast neunzigjährige Patientin hätte kürzlich geklagt, der schlimmste Tag in ihrem Leben sei gewesen, als ihr «Bueb» ins Altersheim ziehen musste!

Unsere Politiker sind dafür verantwortlich, die Sozialwerke auch in Zukunft zu sichern – und sie haben die Dringlichkeit, Lösungen zu entwickeln, durchaus verstanden. Aber es ist bislang wenig gelungen, den notwendigen Transfer hin zum Verständnis in der Bevölkerung zu vollziehen. Da wir bei den jeweiligen Vorlagen selbst mitbestimmen, können wir uns nicht aus der Verantwortung stehlen. Aber offenbar ist uns der Ernst der Lage noch nicht bewusst. Abfuhr an die Managed-Care-Initiative, Scheitern des Präventionsgesetzes im Parlament, gescheiterte Anläufe für eine 11. AHV-Revision, erfolgloser Versuch, den BVG-Mindestumwandlungssatz zu senken: Das alles zeigt, dass wir noch nicht bereit sind, die Weichen im Gesundheitswesen neu zu stellen.

Allein für die Pflegefinanzierung benötigen wir bis 2030 rund 15 Milliarden Franken pro Jahr (OBSAN/IRER, 2006; zit.n. BASS, 2007, S. 12). Wenn es gelänge, mit vorbeugenden Massnahmen, wie z.B. durch Stärkung der eigenen Gesundheitskompetenz, Heimeintritte zu verhindern oder zeitlich hinauszuschieben, könnten wir jährlich mindestens zwei Milliarden Franken einsparen. Prävention im Alter wäre deshalb eine dringliche Angelegenheit. Zum Vergleich: In der Schweiz fliessen nur gerade 2% der gesamten Gesundheitsausgaben in die Prävention, während in den OECD-Ländern dafür über 3% investiert werden.

Der Bundesrat postuliert mit der gesundheitspolitischen Agenda «Gesundheit 2020» und der Strategie «Altersvorsorge 2020» Lösungen für die Zukunft. Übergeordnete politische Rahmenbedingungen sind wichtig. Aber der Hebel ist genauso in der Kommune und letztlich im familiären Kontext anzusetzen. Ein langes Leben beinhaltet oft gesundheitliche Probleme, spätestens in den letzten Lebensjahren. Wer mit einer gravierenden Krankheit oder einer Behinderung lebt, muss für sich ein neues Gesundheitsbewusstsein entwickeln. Denn «gesundes» Leben mit einer chronischen Krankheit oder Einschränkung ist lernbar.

Ob der Generationenvertrag in der Sozialversicherung zukunftstauglich ist, hängt vom Bewusstsein aller Beteiligten ab: Junge und Alte müssen realisieren, dass nur so viel finanziert werden kann, wie über die Lohnabgaben und Prämien eingenommen wird, und entsprechend handeln. Der Generationenvertrag ist aber auch darüber hinaus neu zu verhandeln – in der Gesellschaft und in der Familie. Selbstverständlichkeiten von früher werden in Zukunft wieder an Bedeutung gewinnen. Wenn Grosseltern die Kinder von berufstätigen Eltern hüten, so könnte diese Arbeit mit sogenannten Zeitgutschriften abgegolten werden. Und diese könnten später von den Grosseltern für die eigene Betreuung oder

> Meistens ist es nötig, ein neues Gesundheitsverständnis zu entwickeln, um «gesund» mit einer lebenslangen Einschränkung zu leben.

für die Unterstützung bei Alltagstätigkeiten eingelöst werden. Ein solches Modell der «Zeitvorsorge» – gewissermassen die 4. Säule der Altersvorsorge in einer konjunkturunabhängigen Währung – würde die Solidarität zwischen Jung und Alt, zwischen Erwerbstätigen, Pensionierten und Arbeitslosen beleben. Doch muss genauso abgeklärt werden, wie aufwendig die Organisation solcher Gutschriften zu handhaben ist. Der Verein KISS organisiert z.B. solche Modelle zukunftsgerechter Lösungen für häusliche Begleitung und Betreuung.

Generationenvertrag bei Querschnittlähmung: Voneinander lernen
Betroffene lernen von Betroffenen (organisierte Wissensvermittlung)
Oberstes Ziel einer Rehabilitation ist die Ausrichtung der Behandlung an den Partizipationszielen des Patienten. Gemäss ICF (International Classification of Functioning, Disability and Health, WHO 2001) bedeutet hierbei Partizipation (Teilhabe) das Einbezogensein in eine Lebenssituation. Die Patientenedukation ist ein bedeutendes Instrument, das den Rehabilitationsprozess im Hinblick auf eine bewusste Übernahme von Selbstverantwortung für die eigene Gesundheit steuert. Meistens ist es nötig, ein neues Gesundheitsverständnis zu entwickeln, um «gesund» mit einer lebenslangen Einschränkung zu leben.
In der Rehabilitation wird die kompetenzorientierte Lernkonzeption (Cognitive Apprenticeship) als Mittel der Wahl genutzt. Das Modell kommt aus der praktischen Ausbildung und zeigt in mehreren Schritten die Aneignung einer Fähigkeit und das Lösen eines Problems auf. Neue Kompetenzen werden entwickelt, indem neues Wissen erworben wird sowie neue Fertigkeiten eingeübt und trainiert werden. Durch das tägliche Üben und Anwenden in unterschiedlichen Situationen und unter verschiedenen Rahmenbedingungen – aber auch durch Erfahrungsaustausch und gegenseitiges Unterstützen – können Kompetenzen gefestigt und erweitert werden. Unterschieden wird zwischen vier Lernformen:

Anleitung und Training in Pflege und Therapien
Patientinnen und Patienten lernen, die verschiedenen Aktivitäten des täglichen Lebens, Mobilität und Selbstversorgung selbst zu übernehmen. Dazu gehören die Pflegeinstruktion und das Pflegetraining.

Peer Counselling
Betroffene beraten Betroffene. Sie organisieren den Erfahrungsaustausch und motivieren über ihre eigenen Erfahrungen und jene von Drittpersonen. Dabei wird vom Selbstverständnis ausgegangen, dass Menschen in einer bestimmten Situation am ehesten Hilfe von jenen annehmen, die gleiche oder ähnliche Situationen durchlebt haben. Auch der Mut, Probleme authentisch zu offenbaren, ist grösser, wenn man mit Gleichgesinnten darüber spricht. Diese Methode wird vor allem bei Erstrehabilitationspatienten angeboten. Sie hat Potenzial und ist weiter ausbaubar – auch für Angehörige und für ältere Betroffene.

Para-Know-how
Fachspezifische Themen werden von verschiedenen Seiten her beleuchtet, patientengerecht aufbereitet und vermittelt. Auch nach einer Erstrehabilitation können Betroffene und Angehörige im Rahmen von Para-Know-how ihr Wissen vertiefen, auffrischen und auf den neusten Stand bringen. Zum Wissensaufbau gehören auch Haltungsaspekte, die im Schulungsangebot vermittelt werden.

Learning by doing
Das Gelernte wird in Realsituationen erprobt. Betroffene können den Alltag ausserhalb der Klinik erfahren und Schritt für Schritt die veränderte Lebenssituation bewältigen. Beispiele hierfür sind, wie man an einer hohen Bartheke ein Bier bestellt, wie man die Hindernisse in der Stadt überwindet oder wie man Ferien in einem Reisebüro bucht. Solche Programme werden einzeln, in Gruppen und auch mit Angehörigen angeboten.

Frisch Verletzte lernen von erfahrenen Betroffenen
Eine Mitarbeiterin, die seit Jahren in der stationären Rehabilitationspflege arbeitet, hat eine interessante Beobachtung gemacht: Ihr fiel auf, dass früher – als die digitale Welt noch keinen Einfluss auf den stationären Spitalalltag hatte – die Patienten abends häufig zusammensassen und miteinander redeten. Aus einem Bedürfnis heraus tauschten sie persönliche Erfahrungen aus und gaben sich emotionalen Zuspruch und Halt. So entstanden neue Freundschaften, die lange Bestand hatten. Heute ist der Tagesablauf von Patienten und Pflegepersonal streng getaktet, und es bleibt wenig Zeit und Energie, sich abends zu treffen; ausserdem

ruft die digitale Vernetzung in die weite Welt. Als Folge davon ziehen sich die Patienten oft ins Zimmer zurück. Dieser Verlust an selbst organisiertem fachlichem und sozialem Lernen wird zwar teilweise durch E-Learning kompensiert, entbehrt jedoch zunehmend der sozialen Komponente. Es lohnt sich sicher, in den Rehabilitationsinstitutionen dieser Frage nachzugehen und die Lernsettings den neuen Begebenheiten anzupassen.

Fachexperten lernen von Betroffenen

Dass Fachexperten systematisch von Betroffenen lernen, ist leider noch zu wenig verbreitet. Wir gehen ganz allgemein davon aus, dass sich die Expertise auf die Wissenschaft – und zu einem kleineren Teil auf das Erfahrungswissen – abstützt. Menschen mit reflektiertem Selbsterfahrungswissen bergen für das Gesundheitswesen ein sehr hohes Potenzial, das weit über die für sich selbst angewendeten Coping-Strategien hinausgeht. Und genau deshalb müsste es an Fachkongressen zu einer Selbstverständlichkeit werden, dass sich Experten mit Betroffenen austauschen. Neben gemeinsamen Workshops müssten auch widersprechende Referate Platz haben, in denen das Lernen voneinander im Vordergrund steht.

Im Klinikalltag gäbe es in dieser Beziehung viel Potenzial: Fundiert durchgeführte Eintritts-Beurteilungen könnten die mitgebrachte Expertise der Patienten sichtbar machen. Fachpersonen würden sofort sehen, wie Betroffene mit ihrer Einschränkung umgehen und ob bzw. wie eine etablierte Fachexpertise allenfalls revidiert werden muss. Nichts ist glaubhafter, als ein Fachexperte, der sagen kann, er hätte von einem anderen Patienten etwas Entscheidendes gelernt und neue Einsichten gewonnen!

Generationenvertrag: Arbeitswelt

Eine neuere Studie des Schweizerischen Gesundheitsobservatoriums (OBSAN 2009) prognostiziert aufgrund der demografischen Entwicklung einen Mehrbedarf von 13% allein an Pflegefachpersonen bis 2020. Nach den geburtenstarken Jahrgängen der 1950er- und 1960er-Jahre gab es einen steten Geburtenrückgang. Ausserdem ist die Lebenserwartung durch den Wohlstand, die Entwicklungen im medizinisch-technischen Bereich sowie sehr gute Pflege stark gestiegen. Es wird also immer mehr ältere Menschen mit Unterstützungsbedarf in gesundheitlicher Hinsicht geben. Gleichzeitig ist bei den bereits geborenen unter Zwanzigjährigen mit immer weniger Berufstätigen zu rechnen.

Der Mehrbedarf z.B. an Pflegefachpersonen darf nicht ausschliesslich durch zusätzliches Personal aus dem Ausland kompensiert werden. Jedes Land hat eine soziale Verantwortung innerhalb der eigenen Landesgrenzen: Als reiche Schweiz haben wir – im Vergleich zu manchen anderen Staaten – einen hohen Standard des Gesundheits- und Pflegebereichs. Aber können wir uns die stets steigenden Kosten weiterhin leisten? Führungskräfte im Gesundheitsbereich müssen alles daran setzen, sozial verträgliche Lösungen zu suchen. Dies muss in der Strategie der Betriebe verankert sein, kann also nicht einfach Aufgabe einer einzelnen Führungskraft bleiben. In den Spitälern ist der Pflegebereich bereits sehr stark in der Ausbildung des eigenen Nachwuchses engagiert. Ausserdem schreiben die Kantone den Betrieben im Leistungsauftrag vor, in welchem Umfang sie ausbilden müssen, was sehr zu begrüssen ist. Ob die Ausgebildeten dann auch im Unternehmen bleiben, ist eine vereinte Aufgabe der Führungskräfte, entsprechende Bedingungen zu schaffen.

Nebst der Nachwuchsplanung ist ein besonderes Augenmerk auf die über 45-jährigen Mitarbeitenden zu richten, damit diese gesund und motiviert im anspruchsvollen Pflegeberuf bleiben. Es ist ein wichtiges Anliegen der Führungskräfte, den Einsatz dieser Mitarbeitenden bis zu ihrer Pensionierung zu sichern. Im Schweizer Paraplegiker-Zentrum in Nottwil wurde mit Betroffenen ein Generationenmanagement entwickelt. Dabei spielte die Einsicht eine wesentliche Rolle, dass es nicht reicht, «nur» die über 45-Jährigen zu betrachten. Die Lösung liegt auch hier vielmehr im Zusammenbringen der Generationen mit all ihren Unterschieden und Gemeinsamkeiten.

Elemente des Generationenmanagements

Ein Generationenmanagement hilft die Vorzüge von altersdurchmischten Teams hervorzuheben, sie zu moderieren und insbesondere wertzuschätzen. Vorgesetzte müssen die Altersstruktur ihrer Teams kennen, um rechtzeitig auf Fluktuation, Verweildauer und Austrittsgründe reagieren zu können.

Obwohl die Pflege- und Therapiearbeit bei Menschen mit Querschnittlähmung physisch und psychisch extrem anspruchsvoll ist, wird alles daran gesetzt, dass die Mitarbeitenden gesund und motiviert das Pensionsalter erreichen können. Schonarbeitsplätze werden jedoch abgelehnt, weil dies diskriminierend ist. Diese Aussage haben die älteren Mitarbeitenden bei einer Umfrage unmissverständlich zum Ausdruck gebracht.

Es werden Schulungen zum Thema «Zusammenarbeit zwischen den Generationen» angeboten. Insbesondere werden die Führungskräfte auf diesen spezifischen Umstand sensibilisiert und dazu aufgefordert, ihre Erkenntnisse in der Praxis umzusetzen.

Mit älteren Mitarbeitenden wird in vereinbarten Abständen ein Laufbahngespräch geführt, damit sie die Zeit bis zur Pensionierung optimal nutzen können. Zum Beispiel sind sie prädestiniert, dank ihrer erworbenen Fachkenntnis

Spezialaufgaben zu übernehmen. Über ein gezieltes Wissensmanagement kann darüberhinaus die Junior-Senior-Methode Wunder wirken. Etwa wenn eine ältere Mitarbeiterin einer jüngeren die Fachexpertise beibringt, während die jüngere der älteren den Umgang mit den elektronischen Medien näherbringt. So ergibt sich für beide Seiten eine Win-Win-Situation.

Mit einem guten Generationenmanagement kann verhindert werden, dass sich eine Mitarbeiterin eines Tages ein Arztzeugnis beschafft, weil sie gewisse Schichten nicht mehr annehmen kann oder will. Die Vorgesetzte weiss über das konsequent geführte Laufbahngespräch, wie sich die Mitarbeiterin die letzten Berufsjahre vorstellt und kann rechtzeitig intervenieren. So können beispielsweise in den Teams bevorzugte Arbeitszeiten vereinbart werden: Jüngere Mitarbeitende arbeiten in der Regel lieber am Abend und in der Nacht, während ältere eine Frühschicht bevorzugen. Solche Präferenzen werden jährlich in den Teams neu ausgehandelt.

Ein beruflicher Wiedereinstieg klappt selbst im höheren Alter, wenn die Mitarbeitenden dazu bereit sind, Neues hinzuzulernen und sich auf eine anspruchsvolle, aber erfüllende Arbeit einzulassen. Teilzeitarbeit ist möglich und beliebt – gerade im Hinblick auf die Pensionierung. Wichtig ist dabei, dass bei Reduktion des Arbeitspensums oder vorzeitiger Pensionierung die Konsequenzen für die künftige Rentenausschüttung beachtet werden.

Bei der betrieblichen Gesundheitsförderung müssen insbesondere auch die Bedürfnisse der älteren Mitarbeitenden berücksichtigt werden. Ältere Menschen brauchen beispielsweise eine geringere Kalorienzufuhr, deshalb soll bei der Menuwahl die Möglichkeit für kleinere Portionen zu einem reduzierten Preis angeboten werden. Ein Ruheraum kann ausserdem Rückzugsbedürfnisse abdecken, und das Fitnessprogramm sollte ein spezifisches Angebot für die ältere Belegschaft berücksichtigen.

Ein gutes Generationenmanagement hilft, Unterschiede und Gemeinsamkeiten nutzbringend zu identifizieren und einen vorurteilsfreien Umgang der Generationen untereinander zu fördern. Die Gesamtproduktivität und die Innovationskraft können mit gut durchmischten Teams deutlich gesteigert werden, wenn gegenseitiger Respekt und Verständnis füreinander vorhanden sind.

Generationenvertrag: «Generation Y» – eine neue Generation des Lernens?

Die «Generation Y» folgt auf die «Baby-Boomer» und die «Generation X». Bezeichnet werden mit diesem Begriff die Geburtenjahrgänge zwischen 1980 und 2005. Diese Generation verfügt über eine gute Ausbildung, oft sogar über einen Fachhochschul- oder Universitätsabschluss. Es ist die erste Generation, die grösstenteils in einem Umfeld von Internet und mobiler Kommunikation aufgewachsen ist.

Unterschiedliche Generationen haben unterschiedliche Lernformen. Besonders im Bereich Lerninhalte und Lernmedien macht sich ein Generationenkonflikt bemerkbar. Und so fällt es auch in der Praxis auf, wenn Patientinnen und Patienten und deren Angehörige aus einer anderen Generation sind als die betreuenden Pflegenden, Therapeuten oder Ärzte. Betroffene wissen dank Internet und Erfahrungsaustausch in sozialen Netzen oft sehr viel über ihre Krankheit und Behinderung. Dieses Wissen löst bei Betreuungspersonen häufig Unsicherheit aus. Gerade von älteren Mitarbeitenden sind oft folgende Einwände zu hören: «Warum hinterfragen unsere Patienten heute alles? Glauben sie unserer Erfahrung und unserem Wissen nicht mehr?»

Zeichnet sich die «Generation Y» durch Technologieaffinität und Lernbereitschaft aus, so lehnt sie gleichzeitig Hierarchien ab, bevorzugt Kompetenz und will ein gutes Coaching. Häufig sind diese Personengruppen sehr gut untereinander vernetzt, dennoch ist die soziale Interaktion nicht ausreichend. Sie möchten sofort alles machen, aber nicht unbedingt alles selbst lernen, sondern optimal gefördert werden. Dieser Generationenwandel muss beim Lernen in der Rehabilitation ebenfalls beachtet werden.

Ein bunter Mix aus unterschiedlichen Methoden und Medien, der individuell auf die lernenden Betroffenen zugeschnitten und möglichst attraktiv und praxisnah vermittelt wird, kann die Lernbereitschaft und Motivation erhöhen. Den Austausch zwischen den Generationen weiter zu fördern (soziales Zusammenwachsen), Ziele und Erwartungen klar zu formulieren, das «Spontan-Feedback» zu pflegen und bei wichtigen Entscheidungen alle Beteiligten einzubinden – das alles kann helfen, die Rehabilitationsziele gut zu erreichen.

Rückblickend lässt sich sagen, dass sich Lernformen wie Peer Counselling, Para-Know-how oder Learning by doing insbesondere deshalb im Gesundheits- und Pflegebereich bewähren, weil sie ein hierarchisches Denken zugunsten der Fachexpertise ablehnen und die folgenden Punkte ins Zentrum stellen: Lernen in partnerschaftlicher Weise, Selbsterfahrung und Coaching.

Die «Generation Y» ist, abschliessend gesagt, die folgerichtige Generation. Innere Zufriedenheit bedeutet für sie mehr als Besitz, Sein mehr als Haben. Enge soziale Kontakte und eine Balance im Leben sind ihr wichtiger als ein etwas besser bezahlter Job, der keine Freude macht. Die «Generation Y» gibt sich weltoffen, engagiert und auf eine spielerische Art kreativ. In einer Weltwirtschaft, in der Ideen oft mehr zählen als Produkte und das Neue zunehmend in sozialen Netzwerken entsteht, sind das sogar sehr gute Voraussetzungen, auch fürs Gesundheitswesen.

Literatur

Collins A, Brown J S, & Newman S E (1987). Cognitive apprenticeship: Teaching the craft of reading, writing and mathematics (Technical Report No. 403). BBN Laboratories, Cambridge, MA. Center for the Study of Reading, University of Illinois

Jaccard Ruedin H, Weaver F, Roth M, Widmer M (2009) Gesundheitspersonal in der Schweiz – Bestandesaufnahme und Perspektiven bis 2020. OBSAN Fact Sheet. Schweizerisches Gesundheitsobservatorium (OBSAN), Bundesamt für Statistik, Neuchâtel

http://www.kiss-zeit.ch/; abgerufen am 11.3.2014

Wächter M, Stutz H (2007) Neuregelung der Pflegefinanzierung. Schlussbericht Im Auftrag der Bundeshausfraktion SP Schweiz. Büro für Arbeits- und Sozialpolitische Studien BASS AG (2007), Bern

Bundesamt für Gesundheit (BAG) (2013) «Gesundheit 2020», eine umfassende Strategie fürs Gesundheitswesen. http://www.bag.admin.ch/gesundheit2020/index.html?lang=de; abgerufen am 11.3.2014

Bundesamt für Sozialversicherungen (BSV) 2012: «Reform Altersvorsorge 2020» Leitlinien der Reform der Altersvorsorge 2020 im Rahmen der Sozialpolitik. https://www.news.admin.ch/message/index.html?lang=de&msg-id=46811; abgerufen am 11.3.2014

Kämpfer T, Schwager C (2008) Betroffene beraten Betroffene. Wie am Schweizer Paraplegiker-Zentrum Nottwil Patienten geschult werden. Care Management 2(2): 24–27

Schneider Chr., Willi Studer M. et al., 2012: «Generationenmanagement am SPZ mit Fokus 50 Plus», für Mitarbeitende der Pflege- und Therapiebereiche im Schweizer Paraplegiker-Zentrum, Nottwil [internes Dokument]

Nach ihrer Ausbildung in psychiatrischer Krankenpflege und der Erlangung des Oberschwesterndiploms absolvierte Mechtild Willi Studer den Diplomlehrgang für Verbands- und NPO-Management an der Universität Freiburg (1995) sowie den Masterlehrgang für Organisationsentwicklung an der Universität Klagenfurt (2007). Bevor sie 2004 Leiterin des Pflegemanagements im Schweizer Paraplegiker-Zentrum Nottwil wurde, war sie an der Psychiatrischen Universitätsklinik Zürich in verschiedenen Funktionen, als Geschäftsleiterin beim Spitex-Verband des Kantons Zürich sowie Pflegedienstleiterin im Spital Affoltern tätig.

Sabine Schmid ist seit 1989 Mitarbeiterin im REHAB Basel in verschiedenen Funktionen (Diplomierte Pflegefachfrau, Gruppenleiterin, Leiterin der Innerbetrieblichen Schulung, Leiterin Pflegedienst, Mitglied der Baukommission Neubau REHAB Basel und seit 2009 Mitglied der Geschäftsleitung).

Forderungen an die Umwelt, Hindernisse

75 auf 50 Zentimeter
Urs Zimmermann

Zwei Briefe waren notwendig, einer an den Gemeinderat und einer an die Friedhofskommission. Nachdem die Bitte abgewiesen wurde, gelangte man mit einem Leserbrief an die Presse und fand breite Zustimmung. Der verantwortliche Gartenarchitekt allerdings sprach von «Laien» und «mangelndem Sachverstand». Trotzdem, die schmalen Bodenplatten wurden durch breitere ersetzt und für Familie M. war es möglich, ihren Vater im Rollstuhl bis zum Grab seiner Ehefrau zu fahren.

Solange Herr M. zu Fuss gehen konnte, war der Plattenweg kein Thema. Seit Herr M. auf den Rollstuhl angewiesen ist, ist es aber eins, und das alte Haus mit seinen Stufen und Schwellen, die Warteliste im Altersheim und die Pensionspreise dort sind es auch.

40 auf 50 Zentimeter massen die alten Platten, 75 auf 50 die neuen.
Ein paar Quadratzentimeter erfüllen den Wunsch nach Nähe.

V WÜRDE

«Hinter mir liegt heute ein schönes, erfülltes, selbstbestimmtes Leben. Manchmal habe ich mich, wenn ich mich unter lauter Fussgängern aufhielt, gefragt, mit welchem von ihnen ich gerne tauschen möchte. Es war ganz selten einer dabei.»

Udo Reiter

Udo Reiter

«ICH MERKTE, DASS ICH GAR NICHT TOT SEIN WOLLTE»

Udo Reiter, Autor des Buches «Gestatten, dass ich sitzen bleibe», erlitt im Alter von 23 Jahren einen Autounfall mit den Folgen einer Querschnittlähmung. Als die Rehabilitation schon auf gutem Weg war, kam der Zeitpunkt, als er sich umbringen wollte. Im letzten Moment besann er sich eines anderen. Er studierte in München und Berlin, machte Karriere beim Rundfunk und blickt heute – nach fast fünfzig Jahren – auf ein sehr erfolgreiches und spannendes Leben zurück. Im Interview äussert er sich zu Fragen nach einer sinnvollen Lebensweise, auch mit Querschnittlähmung, zu Grenzfragen des Lebens und kommt zum Schluss: «Die Sinnfrage hängt nicht davon ab, ob man laufen kann.»

Interview: Irène Fasel

Nikolaustag 1966 – Blitzeis. Zwei Stichworte, die in Ihrem Leben einen markanten Einschnitt bewirkten. An dem Tag haben Sie sich bei einem Autounfall das Rückgrat gebrochen und sind seither querschnittgelähmt. Wie sehen Sie heute – nach fast fünfzig Jahren – diesen Moment in Ihrer Biografie?
Ich habe gerade im Aufbau-Verlag meine Autobiografie veröffentlicht und bei dieser Gelegenheit mein Leben Revue passieren lassen. Dabei komme ich zusammengefasst zu folgendem Fazit:
1. Natürlich bedeutet ein solcher Unfall einen totalen Bruch in jeder Biografie, vor allem bei einem jungen Menschen. Alle Pläne sind mit einem Schlag zerbrochen, man ist rat- und hilflos, die Zukunft ist ein schwarzes Loch.

2. Wenn man die erste Zeit der Verzweiflung überwunden hat, merkt man ganz allmählich, dass sich auch in den neuen Koordinaten ein (anders geartetes) Leben einrichten lässt. Man fasst langsam wieder Fuss.
3. Wenn man dann nach einiger Zeit seinen Frieden mit den geänderten Lebensbedingungen gemacht hat, stellt man fest, dass die Bilanz aus Freud und Leid in einem Rollstuhl wohl nicht viel anders ausfällt als bei Fussgängern.

Vor Ihnen lag damals eine hoffnungsvolle Zukunft. Sie hatten die Zusage für eine Ausbildung zum Piloten bei der Lufthansa in der Tasche und freuten sich sehr darauf. Doch mit 23 Jahren lag Ihr Leben plötzlich «in Trümmern», wie Sie schreiben. Heute können Sie auf ein erfolgreiches Leben in beruflicher und privater Hinsicht zurückblicken. Sind Sie ein glücklicher Mensch geworden, trotz Querschnittlähmung?
Ohne Einschränkung: Ja. Hinter mir liegt heute ein schönes, erfülltes, selbstbestimmtes Leben. Manchmal habe ich mich, wenn ich mich unter lauter Fussgängern aufhielt, gefragt, mit welchem von ihnen ich gerne tauschen möchte. Es war ganz selten einer dabei.

Der Moment der Realisierung, dass Sie eine Querschnittlähmung hatten, kam erst Monate nach dem Unfall in Ihr Bewusstsein, obwohl Sie kein Gefühl mehr hatten und sich gar nicht bewegen konnten. Ist dies ein Schutzmechanismus oder eine Überlebensstrategie, die nach dem Schock wirksam wird?
Ich vermute: beides. Ich habe von einigen «Kollegen» gehört, dass es ihnen genau so ergangen sei. Und man kennt das ja auch aus anderen Bereichen. Der Lungenfacharzt zum Beispiel, der seinen eigenen Lungenkrebs nicht erkennt. Es gibt offenbar einen psychischen Schutzmechanismus, der einen vor diesem Blick in den Abgrund schützt. Wahrscheinlich eine Strategie der Natur, um den Lebenswillen aufrechtzuerhalten.

«Der Umgang mit dem Rollstuhl ist komplizierter, als es aussieht. Er hat seinen eigenen Willen», schreiben Sie weiter. Er musste zu einem Teil Ihres Körpers werden. Wie geschah das in Ihrem Fall?
Durch üben, learning by doing. Wenn man ständig mit dem Rollstuhl umgeht, bekommt man allmählich ein Gefühl dafür, was geht und was nicht geht, wieviel man ihm zumuten kann und ab wann er bockig wird.

Welches waren für Sie – ausser Autofahren – die entscheidenden Umstände, die Ihnen Ihren Lebensmut und Ihre Selbstständigkeit zurückgaben?

1. Dass meine damalige Freundin mich trotzdem und gegen den Widerstand ihres Vaters geheiratet hat.
2. Dass eine frühere Kommilitonin, Eva Faltermaier, mich wieder an die Uni geschleppt und Professor Motekat bewogen hat, mir eine Doktorarbeit anzuvertrauen.
3. Dass ich mir einen Waffenschein besorgen und damit eine Smith & Wesson erwerben konnte. Das war eine «Sicherheitsgarantie», um im Ernstfall auch aufhören zu können.

Obwohl Sie nach einiger Zeit den «Rank» wiedergefunden hatten, litten Sie offensichtlich sehr unter Ihrer Situation. Sie wollten sich umbringen, hatten alles vorbereitet, und im Moment, als Sie die Pistole ansetzten, merkten Sie, «dass Sie gar nicht tot sein wollten». Was ging damals in Ihnen vor? Wie erklären Sie sich dieses Phänomen?
Schwer zu erklären. Ich habe versucht, das in meinem Buch darzustellen. Besser kann ich es nicht sagen. Ich war wirklich fest entschlossen, mich umzubringen. Ich vermute, dass meine angeborene Vitalität einfach stärker war.

Diese Situation erlebten Sie noch einmal, als Ihre Frau todkrank im Spitalbett lag. Sie scheuten davor zurück, den Regler des Morphiums aufzudrehen. Sie nennen dies eine «merkwürdige Scheu» vor der Handlung, den Tod zu erzwingen. Was ist dies für eine Hemmschwelle? Letztlich doch Ehrfurcht und Respekt vor dem Leben?
Wahrscheinlich. Man kommt hier in Grauzonen, die sich nicht mehr ausschliesslich rational begründen lassen. Es gibt offenbar, vermutlich genetisch bedingt, also in der Evolution entstanden, einen Willen zum Leben, der sich auch gegen an sich vernünftige Überlegungen durchsetzt oder zumindest durchsetzen kann.

Dennoch fordern Sie das Recht auf Selbstbestimmung, auch auf den eigenen Tod. Sie sprechen von einem Cocktail, den man sich am Ende des Lebens geben sollte. Dürfen wir unser Lebensende selbst festsetzen? Und gilt das für Menschen mit Einschränkungen wie zum Beispiel einer Querschnittlähmung in besonderer Weise?
Das gilt für alle gleichermassen. Das Recht auf Selbstbestimmung, das ein Menschenrecht ist und die Grundlage unserer Verfassung, kann nicht beliebig aufgehoben oder in bestimmten Lebensabschnitten für ungültig erklärt werden. Wer nicht mehr leben will, muss die Möglichkeit haben, sein Leben in Würde und ohne unsinnige Schmerzen zu beenden. Man darf niemanden zum Tod drängen, aber auch niemanden zum Leben zwingen.

Sie zitieren Carl Friedrich von Weizsäckers Definition von Meditation: Sie beginne mit dem «Geltenlassen des Unzerschnittenen». Haben Sie diese Erfahrung je nachvollziehen können oder ist das für Sie reine Theorie? Meditieren Sie?

Ich kann sie nachvollziehen und habe zumindest eine Idee von dem, was Weizsäcker meint. Meine eigenen Bemühungen mit Meditation waren allerdings nicht sehr erfolgreich. Um es in deren Sprache zu sagen: Ich vermute, es ist nicht mein Weg.

Worin besteht für Sie der Sinn eines gelungenen Lebens mit Querschnittlähmung?

Die Sinnfrage hängt nicht davon ab, ob man laufen kann. Sie ist generell sehr schwer theoretisch zu definieren. Letztlich gilt wohl die Formulierung von Ulrich Hommes: «Sinn ereignet sich im Vollzug.»

Der rote Faden in der vorliegenden Publikation ist das Thema Lebendigkeit. Was hat Querschnittlähmung mit Lebendigkeit zu tun? Können Sie damit etwas anfangen? Was haben Querschnittlähmung und Alter gemeinsam? Worin besteht die Lebendigkeit?

Ich ahne, was Sie meinen. Jedenfalls besteht nach meiner Erfahrung Lebendigkeit nicht nur im Motorischen, im Nach-aussen-Gewandten, sondern es ist eher ein seelischer Zustand. Das Helle, Aufgeschlossene, der Umwelt und den anderen Menschen Zugewandte. Ich glaube deshalb auch nicht, dass Querschnittlähmung etwas mit Alter oder Altsein zu tun hat. Sie hätten mich mit 25 erleben sollen!

Wie gehen Sie mit dem Älterwerden um? Treffen Sie Massnahmen? Wie stellen Sie sich den zusätzlichen Einschränkungen im Alter?

Ich kann nur Philip Roth zitieren: «Altwerden ist ein Massaker.» Alles lässt nach, wird schwächer und schlechter. Das Gedächtnis, die Lebenslust, der Gestaltungswille, die Libido – und auch die Lebendigkeit. Das Gerede von der Altersweisheit und der Abgeklärtheit im Alter ist unsinnig. Bei Rollstuhlfahrern ist die Problematik besonders stark. Schon ein gebrochener Knochen, eine gerissene Sehne kann einen endgültigen Pflegefall aus ihm machen.

Niklaus Brantschen

DIE WÜRDE DES LEBENS – BIS INS HOHE ALTER – BIS IN DEN TOD

Pater Niklaus Brantschen SJ, geb. 1937, ist Jesuit, Priester und autorisierter Zen-Meister. Als Autor zahlreicher Bücher hat er sich in den Herzen vieler Menschen einen Platz geschaffen. Ob er Kolumnen schreibt für eine Regionalzeitung oder ein Buch für den Kösel-Verlag, stets findet er die richtigen Worte, treffsicher, klar und deutlich, mit einem Schuss Humor. Ein kurzer Abriss über ein langes Gespräch nach einem Zen-Seminar.

Interview: Irène Fasel

Lieber Herr Brantschen, Sie haben erwähnt, dass Sie sich zurzeit besonders mit dem Thema Tod und Sterben beschäftigen. Gibt es für solche Themen eine bestimmte «Lebenszeit»? Oder hat es mit dem Älterwerden zu tun?
Die Themen sind zu mir gekommen, gleichsam an mich herangetragen worden. Natürlich muss man dann auch dafür offen sein und sie annehmen. Aber das ist bei allem so: Wer ein Ohr hat und Respekt vor einer Sache, der kann sich mit ihr beschäftigen.

Früher – das heisst noch vor ein, zwei Generationen – hat man den Tod ins Leben integriert. Die Menschen sind oft zu Hause gestorben, man hat sie bis zu ihrem Tod (und darüber hinaus) begleitet. Kann man Sterben delegieren?
Sterben muss jeder selbst. Doch kann man sich auch darauf vorbereiten. Es kommt darauf an, wie man sein Leben einrichtet. Wer keine Zeit zu leben hat, wird auch den Tod nicht wirklich wahrnehmen. Wer den Tod verdrängt, wird eher davor Angst haben, als ein Mensch, der sich damit auseinandersetzt.

Viele Menschen wollen möglichst lange leben, aber keiner will alt werden. Warum diese Diskrepanz?
Alt werden gehört zum Leben, das wissen wir alle. Altern ist keine Schande. Wer das einsieht und zu seinen Jahren steht, wirkt entspannter und ist gesünder. Wer bezüglich Alter sich und andern etwas vormacht, trauert der verwelkten Jugend nach, statt die Chance zu ergreifen, im Herbst des Lebens zu reifen. Und mit den Jahren weise zu werden. Nur wer sich selbst im Alter schätzt und akzeptiert, wird auch in hohen Jahren geachtet.

Sie fordern: «Weniger Anti-Ageing, mehr Pro-Ageing»! Welche alten Menschen braucht die Welt?
Wer seinem Alter entsprechend lebt, auch mal einen Schritt zurücktritt und nicht dauernd durch die Welt rast, hat die Chance, selbst im Alter vom Leben noch einmal beschenkt zu werden. Er sieht vielleicht manches mit neuen Augen, er entdeckt in sich eine Leidenschaft, die früher nie Platz hatte. Menschen, die mit sich selbst im Reinen sind, strahlen eine Güte und Wärme aus, die unsere Welt reicher macht.

Aber ist es nicht auch schwierig, ein Leben in Würde zu führen, wenn immer mehr Beschwerden hinzukommen?
Ein beschwerdefreies Alter gibt es nicht. Pointiert lässt sich sagen: Im Alter nehmen alle Sinne ab, nur der Eigensinn nimmt zu. Doch muss es nicht so sein. Ein würdevolles Alter ist auch eine Frage der Gelassenheit. Achtsamkeit spielt eine wichtige Rolle, den Dingen und dem Leben mehr Aufmerksamkeit zu schenken. In der Tat hat man ja mehr Zeit, den Ruhestand wirklich zu leben, wenn man diese späte Lebensphase auch ernst nimmt.

Als Zen-Meister kennen Sie eine lange Tradition des Sitzens. Sie meditieren seit vielen Jahren regelmässig und über lange Zeiten. Sitzen haben Sie gewählt als Praxis der Stille. Was bedeutet das lange Sitzen für Sie?
Es ist zunächst einmal die Regelmässigkeit, das Ritual des Sitzens, das mich zur Ruhe kommen lässt. Auch innerlich. Das Üben des In-sich-Gehens bewirkt, dass man auch im Äusseren achtsamer wird. Die Stille und Konzentration sind ein Weg, Kraft zu schöpfen für den Alltag mit all seinen Verpflichtungen. Und die Zen-Meditation hilft, einen klaren Geist zu haben und sich im Leben besser orientieren zu können.

Die Hauptbetroffenen unseres Buches sind Menschen mit Querschnittlähmung. Sie sitzen nicht freiwillig. Aber sie sitzen fast immer. Haben Sie eine Vorstellung vom Sitzen im Rollstuhl?

Vor einigen Jahren sind wir regelmässig zu Vorträgen und Übungen in die Strafanstalt Pöschwies (Regensdorf) gegangen. Dort kamen wir mit Menschen in Kontakt, die vom Leben draussen abgeschnitten waren und mit sehr vielen Einschränkungen umgehen mussten. Sie haben uns sehr vieles gelehrt. Und ich hatte oft den Eindruck, dass ich – draussen in der Freiheit – mehr gefangen war als die Gefängnisinsassen. Vielleicht ist es ähnlich im Rollstuhl. Die Gelähmten sagen uns, wo es lang geht.

Ein gelähmter Körper ist «lahm», hat für sich allein kein Gleichgewicht und keine Spannkraft mehr. Wie ist es möglich, unter solchen Umständen ein inneres Gleichgewicht und eine innere Spannkraft zu erreichen? Wie sehen Ihre Vorstellungen davon aus?
Ich kann nur für mich sprechen. Ich glaube nicht, dass die Erfahrung von innerer Stärke und Gleichgewicht von einem gesunden Körper abhängig ist. Sicher kann auch ein gelähmter Körper tief gehende Erfahrungen, selbst existenzieller oder mystischer Art machen. Möglicherweise ist die Disposition sogar eher dafür gegeben, weil die Ablenkung und «Verführung» von aussen eingeschränkt ist. Aber ich habe keine Erfahrung damit.

Inwiefern braucht die innere Lebendigkeit eine äussere Fitness? Anders gefragt: Kann die innere Lebendigkeit auch ohne äussere Fitness aufrechterhalten werden?
Die innere Lebendigkeit ist die wirkliche Lebendigkeit. Sie ist es, die uns am Leben erhält. Sie ist der Quell des Lebens. Eine äussere Fitness dagegen mag beeindruckend sein, aber ohne innere Lebendigkeit wirkt sie kraftlos und aufgesetzt.

Und der Tod?
Der kommt bestimmt, auch wenn wir meinen, etwas Besseres verdient zu haben. Im Übrigen halte ich es mit dem Psalmisten: «Lehre uns bedenken, dass wir sterben müssen, damit wir ein weises Herz gewinnen!» (Psalm 90,12)

Wenn die Lebenszeit zu Ende geht
Corina Caduff

Das Lebensende rückt zunehmend in den Fokus der Gesellschaft. Immer mehr Spitäler bieten Palliative Care an, die Erforschung der letzten Lebensphase ist im Aufschwung begriffen. Wenn die Beschränkung der Lebenszeit definitiv wird, stellen sich viele Fragen mit neuer existenzieller Schärfe. Zwei Mitarbeiterinnen des traditionsreichen Hospizes Zürcher Lighthouse geben Einblick in ihren Umgang mit dem Ende des Lebens.

«Im Sterben ist so viel Leben drin», sagt Andrea Ott, Leiterin des Pflegedienstes im Hospiz Zürcher Lighthouse. Und Michaela Hellenthal, die im Lighthouse als Kunsttherapeutin tätig ist, pflichtet bei: «Hier findet das pralle Leben statt, in allen verschiedenen Facetten.» [1] Das Lighthouse, eine idyllische Villa mit vierzehn Zimmern in bester Wohngegend am Zürichberg gelegen, wurde 1988 als Hospiz für Aidspatienten gegründet; mittlerweile sind an die 90 Prozent der Bewohner Krebskranke. Im Schnitt verleben sie ein bis zwei Monate in dem Haus, das eng mit dem Universitätsspital Zürich zusammenarbeitet und auf Palliative Care im Langzeitbereich spezialisiert ist. – Ein Hospiz ist ein Sterbehaus; für Angehörige und Pflegende kann es auch eine Lebensschule sein.

> Man kann das Sterben nicht einfach in die Hände von Profis legen und es damit gleichsam abgeben. Sterben ist nicht kontrollierbar.

Die institutionelle Gründung der Palliativmedizin ging aus der Hospizbewegung hervor und erfolgte in den 1990er-Jahren; seither gibt es mehr und mehr Palliativstationen in Krankenhäusern, und seit einigen Jahren gerät die Sterbephase auch zunehmend in den Fokus der Öffentlichkeit: Fachliteratur zur Sterbebegleitung boomt (vgl. Borasio, 2011), die Medien berichten über das Thema, in der Schweiz wird zurzeit ein mehrjähriges nationales Forschungsprogramm zum Thema «Lebensende» durchgeführt (Nationales Forschungsprogramm 67). Dabei anerkennen wir das Lebensende im Allgemeinen als eine eigenständige Lebensphase und nehmen uns der entsprechenden Ängste, Fragen, Leiden und Bedürfnisse auf physischer sowie psychosozialer Ebene umfassend an. «Palliative Care sucht das Sterben wieder als Teil des Lebens wahrnehmbar zu machen, und Entwicklungsprozesse gerade auch in Krankheit und Sterben zu unterstützen», sagt Andrea Ott. Das Lebensende stellt in erster Linie die Betroffenen und deren Angehörige, aber auch das Gesundheitswesen und entsprechende politische Entscheidungsträger vor enorme Herausforderungen. Mithin gilt es, einen allgemeinen gesellschaftlichen Diskurs zu fördern, der diese Herausforderungen öffentlich macht und sie

---

1   Die Autorin dankt den beiden Mitarbeiterinnen des Hospizes Zürcher Lighthouse, Andrea Ott (Leiterin Pflegedienst) und Michaela Hellenthal (Kunsttherapie), für die geführten Gespräche im September 2013.

debattiert, – auf dass wir uns mit dem Sterben nicht erst dann beschäftigen, wenn es unmittelbar bevorsteht.

Die zentrale Einschränkung bei der letzten Lebensphase betrifft – das macht die Situation so radikal – den Faktor Lebenszeit: Sie geht zu Ende. Erfährt man anderweitige Einschränkungen, etwa in der Mobilität oder Kommunikation, so kann man, so schwer es auch sein mag, verschiedene Umgangsweisen erproben und sich dafür auch Zeit lassen. Dem Sterben aber wohnt der Schrecken des «Letzten» inne: Man macht letzte Unternehmungen und führt letzte Gespräche, man verabschiedet sich von geliebten Menschen und Dingen, der Rückzug ist definitiv.

Autonomie und Würde

Ein Hospiz mag den Eindruck erwecken, dass man sich hier in die Obhut von professionellen Personen begibt, die dann schon wissen, was zu tun ist. «In einer palliativen Einrichtung», so Andrea Ott, «verläuft aber keineswegs alles geregelt, man kann das Sterben nicht einfach in die Hände von Profis legen und es damit gleichsam abgeben. Sterben ist nicht kontrollierbar.» In der heutigen Zeit feiern wir, als Spätfolge der Aufklärung, die Autonomie und damit die Selbstkontrolle des Individuums: Jeder kann und darf und sollte gar alles selbst entscheiden; das gilt auch und gerade für das Lebensende, obschon doch gerade nichts so sehr unsere Autonomie verletzt wie das Sterbenmüssen. Der entsprechende Druck, angesichts des bevorstehenden Todes alles festzulegen und zu verantworten, wirkt daher auch belastend: «Es kann stressig sein, wenn Angehörige sagen: ‹Du musst jetzt das und das entscheiden.›» Ein klassisches Instrument, um die Autonomie bis ins Letzte zu behaupten, ist die Patientenverfügung; gerade in Palliativeinrichtungen besteht die Erwartung, dass sich jeder um die letzten Dinge kümmert und entsprechende Papiere hinterlegt. – «Bei uns darf man auch ohne», sagt die Pflegeleiterin des Zürcher Lighthouse.

Autonomie und Würde sind Begriffe, die im Kontext des Sterbens häufig angesprochen werden. Was sie aber genau bezeichnen, bleibt zu grossen Teilen offen. Insbesondere das Schlagwort der Würde wird gern pathetisch ausgesprochen, doch tatsächlich gibt es keine verbindliche Definition dieses Begriffes. Und tatsächlich unterliegen die Vorstellungen von Würde kulturellen und historischen Veränderungen: Was heute würdig scheint, kann morgen schon unwürdig sein, was in unserer Kultur als würdig verstanden wird, kann in einer anderen unwürdig anmuten oder umgekehrt. Und die Bewahrung von Autonomie bedeutet nicht zwangsläufig auch die Bewahrung von Würde: Es kann gut sein, dass jemand krampfhaft die Kontrolle zu behalten sucht, und dass ihm dabei die Würde entgleitet, während sich eine andere Person auf würdevolle Art und Weise den Verfügungen anderer hingibt.

Andrea Ott, die seit 2007 im Lighthouse tätig ist, hat aufgrund ihrer langjährigen Erfahrung als Pflegerin eine treffende Definition dessen gefunden, was Würde im Palliativbereich ist und was nicht: «Würde ist, auf die Einzigartigkeit des Menschen einzugehen und ein Verfahren zu entwickeln, das ihm entspricht. Die gleiche Anwendung von standardisierten Verfahren auf alle – das ist unwürdig.» Und sie erzählt ein Beispiel aus dem Pflegealltag im Hospiz: Ein Patient wünschte sich im Beisein eines Angehörigen ein Schokolade-Joghurt. Selbstverständlich sucht man bestehenden Essenswünschen nachzukommen, so ging sie in die Küche, um eines zu holen, musste dort aber feststellen, dass nur noch Mokka-Joghurts vorhanden waren, also nahm sie ein solches. Zurück beim Patienten auf dem Zimmer überreichte sie ihm dies entschuldigend, worauf der Angehörige ungehalten reagierte und Geld ins Spiel brachte: Bei einem Tagessatz von 270 Franken müsse es doch möglich sein, einem Sterbenskranken solche Wünsche zu erfüllen.[2] Ott bedauerte, sie könne jetzt leider keines auftreiben, forderte dann jedoch den Angehörigen auf, doch selbst eines im nahe gelegenen Coop zu besorgen, was dieser auch tat, wenngleich unwirsch. – Solche Situationen sind nicht vorhersehbar, sie ergeben sich spontan und lassen sich nicht im Voraus regulieren.

Die Frage, wie denn Pflegepersonal auf Palliativstationen damit umgeht, dass es andauernd mit Sterben und Tod konfrontiert ist, taucht unwillkürlich auf. Gibt es konkrete Strategien, um die Schwere des Themas abzuschütteln, wenn man nach Hause geht? Spielen Abspaltungsmechanismen eine Rolle, braucht es Rituale, die den Übertritt ins eigene Leben erleichtern? Andrea Ott (Jg. 1972) schüttelt den Kopf, sie hat sich mit den Jahren einen integrativen Umgang in beide Richtungen angeeignet, sodass es kein spezieller Akt sei, das Lighthouse zu betreten oder es zu verlassen: «Es kommt die ganze Andrea hierher, und es geht die ganze Andrea nach Hause.» Allerdings komme es im Hospiz bisweilen zu besonders belastenden Szenen, dann gehe sie nach der Arbeit joggen, um die Schwere des Tages abzuschütteln.

Im Kunstatelier

Palliative Care ist durch eine aktive ganzheitliche Behandlung gekennzeichnet, sie zielt auf Schmerzlinderung und psychosoziale Stabilisierung. Das Zürcher

---

2 Bei dieser Zahl handelt es sich um den Betrag, den in diesem Fall der Patient selbst pro Tag bezahlte. Die realen Betriebskosten pro Patient und Tag belaufen sich auf über 900 Franken; mehr als die Hälfte davon wird durch Spendengelder finanziert. Das Hospiz Zürcher Lighthouse wird zudem durch Freiwilligenarbeit in der Pflege, Hotellerie und Administration unterstützt.

Lighthouse legt viel Wert auf die wöchentlichen interdisziplinären Sitzungen, an denen alle Teammitglieder teilnehmen, um ihre verschiedenen Sichtweisen zusammenzutragen und daraus die bestmöglichen Behandlungsschritte abzuleiten.

So wird auch eine Kunsttherapie angeboten. Diese findet im sogenannten Kunstatelier statt, einem hübschen kleinen Eckraum im Obergeschoss, in dem sich jede Menge Farbstifte, Pinsel, Papier, Klebestoff sowie weitere Mal- und Bastelutensilien finden. Hier ist die Kunsttherapeutin Michaela Hellenthal, die auch eine Ausbildung als Krankenschwester absolviert hat, seit 2013 zwei halbe Tage pro Woche zugegen. Wenn Bewohner neu ins Lighthouse eintreten, geht sie bei ihnen vorbei und stellt sich und ihr Angebot kurz vor. Etliche kommen darauf zurück und finden sich dann bei ihr im Kunstatelier ein, um sich mit den vorhandenen Materialien kreativ zu beschäftigen. Bei Bedarf findet die Therapie auch im Zimmer der Bewohner statt.

Das Malen oder anderweitige Gestalten bietet «eine Zeit der Stille», so kommentiert Hellenthal die Atmosphäre, «während des kreativen Schaffens wird meist nicht viel gesprochen, und wenn, dann stehen der bevorstehende Tod und das Sterben nicht immer im Vordergrund. Der Fokus ist auf das Hier und Jetzt gerichtet. Man kommt im Gespräch sehr schnell auf den Punkt. Das soziale Geplänkel fällt weg.»

Mit und anlässlich der Bilder werden bestimmte Aspekte des Selbst noch einmal in eine Gestalt gefasst, zum Ausdruck gebracht. Sterben und Tod bedeuten für das menschliche Selbstwertgefühl eine massive Kränkung, man fühlt sich entwertet, ohnmächtig, ausgeliefert. Im gestaltenden Ausdruck aber kann man selbst, und sei es assoziativ, entscheiden, was man darstellt und wie man es darstellt, man kann Aspekte zeigen, die für das eigene Leben oder für die aktuelle eigene Wahrnehmung massgeblich sind. Im Kunstatelier ist man Autor (lat. *auctor:* Urheber, Schöpfer), hier bestimmt man selbst; der Gestaltungsprozess spendet Autonomie. Hinzu kommt das Gefühl der (Mit-)Teilung: Man ist nicht allein mit sich, denn die Therapeutin sitzt ja dabei, sie schaut zu, nimmt Anteil, sei es sprachlich oder einfach allein durch ihre Präsenz und durch ihren Respekt: «Wo der Umgang miteinander respektvoll ist, da ist Würde», sagt sie.

Nach den jeweiligen Stunden können die Klienten ihre Bilder mit aufs Zimmer nehmen oder auch im Atelier lassen, jeder hat sein eigenes Fach. Die meisten lassen sie da. Laut Hellenthal können hier unaussprechliche Gedanken und Gefühle wie Wut bearbeitet werden, die sonst keinen Ausdruck, kein Ventil zu finden vermögen. Vielfach gelingt es dabei, etwas Belastendes zu Papier zu bringen und dieses damit gleichsam von sich abzuwerfen, sodass es losgelassen und abgegeben werden kann. «Tun Sie's einfach in den Müll», heisst es dann auch schon mal nach einer Stunde. Tatsächlich klärt die Therapeutin mit den Klienten ab, was nach deren Tod mit den Bildern geschehen soll; manche äussern den Wunsch, diese an Angehörige zu übergeben, andere zucken nur mit den Schultern, und wiederum andere sagen explizit, dass alles vernichtet werden soll. Kein einfacher Auftrag. Aus rechtlichen Gründen darf Hellenthal die Bilder nicht aus dem Haus nehmen, und aus feuerpolizeilichen Gründen darf sie sie in dem Haus nicht verbrennen. Bleibt der Reisswolf im Bürotrakt. Die Frage nach der Entsorgung scheint ihr Schwierigkeiten zu machen. «Es ist kein schöner Moment», räumt sie ein, «doch die Vernichtung ist wie ein zeremonieller Akt.» Verstirbt ein Bewohner, so vergegenwärtigt sie sich anhand der Bilder die Person und den Therapieverlauf noch einmal, «dies ist mein Abschiedsritual und eine Art der Psychohygiene, es ist meine Form, mich zu verabschieden».

Immer wieder aber kommt es auch vor, dass es keinen Auftrag zur Vernichtung gibt und dass keine Angehörigen vorhanden sind, die die Arbeiten an sich nehmen. So lagern etliche Bilder von verstorbenen Bewohnern seit Längerem im Dachgeschoss des Hospizes.

Wider die Normierung von Sterbevorstellungen

Das Sterben als Lebensphase wird in der heutigen Zeit nach über eineinhalb Jahrhunderten Verdrängung[3] gerade erst wiederentdeckt, wobei sich die Frage stellt, wie sich bestimmte Vorstellungen des Sterbens kulturell durchsetzen und wie dabei bestimmte Erzählungen normativ wirken könnten – etwa das Narrativ, dass Sterben ein «Reifeprozess» sei, an dem man «wachsen» könne. Oder die Verkündigung des Lebensendes, so eine Sterbebegleiterin, als eine Zeit, «die das Leben in eine Vollendung und letztendliche Erfüllung führt» (Orlet, 2012 Buchrückseite). Wäre dies, nachdem wir uns mit der Säkularisierung vom Paradies verabschiedet haben, die neue Religion: Erfüllung im Sterben?

Andrea Ott gibt sich, obschon sie das Sterben im Hospiz immer wieder auch als lebendigen Prozess erfährt, angesichts solcher Positivierung des Lebensendes zurückhaltend. Im Lighthouse sieht sie täglich, dass das Sterben für die meisten betroffenen Personen sowie für deren Umfeld vor allem eine Belastung ist. «Es werden auch schöne, unbeschwerte Tage erlebt. Meist steht jedoch die Bewältigung eines Verlustes im Vordergrund, welcher mit Trauer assoziiert ist. Es beschäf-

---

3 Philippe Ariès zeigt in dem Klassiker *Geschichte des Todes* (1980, frz. 1978) auf, dass der Tod, der während Jahrhunderten in mehr oder weniger stabiler Weise als vertrauter Begleiter in das Lebensverständnis integriert und stets ein soziales und öffentliches Ereignis war, in der zweiten Hälfte des 19. Jahrhunderts «immer entschiedener in den Untergrund verdrängt» (S. 718) wurde.

tigt die sterbenden Menschen, dass das Sterben und der Tod nicht strikt planbare Prozesse sind und sie sich der Ungewissheit stellen müssen.»

Sicherlich kann der Sterbeprozess auch mentale Räume öffnen, die man zuvor kaum gekannt haben mag, sicherlich kann Sterben auch Weitung bedeuten und zu tiefen produktiven Einsichten führen. Doch trotzdem scheint es geboten, das Lebensende nicht ideologisch zu überfrachten, es nicht positiv zu vereinnahmen und ihm keine Erfüllung aufzuerlegen.

Je mehr es nun auch diskursiv in den Vordergrund rückt, je mehr die entsprechenden Entwicklungsprozesse und Ängste auch öffentlich diskutiert werden, umso eher kann eine allgemeine gesellschaftliche Integration des Sterbegedankens aufkommen, die nicht nur als Vorbereitung auf das Sterben dient, sondern auch dem gegenwärtigen Leben.

Literatur

Ariès Ph (1980): Geschichte des Todes. Hanser, München

Borasio G D (2011): Über das Sterben. Beck, München

Caduff C (2013): Szenen des Todes. Lenos-Verlag, Basel

Nationales Forschungsprogramm 67: http://www.nfp67.ch/D/Seiten/home.aspx; abgerufen am 13.3.2014

Orlet G (2012): Das Jetzt im Sterben. Begleitung bis zur Lebensgrenze. MAM, Hochheim

Prof. Dr. Corina Caduff ist Autorin und Kulturwissenschaftlerin. 1991 Promotion über Elfriede Jelinek, anschliessend Forschungsaufenthalte in Berlin und den USA, seit 2004 Professorin an der ZHdK. Arbeitsschwerpunkte: Verhältnis der Künste; Gegenwartsliteratur; Tod.

Zeitkonflikt – Die Wiederentdeckung der Langsamkeit

Irène Fasel

Älterwerden bedeutet langsamer werden. Damit sind zwei Handlungsweisen verknüpft: das Tempo zurücknehmen und verzichten. In beidem liegt die Chance, sich auf das Wesentliche zu besinnen und damit tiefgründiger zu werden. Mehr Besonnenheit und weniger Stress passen zu einem gut gelebten Alter und erhöhen die Erfahrung von Lebendigkeit – auch bei einem Leben mit Einschränkungen.

John Franklin war langsam. Sehr langsam. So langsam, dass er einen auf ihn zufliegenden Ball nicht fangen konnte. Mitspielen war chancenlos. Dafür war er ausdauernd. So ausdauernd, dass er ein Seil stundenlang und ohne zu zucken mit gestrecktem Arm hochhalten konnte. So spannte er das Seil für die spielenden Kollegen. Zudem verfügte er über ein ausserordentliches Gedächtnis und vergass nie, was er einmal gelernt hatte.

John Franklin ist der Protagonist in Sten Nadolnys Bestsellerroman aus den 1980er-Jahren: «Die Entdeckung der Langsamkeit». Seine Einschränkung – die extreme Langsamkeit – in Kombination mit seinen ausserordentlichen Begabungen – Ausdauer und Gedächtnis – liessen ihn zu einem Helden werden. Sein Jugendtraum, zur See zu fahren, wurde erfüllt. Als Kind noch gehänselt wegen seiner Langsamkeit, brachte er es bald zu höchstem Ansehen. Von seinen Vorgesetzten und Untergebenen wurde er gleich geachtet, und für seine Leistungen auf See erhielt er den Adelstitel. Er starb im Alter von 62 Jahren auf einer Expedition zum Nordpol, erfroren in «seinem Element», dem Packeis.

Sein System war das «Prinzip der Langsamkeit». «Ohne Langsamkeit kann man nichts machen, nicht einmal Revolution», lautete seine Devise (Nadolny, 2012, S. 308). Es bestand darin, dass stets zwei Menschen an der Spitze stehen sollten: Einer, der die Geschäfte führte und «das Billige, Unwichtige und Eilige» zu erle-

> Auch Geduld beruht auf Langsamkeit.
> Es ist ihr eigentliches Charakteristikum.

digen hatte. Der Zweite sollte stets Ruhe und Abstand bewahren. «[Er] schaut einzelnes lange an, er erkennt Dauer und Geschwindigkeit allen Geschehens und setzt sich keine Fristen, sondern macht es sich schwer. […] Sein eigener Rhythmus, sein gut behüteter langer Atem sind die Zuflucht vor allen scheinbaren Dringlichkeiten, vor angeblichen Notwendigkeiten ohne Ausweg, vor kurzlebigen Lösungen» (Nadolny, 2012, S. 308).

Das mag für eine Romanfigur um das Jahr 1800 gut sein, aber sieht das wirkliche Leben des 21. Jahrhunderts nicht doch anders aus? Sind wir nicht die Stressgeplagten, die überhaupt nichts mehr selbst zu bestimmen haben? Sind wir nicht Sklaven der Zeit und der Geschwindigkeit geworden? Dazu einem steten Leistungsdruck ausgesetzt, einer wachsender Konkurrenz auf fast allen Lebensgebieten? Dieser Text soll allen Unkenrufen zum Trotz ein Plädoyer für die Wiederentdeckung der Langsamkeit sein, gerade in unserer Zeit, gerade beim Älterwerden und gerade mit Einschränkungen.

«Wir haben keine Chance! [...] Wir selbst sind die Chance.»[1]

Anlässlich einer Podiumsdiskussion der Jahrestagung der Deutschsprachigen medizinischen Gesellschaft für Paraplegie zum Thema «Ageing» im Jahre 2010 wurden die Gesprächsteilnehmer – sie sind alle selbst Menschen mit Querschnittlähmung – nach der ihnen eigenen Überlebensstrategie gefragt. Fritz Vischer sagte: «Ist man querschnittgelähmt, muss man sich interessant machen, eine besondere Fähigkeit entwickeln.» Seine eigene ist die eines guten Gedächtnisses. Das Auswendiglernen blieb über viele Jahrzehnte seine Überlebenstechnik. Sowohl im Alltag als auch im neu erlernten Beruf. Er selbst ist seine Chance. Bis zum heutigen Tag, wo er sein Leben gut meistert.

Für andere sind Geschwindigkeit und Leistung das Lebenselixier: überdurchschnittliche sportliche Leistungen trotz Rollstuhl. Olympiagold noch und noch. Menschen mit Querschnittlähmung sind nicht selten überaus aktiv und effizient. Dank ihrer Fähigkeiten wurde in den 1970er- und 1980er-Jahren das Bild der Rollstuhlfahrer grundlegend revidiert. Sie konnten wieder Vorbildfunktion für andere Leidensgenossen übernehmen, statt «behindert» waren sie plötzlich «begabt». Sie richteten den Fokus auf das, was Rollstuhlfahrer mit Fussgängern gemeinsam haben, nämlich das Recht auf ein «normales» und menschenwürdiges Leben.

Parallel dazu erlaubten die Fortschritte in Medizin und Pflege eine Zukunftsperspektive, die endlich wieder Hoffnung gab. Doch diese Pflege hat ihren Preis. Sie kostet Zeit und Geld. Dessen sind sich Menschen mit Querschnittlähmung bewusst. Sie wollen nicht in der Rolle des Opfers verharren, der Gesellschaft nicht zur Last fallen, sondern ihr berechtigtes Anliegen ist es, trotz oder gerade wegen ihrer Lähmung und der damit verbundenen Einschränkungen ihren Anteil am gesellschaftlichen Leben zurückzugewinnen.

Altersgemäss leben

Auch Menschen mit Querschnittlähmung brauchen einmal eine Auszeit. Ihr Alltag wird je nach Organisation bis zu 30 Prozent von täglichen Verrichtungen wie Hygiene, Ankleiden, Transporten, Arbeitseinsatz usw. belegt. Das ist ein enormer Zeitaufwand im Vergleich zu Menschen ohne besondere Einschränkungen. Hinzu kommt, dass viele Handlungen nicht mehr so schnell erfolgen können wie vor Eintritt der Lähmung. Diese «fehlende» Zeit muss irgendwie kompensiert werden, will man nicht in einen gravierenden Zeitmangel geraten, denn das Leben geht weiter – trotz Rehabilitation in einem Pflegezentrum und erst recht

---

[1] Nadolny, 2012, S. 157

danach zu Hause. Zwei Möglichkeiten stehen zur Auswahl: weniger tun oder mehr delegieren.

Nicht selten werden Menschen mit zunehmendem Alter geradezu überaktiv. Als wollten sie dem Alter ein Schnippchen schlagen und das Älterwerden so lange wie möglich hinausschieben. Neue, früher nie gekannte Schlagwörter belegen diese Tendenz: statt Altwerden Antiaging, statt Falten und Furchen Botox und Lifting. Wie wäre es denn umgekehrt? Vielleicht müssen wir einfach wieder einmal über die Bücher und unsere Ziele überdenken? Was wir im Arbeitsleben fast täglich taten, nämlich unser Pensum überprüfen, könnte auch im Alter zur Gewohnheit werden. Das birgt die Chance, dass wir schlichtweg unserem Alter entsprechend leben.

Treten nun aber zum Alter eine Querschnittlähmung oder andere gravierende Einschränkungen hinzu, kann diese Überaktivität schnell als Kompensation aufgrund der vorliegenden Defizite missverstanden werden. Gerade bei einer Querschnittlähmung zeigt sich jedoch in der Regel eine besondere Form von Wachheit, die hilft, das Überleben zu sichern. (Vgl. dazu Beitrag «Lebensmotto Fitness», S. 52.)

Oft gibt es gerade bei älteren Menschen sehr effiziente Schaffensphasen, die mit der Wahrnehmung der Endlichkeit zusammenhängen. Solche Phasen sind nicht als Kompensation, sondern eher als kreative oder konstruktive Reaktion auf das Bewusstsein des nahen Todes zu verstehen. Das wäre eine besondere Form der Lebendigkeit.

Grundsätzlich liegt es aber in der Natur des Menschen, dass wir mit dem Älterwerden auch langsamer werden: in der Beweglichkeit (soweit vorhanden), im Denken und im Handeln. Unsere Gesellschaft goutiert dies wenig. Diesem Trend hält der deutsche Philosoph Fulbert Steffensky einen Spiegel vor und plädiert für die Unvollkommenheit, für die «gelungene Halbheit», wie er es nennt. In seinem Buch «Mut zur Endlichkeit» (Steffensky, 2007) bekennt er sich mit Nachdruck dazu, dass wir dem Perfektionswahn die Stirn bieten und zurückfinden zu mehr Gelassenheit und dem Mut, uns so zu akzeptieren, wie wir eben sind. Das gilt im Alter mehr und mehr. Denn mit den Jahren kommen auch meist die Beschwerden, die Unvollkommenheit wird sichtbarer und fühlbarer, oder wie es Steffensky formuliert: «Es ist das Schwerste, was wir Alten zu lernen haben, den anderen zur Last zu fallen.» (Steffensky, PDF VHS 26.6.2013, S. 9) Diese Situation vergleicht er mit jener des nahen Todes: «In der Nähe des Todes wissen wir endgültig, dass man mit der eigenen Kraft alsbald verloren ist. Darauf kann man mit Verzweiflung reagieren oder aber man kann einstimmen in die eigene Bedürftigkeit» (ebd. S. 8). Es ist keine Schmach, bedürftig zu sein. Das gilt es zu akzeptieren.

Strategie des Passivs

Menschen mit einer Querschnittlähmung haben diese Schwelle sozusagen überschritten. Sie müssen ihre Bedürftigkeit annehmen. Der Unfall, den sie erlitten haben, oder der Auslöser ihrer Lähmung zwang sie dazu, sich dem Thema zu stellen und ganz neu anzufangen, mit allem, sogar mit den einfachsten Handreichungen, die sie einst im Schlafe beherrschten, falls diese überhaupt je wieder machbar werden. Das Passiv kommt zum Tragen. Bewegung geschieht fast nur noch von aussen: Ich werde bewegt, vom Rollstuhl, von einer Person, die etwas mit mir macht oder die mich pflegt. Dieses Reduzieren quasi auf den Nullpunkt und das Akzeptierenmüssen der Abhängigkeit ist in der ersten Phase der Rehabilitation nicht nur wichtig, sondern die eigentliche Überlebenschance. Sie stellt hohe Anforderungen an die Transformation der eigenen Persönlichkeit bis hin zu Demut. Auch Demut kann nicht schnell sein. Demut verlangt Hingabe und Dankbarkeit. Und Dankbarkeit ist nur möglich, wenn man innehält. Dankbarkeit verlangt eine Pause, ein vorgängiges Akzeptieren der Handlung, die an mir geschieht.

Dies haben Menschen mit Querschnittlähmung gelernt. Für sie ist es keine Frage des Alters, sondern eine Forderung ihres Zustandes. Sie sind geradezu darauf angewiesen, Unterstützung anzunehmen, sich zu organisieren und ihre eigenen Bedürfnisse klar mitzuteilen. Menschen ohne Einschränkungen müssen dies meist erst mit dem Älterwerden erfahren. Wie sehr könnten sie von den Erfahrungen aus der Rehabilitation profitieren! Rollstuhlfahrer haben dies längst hinter sich, wenn sie älter werden. Und sie wissen, wie mit ihrer Situation umzugehen.

Geduld und Warten

Ist hier nicht Langsamkeit im Spiel, führt dies zu Ungeduld, zu Gereiztheit. Auch das ist ein gangbarer Weg, doch nicht der wünschenswerte. Manchmal ist es notwendig, die eigene Ohnmacht zu akzeptieren und damit umzugehen. Erst dann können Schritte im Umgang mit der Lähmung, später zur Reintegration in die Gesellschaft unternommen werden.

Geduld ist angesagt. Auch Geduld beruht auf Langsamkeit. Es ist ihr eigentliches Charakteristikum. Im Wort Geduld steckt ein weiteres, verwandtes: dulden, erdulden. Geduld setzt voraus, dass man warten kann, sich in Ausdauer übt, sich eben Zeit lässt. Therese Kämpfer, querschnittgelähmt seit 33 Jahren, sagt, sie habe durch ihre Lähmung vor allem gelernt, geduldig zu sein (siehe Interview mit Therese Kämpfer, S. 62). Wer hingegen ungeduldig wird, setzt sich selbst einem Zeitkonflikt aus. Erfolg im Gesundwerden wie auch im Lebenlernen mit einer Querschnittlähmung kann nicht herbeigeredet werden, und die Schritte nach einer erlittenen Querschnittlähmung sind von aussen gesehen oft klein. Klein, aber dank der heutigen Rehabilitation stetig.

Es geht nicht mehr alles, dafür geht anderes. Leben im Rollstuhl ist zunächst ein Prozess. Ein Prozess ist ein allmähliches Vorankommen, kein Hetzen. Am ehesten dem Reifwerden zu vergleichen. Genauso das Älterwerden, die eigentliche Zeit des Reifens. Und hierin gibt uns die Natur genügend Muster vor, die ihre Zeit brauchen. Ein Apfel braucht Monate, bis er saftig und knackig ist. Er kann von sich aus nicht schneller reifen. Nicht weniger ist Vergehen ein Prozess. Ist der Zenit einmal überschritten, geht die Entwicklung genauso vorwärts. Älterwerden bedeutet nicht nur Rückschritt, es ist auch ein Zugehen auf das nahende Ende hin. Eine Auseinandersetzung mit immer neuen Formen des Lebens. Und vor allem eine Aufforderung, kürzer zu treten.

Die Dimension der Tiefe entdecken
Physikalisch gesehen ist Geschwindigkeit der Weg, den man pro Zeiteinheit zurücklegt, also z.B. Meter pro Sekunde. Wenn wir langsamer werden, brauchen wir mehr Zeit für das, was wir tun. Oder umgekehrt müssen wir unser Pensum zurückschrauben.

Was spricht denn dagegen, dass wir uns im Alter mehr Zeit nehmen? Wir werden bedächtiger – was für ein schönes Wort! Wir werden genügsamer und vielleicht auch zufriedener. Wir dürfen uns getrost zurücklehnen – auch im Rollstuhl – und die Hände in den Schoss legen. Wir dürfen einfach nur dasitzen und warten, sogar nur warten, dass die Zeit vergeht. Welche neuen Eindrücke können sich da auftun? Alles um uns bewegt sich, selbst dann, wenn wir ganz unbeweglich dasitzen und lauschen. Und plötzlich haben wir tatsächlich Zeit.

Wenn wir uns dem Strom der Geschäftigkeit entziehen und die Momente der Stille und der Ruhe wahrnehmen, kann sich uns eine neue Welt eröffnen. Die Dimension der Tiefe. Des Bei-sich-Seins und der Achtsamkeit. Vielleicht erleben wir sogar Momente des Glücks, tiefer Zufriedenheit oder geniessen die Erinnerung an Erlebtes, an Vergangenes, was uns einst lieb war. Bei sich sein bedeutet zurückzufinden zum Einssein, zur Ganzheit, wie wir ursprünglich gedacht waren. Als Wesen, das in Einklang mit der Natur lebt und wesentlich wird, seinem Wesen näher kommt.

Und so war auch John Franklin gerade durch seine Langsamkeit mit seinem inneren Wesen stets verbunden. Es war seine Bestimmung, langsam zu sein und den Menschen diesen Wert zu erhalten. Er entfloh dem Leben nicht, im Gegenteil, als Seefahrer nahm er höchste Gefahren und Abenteuer auf sich. Doch er überlegte, bevor er eine Antwort gab oder überhaupt etwas sagte. Er dachte nach, bevor er zur Handlung schritt. Er nahm sich die Zeit, die er brauchte.

Die innere Lebendigkeit

Wenn wir dem Rummel und der Geschäftigkeit zu entfliehen vermögen, kann dies eine Befreiung sein von vielen Zwängen, die andere oder wir selbst uns auferlegen. Und das ist – so paradox es sich anhört – die wirkliche Lebendigkeit. Das Entdecken der eigenen inneren Tiefe, dessen, was an unsere Seele rührt, was uns animiert, uns beschwingt. «Anima», die Seele, ist etymologisch verwandt mit «Animation», der Anregung. Doch auch, was uns in der Tiefe berührt, braucht Zeit. Es muss reifen können, gleichsam in uns hineinsinken und dort seine Wirkung entfalten. Die Seele hat ihre eigene Geschwindigkeit, was Naturvölker heute noch wissen und danach leben. Es wäre eine arge Verkümmerung, wenn wir uns in dem, was uns im Innersten ausmacht, aus zeitlichen Gründen beschneiden würden.

In der inneren Lebendigkeit liegt die eigentliche Chance. Sind wir von etwas fasziniert, spielt Zeit keine Rolle mehr. Faszination ist das, was uns bewegt. Sie holt uns heraus aus dem Zeitkonflikt. Dies ist die «gefühlte Zeit» (Wittmann, 2014). Sie ist dann bestimmend, wenn wir besonders intensiv leben. Auf der anderen Seite gibt es die «getaktete», will heissen messbare Zeit, nach der wir uns zu richten haben (vgl. Kast, 2013): Unsere Termine, unsere Verpflichtungen und unsere Ziele werden von ihr bestimmt. Je weniger wir in der getakteten Zeit leben, desto mehr Zeit haben wir im Grunde genommen zur Verfügung. Wie ein Kind, das spielt, oder ein erwachsener Mensch, der einer liebgewordenen Tätigkeit nachgeht. Dann sind wir ausserhalb der Zeit und haben jede Zeit: Es gilt nur der Moment, das Jetzt.

Doch erfordert das Leben ausserhalb von Rummel und Geschäftigkeit auch einen gewissen Verzicht. Wir müssen lernen, uns von unwichtigen Verpflichtungen zu trennen. Wir müssen auch einmal Nein sagen können. Im Alter umso mehr, besonders wenn wir respektieren, dass wir für alles mehr Zeit brauchen. Nehmen wir den Alltag als Übung, um präsent zu sein, wird uns dieser Verzicht leichtfallen. Präsent sein bedeutet, bewusst zu leben, ist gleichsam ein Geschenk – eben ein «Präsent» – an den Fluss des Lebens.

Darin strömt die wirkliche Lebensenergie. Sie fliesst unabhängig von unserer Beweglichkeit. Denn Lebensenergie ist auch geistige oder seelische Beweglichkeit. Menschen mit Querschnittlähmung müssen dies oft in jungen Jahren lernen. Doch darin liegt auch die eigentliche Kraft des Älterwerdens. «Reduce to the maximum» könnte die Devise des Älterwerdens sein. Sich aufs Wesentliche beschränken. Dies gibt uns das Gefühl, für etwas – für jemanden oder für uns selbst – wirklich da zu sein. Und dann spielt die Geschwindigkeit keine Rolle mehr, sie wäre gar hinderlich.

Literatur

Kast V (2013), Seele braucht Zeit. Kreuz, Freiburg

Nadolny S (2012), Die Entdeckung der Langsamkeit. Piper, München

Steffensky F (2007), Mut zur Endlichkeit. Sterben in einer Gesellschaft der Sieger. Radius, Stuttgart, und Steffensky F (2013), Mut zur Endlichkeit. Ringvorlesung «Zeit erleben», PDF Volkshochschule Zürich 26.6.2013

Wittmann M (2014), Gefühlte Zeit. Kleine Psychologie des Zeitempfindens. C.H. Beck, München

Nach ihrem Studium der Klassischen Philologie und Französischen Literatur arbeitet Irène Fasel heute als freischaffende Lektorin und Redaktorin. Im vorliegenden Buch übte sie die Funktion der Projektleiterin aus.

Alter braucht eine Kultur der Angewiesenheit – Sinn und Grenzen der Patientenverfügung

Giovanni Maio

Heute möchte man nichts mehr dem Zufall überlassen; wir glauben, nicht nur das ganze Leben, sondern auch das Sterben sorgfältig planen zu müssen. Doch wie weit lässt sich das Sterben tatsächlich planen? Sicher lässt es sich gut vorbereiten, aber lässt es sich tatsächlich planen? Liegt im Sterben nicht ein Rest an Unverfügbarkeit, die es uns verunmöglicht, vom Sterben als einem Planungsauftrag zu sprechen? Viele Menschen glauben, sie könnten gerade über eine Patientenverfügung eine solche Planbarkeit ermöglichen, und sicher kann die Patientenverfügung im Zweifelsfall auch sehr hilfreich sein. Aber es ist wichtig, sich mit den Grenzen der Patientenverfügung, verstanden als ein Formular, zu beschäftigen, weil man nur so verhindern kann, dass man sich mit einer Patientenverfügung in einer Sicherheit wiegt, die am Ende nur eine Scheinsicherheit darstellen könnte. Es gilt also, die Verfügung gerade in ihren Grenzen näher zu beleuchten.

Autonomie muss oft erst durch Fürsorge ermöglicht werden

Die Patientenverfügung ist gerade in den Debatten immer wieder als Instrument zur Sicherung der Patientenautonomie und damit als Wahrung der Würde des Sterbenden stilisiert worden. Die Autonomie des Patienten zu respektieren ist eine Grundmaxime einer jeden Behandlung, weil dies nichts anderes bedeutet, als den Menschen in seiner Einzigartigkeit, Unverwechselbarkeit und grundsätzlichen Unverfügbarkeit zu respektieren. Und all das ist mit Würde gemeint: dass jeder Mensch einen Eigenwert hat, selbst Ziele setzen kann und daher nicht in den Dienst fremder Ziele gesetzt werden darf. Die Autonomie zu hintergehen bedeutet, den Menschen in seiner Würde anzutasten. Daher ist die Patientenautonomie eine Grundmaxime *aller* Behandlungen, wenn wir von einem respektvollen Umgang sprechen wollen. Die Diskussion um die Patientenverfügung wirft somit nicht die Frage auf, ob man die Autonomie respektieren soll oder nicht, sondern lässt die Frage aufkommen, ob mit der Patientenverfügung tatsächlich das eingelöst wird, was mit ihr in den Debatten versprochen wurde, nämlich die Autonomie zu stärken. Hier bleiben aber Unsicherheiten.

Zunächst gilt es zu bedenken, dass Autonomie nicht einfach etwas ist, das man konservieren und dann – gleichsam mit einem Mausklick – abrufen kann. Autonomie ist etwas, das erst einmal hergestellt werden muss. Der Patient muss sich in ein Verhältnis zu seiner Krankheit bringen, um überhaupt in einer autonomen Weise mit dem Ende des Lebens umzugehen. Dieses Sich-ins-Verhältnis-Bringen braucht Zeit, Auseinandersetzung, Gespräche und Beratung. Natürlich ist es möglich, dass ein Mensch eine Verfügung ausstellt und darin genau das wiedergibt, was seine Individualität ausmacht. Oft aber wird es so sein, dass Menschen erst zu ihrer Einstellung finden müssen, indem sie sich austauschen, fragen und Erfahrungen sammeln. Die Patientenverfügung ist sicher eine Stärkung der selbstbewussten, kundigen und krankheitserfahrenen Menschen. Ob sie aber auch eine Stärkung von Patienten ist, die wenig Erfahrung, Auseinandersetzung und Austausch hatten und wenig selbstbewusst sind, ist eher fraglich. In jedem Fall wird es immer viele Menschen geben, die nur dann in ihrer Autonomie tatsächlich respektiert werden, wenn jemand da ist, der ihnen hilft, zu einer wohlüberlegten und ausgereiften Entscheidung über sich zu gelangen.

Die zweite Unsicherheit liegt in der nicht zu beseitigenden potenziellen Kluft zwischen faktischer Einstellung von heute und antizipierter (und damit hypothetischer) Einstellung von morgen. Zwar gilt auch sonst, dass wir Verantwortung für antizipatorische Entscheidungen übernehmen müssen, aber im Kontext des Sterbens als einer Grenzsituation des Menschen ist dies umso schwerwiegender, da gerade hier viele Studien belegen, dass man dazu neigt, in gesunden Tagen sich die eigene Einstellung des Krankgewordenseins zu negativ auszumalen (Sahm

2006). Auch hier käme einer etwaigen Aufklärungsarbeit gerade der Ärzte eine grosse Bedeutung zu, die aber nirgendwo gefordert wird. Ein adäquater Umgang mit der Patientenverfügung kann eben nur dann gewährleistet sein, wenn man diese grundsätzliche Fehlbarkeit als nicht wegzuwischendes Element der Patientenverfügung stets mit bedenkt und sich nicht in einer Sicherheit wiegt, die sich am Ende als trügerisch erweist. Die grosse Gefahr der Patientenverfügung liegt gerade in der Scheinsicherheit, die sie vielen Menschen suggeriert.

Die dritte Unsicherheit liegt in der Sprache selbst. Viele Menschen gehen davon aus, dass sich mit Worten genau das ausdrücken lässt, was später ganz konkret zu tun ist. Gerade hierin liegt aber ein grundlegendes Missverständnis. Damit aus einem Schriftstück eine Handlungsanweisung resultieren kann, muss dieses zunächst einer Interpretation unterzogen werden. Man muss kein Strukturalist sein, um zu erkennen, dass dieser Interpretationsprozess ein sehr komplexer und äusserst anspruchsvoller Prozess ist, wenn man ihn ernst nehmen möchte. Vor allen Dingen gilt dies für Begriffe, die in sich wenig konkret sind, wie z.B. das «menschenunwürdige» Sterben oder die «lebenserhaltenden Massnahmen». Unter diesen Sammelbegriffen können sich die verschiedensten Inhalte verbergen. In den genannten Fällen liesse sich die Vagheit durch eine begriffliche Schärfung minimieren. Doch auch wenn die Begriffe etwas genauer und spezifischer sind, wird man ohne eine Interpretationsarbeit nicht auskommen können. Um diese Interpretation tatsächlich gut machen zu können, wird man sich in der Regel mit dem Umfeld des Patienten auseinanderzusetzen haben, denn gerade dieses wird Auskunft darüber geben können, wie der eine oder andere Ausdruck des Patienten zu interpretieren ist. Allein das Schriftstück zu nehmen und aus diesem – ohne Beschäftigung mit dem Kranken selbst und seinem Umfeld – eine Handlungsanweisung abzuleiten, wird kein adäquater Umgang mit der Patientenverfügung sein.

Formulare können Beziehungen nicht ersetzen

Patientenverfügungen können nur dann wirklich eine Stärkung der Autonomie bedeuten, wenn man sich auch bei Vorliegen einer Verfügung mit dem Patienten selbst beschäftigt und nicht die Verfügung als Ersatz für eine Beziehung sieht. Diese Beziehung ist auch bei nicht mehr einwilligungsfähigen Patienten, etwa bei solchen mit Demenz oder mit geistiger Behinderung, möglich und vor allem notwendig. Auch und gerade im Umgang mit diesen schwachen Patienten wird man eine gute Medizin nicht einfach dadurch erreichen, dass man Patientenverfügungen befolgt, sondern letztlich nur dadurch, dass man sich einlässt auf den Kranken, sich mit ihm beschäftigt und versucht, auch in der Situation der Nichteinwilligungsfähigkeit auf ihn zu hören. Dieses sich Einlassen auf den Patienten wird durch die Patientenverfügung nicht einfach obsolet und verzichtbar – im Gegenteil.

Gerade wenn eine Patientenverfügung vorliegt, ist dies ein besonderer Auftrag, sich mit dem Patienten zu beschäftigen. Patientenverfügungen müssen – wenn bestimmte Kriterien erfüllt sind – unbedingt befolgt werden, aber dieses Befolgen wird dem Patienten nur dann gerecht werden, wenn davor eine Beziehung entstanden ist und es eben nicht als Ersatz der Beziehung betrachtet wird.

Dieser Hinweis ist nicht rein akademisch, denn viele Ärzte erhoffen sich, durch die Patientenverfügung in ihrer Verantwortung entlastet zu werden. Insofern eine Entlastung, weil die Ärzte der Ansicht sind, sie bräuchten sich – wenn schon eine schriftliche Verfügung vorliegt – nicht weiter für eine gute Entscheidung persönlich zu engagieren. Es ist zu erwarten, dass sich ein Automatismus einschleicht, nach dem Motto: Liegt eine Verfügung vor, ist alles klar, liegt keine vor, muss man sich in Gesprächen mit den Angehörigen auseinandersetzen. Ein solcher Schematismus droht allein schon deswegen, weil die modernen marktwirtschaftlich ausgerichteten Krankenhäuser durch das ökonomisierte System immer mehr auf Hochtouren getrimmt werden und immer weniger Ressourcen für das ruhige Gespräch mit den Patienten und ihren Angehörigen freigehalten werden.

Formulare alleine können den Vertrauensverlust nicht aufheben

Menschen haben Angst vor dem Sterben. Erst recht vor dem Sterben in der Klinik, weil sie erfahren haben, dass viele Ärzte keine guten Gesprächspartner sind, wenn es um das Zulassen des Sterbens geht, sondern eher gute Techniker in der Verhinderung desselben. Diese Angst versucht man nun mit Formularen zu bändigen. Vor diesem Hintergrund können Patientenverfügungen sozusagen als Schutzschilder betrachtet werden, die (potenzielle) Patienten sich frühzeitig besorgen, um damit zu verhindern, dass sie sich im Labyrinth der entmachtenden «Reparaturfabrik» Krankenhaus verirren oder verlaufen.

Nun kann man sagen, dass innerhalb einer so defizitären Medizin die Patientenverfügung durchaus eine Notwendigkeit darstellt. Verzichtete man auf eine solche Verfügung, liefe man Gefahr, als Mensch der Krankenhaus-Maschinerie zum Opfer zu fallen. Und doch stellt sich hier die Frage, ob denn die Patientenverfügung tatsächlich die richtige Lösung für das zugrunde liegende Problem ist. Offensichtlich liegt der so breiten Verwendung von Patientenverfügungen oft ein fehlendes Vertrauen in die Humanität der modernen Medizin zugrunde (Maio, 2012). Dieses fehlende Vertrauen kann nicht durch eine Flut an Formularen behoben werden – im Gegenteil. Je mehr Formulare ausgefüllt werden, umso argwöhnischer wird man darauf achten, dass diese auf jeden Fall beachtet werden, was letztlich zu einer Spirale der Formalitäten und dem Verlust einer Kultur des sprechenden Miteinanders führt. Wenn tatsächlich das fehlende Vertrauen in die Medizin Ursache vieler Patientenverfügungen ist, so wäre es eine angemessene Reaktion der modernen Medizin, darin zu investieren, dass dieses Vertrauen zurückgewonnen wird.

Das Grundproblem liegt ja gerade nicht im Fehlen von Formularen, sondern im Fehlen von Beziehungen, Gesprächen und in der Zeit für den kranken Menschen, aber auch im Fehlen einer bestimmten Grundhaltung des Lassen-Könnens, die im Studium kaum gelehrt wird. Betrachtet man diesen grösseren Rahmen, der die Debatte um die Patientenverfügung hat aufkommen lassen, dann wird deutlich, dass die Patientenverfügung stellenweise nur eine oberflächliche Kur ist, die das Grundproblem nicht nur nicht löst, sondern eher noch verschärft. Es gilt sicher nicht für alle Verfügungen, aber wenn ein Grossteil der Verfügungen ausgestellt wird, weil die Menschen Angst davor haben, in der Klinik ansonsten ihrer Würde beraubt zu werden, dann ist die Patientenverfügung nur innerhalb eines unguten Systems ein geeignetes Mittel, um sich zur Wehr zu setzen. Eine ethisch unreflektierte Medizin, die nur nach Zweckmässigkeitsgesichtspunkten zu fragen gelernt hat, braucht Patientenverfügungen, damit der Mensch dadurch wieder sichtbar wird. Doch ein solcher Zustand ist eher resignativ als zukunftsweisend.

Zukunftsweisend kann es nur sein, diesen defizitären Zustand zu beheben, damit die Menschen gerade nicht mehr glauben, dass sie nur mit einer Patientenverfügung bewappnet in der Klinik als Menschen gut bestehen können. Je mehr man auf die Patientenverfügung setzt und dabei den grösseren Kontext unreflektiert lässt, desto mehr könnte man Zeuge werden eines Wettrüstens mit Patientenverfügungen innerhalb eines in sich wenig Vertrauen erweckenden Systems Medizin.

Für eine Kultur der Angewiesenheit

In den Diskussionen um Patientenverfügungen werden immer wieder Situationen benannt, in denen das Befolgen einer Patientenverfügung als Aufforderung zur Beendigung aller therapeutischen Massnahmen angezeigt sein soll. Diese Situationen werden nicht nur als finale Zustände beschrieben, in denen alle technische Apparatur nur eine Verhinderung eines unaufhaltbaren Sterbeprozesses darstellt. Oft genug scheint allein die Situation der Hilfsbedürftigkeit, des Angewiesenseins auf die Hilfe anderer, die Situation des Nicht-mehr-sich-selbst-Versorgen-Könnens auszureichen für ein Mandat zum Therapieabbruch. Es geht hier nicht um eine moralische Bewertung solcher Willensbekundungen. Es geht auch nicht darum, zu sagen, dass man solche Willensbekundungen nicht befolgen solle. In einer liberalen Gesellschaft ist man gezwungen, Therapieverweigerungen jedweder Art zu respektieren. Und dennoch ist es wichtig, näher darüber nachzudenken, wie es denn überhaupt dazu kommt, dass Menschen heute immer mehr dazu neigen, allein den Zustand des Angewiesenseins auf andere als ausreichenden Grund dafür zu nehmen, dieses Leben komplett abzulehnen.

Solange Patientenverfügungen empfohlen werden, in denen eine Ablehnung jeden Lebens formuliert wird, das nur unter Inanspruchnahme der Hilfe Dritter gelebt werden kann, und solche Verfügungen zusehends zur Normalität werden, etabliert sich eine Tendenz zur totalen Abwertung verzichtvollen Lebens, zur Geringschätzung allen behinderten Lebens und zur Abschaffung des gebrechlichen Lebens. Solange man solche Verfügungen für normal hält, wird das Leben in Krankheit nicht als ein Leben betrachtet, das besonderer Zuwendung bedarf, sondern immer mehr als eines, das eigentlich gar nicht sein müsste, wenn man nur der «Autonomie» des Patienten mehr Raum geben würde. Dahinter verbirgt sich nicht weniger als eine Ideologie der Unabhängigkeit: Leben wird nur ge-

> Eine humane Medizin müsste letzten Endes eintreten für eine Kultur der Angewiesenheit, in der Letztere nicht als Defekt, sondern als Ausgangspunkt und Bestandteil einer humanen Medizin und Welt erfahren werden kann.

schätzt, solange der Einzelne ohne Abhängigkeit von der Hilfe Dritter bestehen kann. Ab dem Moment, da der Einzelne gebrechlicher und angewiesen(er) auf andere wird, wird dieses Leben automatisch zum Unleben. Verbrämt hinter einer Autonomiediskussion findet eine Sichtweise auf den Menschen zunehmend Verbreitung, nach der allein der unabhängige, sich selbst versorgende Mensch ein wertvolles und sinnvolles Leben führen kann. Für alles andere Leben erscheint es der breiten Bevölkerung als nachvollziehbar, wenn der Tod dem gebrechlichen Leben vorgezogen wird.

Es wird von Autonomie gesprochen, aber im Grunde verwechselt man hier Autonomie mit Unabhängigkeit. Verkannt wird in diesem Fall, dass man auch in den Stunden der grössten Gebrechlichkeit seine Autonomie bewahren kann, indem man sich so oder so zu dieser Krankheit verhält. Verkannt wird hierbei, dass die Glorifizierung des Unangewiesenseins auf die Hilfe Dritter eine Negierung grundlegender anthropologischer Wesensmerkmale des Menschen darstellt. Mit der Ablehnung jeglicher Abhängigkeit wird nicht nur die Abhängigkeit, sondern der Mensch schlechthin abgelehnt. Ist doch jeder Mensch von Grund auf ein angewiesenes Wesen, der das Signum der Angewiesenheit weder aussuchen noch abstreifen kann. Eine solch verkürzte Auffassung von Autonomie verkennt grundlegend, dass wir immer schon in einem Verhältnis des Angewiesenseins leben. Diese Einsicht bleibt vielen Menschen heute vollkommen versperrt. Sie geben sich der Illusion hin, sie könnten diese *conditio humana*, diese «Bedingtheit(en)» des Menschen, für sich abstreifen. Abstreifen-Wollen erscheint aber nicht der adäquate Umgang mit dem, was zum Menschsein unweigerlich dazugehört, denn all das führt nur zur Verdrängung, nicht aber zur Verarbeitung.

Eine humane Medizin müsste letzten Endes eintreten für eine Kultur der Angewiesenheit, in der Letztere nicht als Defekt, sondern als Ausgangspunkt und Bestandteil einer humanen Medizin und Welt erfahren werden kann. Das Gleichsetzen von Angewiesensein auf andere und «gerechtfertigtem» Beenden medizinischer Massnahmen, wie sie in vielen Patientenverfügungen artikuliert wird, ist Anlass genug, dass die Medizin – als eine soziale Errungenschaft – künftig mehr darum wirbt, dass auch dieses gebrechliche Leben ein in sich wertvolles Leben ist.

Unverlierbare Menschenwürde
Der moderne Mensch glaubt, das gesamte Leben vollkommen kontrollieren zu müssen. Und das, was er nicht kontrollieren kann, lehnt er von vornherein ab. Dass sich der Mensch eine weitestgehende Autonomie bis zum Ende des Lebens wünscht, ist nachvollziehbar. Aber wenn dieser Wunsch dazu führt, dass das Leben ab dem Moment, da diese autonome Kontrolle nicht mehr möglich ist, automatisch als defizitär oder gar «menschenunwürdig» betrachtet wird, wird der legitime Wunsch zur ideologischen Obsession. Jeder Mensch wird nicht anders können, als sich irgendwann in die helfende Hand eines anderen Menschen zu begeben. Wer diese Hand kategorisch ablehnt und das Leben lieber vorher abbrechen möchte, macht sich selbst zum Opfer eines lebensverneinenden Kontrollimperativs. So wird in den Debatten um die Patientenverfügung oft suggeriert, dass die Würde im Sterben nur dann gewahrt werden kann, wenn die Kontrolle über das Geschehen erhalten bleibt. Verkannt wird hierbei grundlegend, dass das Sterben eine Lebensphase ist, die gerade dadurch charakterisiert ist, dass es sich der absoluten Kontrollierbarkeit entzieht. Nur wenn man sich von dem Bestreben freimacht, auch im Sterben alles unter Kontrolle zu halten, wird man erst befähigt sein, das Sterben als Teil des Lebens anzunehmen. Daher hat das Ansinnen vieler Patientenverfügungen, auch im Sterben alles zu planen, etwas in sich Widersprüchliches.
Der moderne Mensch möchte alles im Griff haben. Er möchte die Kontingenz, das heisst alle Zufälligkeit, vollkommen abschaffen, aber er verkennt, dass es zu einem adäquaten Umgang mit dem Sterben gehören kann, dieses selbst als Geschick zu betrachten, als eine Fügung, die gerade dadurch Sinn erhält, dass sie sich der absoluten Kontrolle durch den Menschen – glücklicherweise – entzieht. In vielen anderen Denkepochen hat man Art und Zeitpunkt des Sterbens als et-

was angesehen, worauf der Mensch keinen Anspruch auf Mitgestaltung hat. Heute wird nicht nur das Leben selbst, sondern auch das Sterben als etwas gesehen, das der Mensch nicht mehr in guter Hoffnung und Zuversicht erwartet, sondern das er selbst zu gestalten hat. Dies wird oft als Gewinn an Freiheit gedeutet. Dabei wird jedoch ausser Acht gelassen, dass dieser Wunsch zur Einflussnahme zugleich auch eine enorme Bürde sein kann.

Die Vorstellung, dass ein «gutes» Sterben nur ein durch Verfügungen kontrolliertes Sterben sein kann, ist Produkt einer Zeitströmung, die von dem Verlangen getrieben ist, nichts mehr als schicksalhaft oder gegeben zu akzeptieren. Mit einer solchen Grundeinstellung aber macht sich der Mensch zum Gefangenen seiner eigenen Ansprüche. Anstatt sein Schicksal zu beherrschen, macht er sich gerade durch seinen Kontrollimperativ zum Beherrschten. Dies zeigt sich schon an dem ängstlichen Gedanken, den viele ältere Menschen haben, wenn sie auf Patientenverfügungen angesprochen werden – sozusagen als Erinnerung daran, dass man doch nicht einfach so sterben könne, ohne vorher festgelegt zu haben, wie und wo und unter welchen Umständen.

Der gegenwärtige Boom der Patientenverfügung ist somit nicht nur ein Gewinn an Einflussmöglichkeiten, sondern zugleich ein Verlust an Lebenskunst, eine Überforderung für viele Menschen, ein symptomatisches Zeichen für den Verlust einer alten Tugend, ohne die kein Mensch gut leben kann – und dies ist die Tugend der Gelassenheit, der Zuversicht auf das, was kommen wird. Der moderne Mensch ist kein Mensch der Zuversicht, sondern ein Mensch der Angst, und zwar gerade deswegen, weil er alles kontrollieren möchte und zugleich mit Bangen erahnt, dass es ihm nicht gelingen wird, die wesentlichen Inhalte des Lebens, aber auch das Sterben, ganz im Griff zu haben.

Rolle und Auftrag der Medizin

Die Antwort der modernen Medizin auf die schleichende Angst vieler Menschen vor einem Ausgeliefertsein im Sterben kann unter dieser Perspektive nur darin bestehen, Vertrauen und Zuversicht zu spenden – Tugenden, die weit von dem entfernt sind, was gegenwärtig in der Patientenverfügungsdebatte verhandelt wird. Daher plädiere ich dafür, Patientenverfügungen immer und jederzeit sehr ernst zu nehmen, sie aber nicht wie Checklisten zu behandeln. Patientenverfügungen müssten vielmehr als Auftrag gesehen werden, sich noch intensiver mit dem Patienten und seinem Umfeld zu beschäftigen, und sie gleichsam auch als Rückerinnerung daran zu betrachten, dass eine Medizin nur dann human sein wird, wenn sie eine neue Kultur des Sterbens auf den Weg bringt und tagtäglich realisiert – eine neue Kultur, die die Patientenverfügung als Teil einer Beziehung begreift und als Chance, früh genug über das Sterben in ein Gespräch zu treten.

Literatur

Maio, G (2012) Mittelpunkt Mensch – Ethik in der Medizin. Eine Einführung. Schattauer, Stuttgart

Sahm, S (2006) Sterbebegleitung und Patientenverfügung. Ärztliches Handeln an den Grenzen von Ethik und Recht. Campus, Frankfurt a. M.

Prof. Dr. med. Giovanni Maio ist sowohl Philosoph als auch Arzt mit langjähriger eigener klinischer Erfahrung. Seit 2005 ist er Lehrstuhlinhaber für Medizinethik an der Universität Freiburg und bioethischer Berater der Bundesregierung, der Bundesärztekammer und der Deutschen Bischofskonferenz. Sein Lehrbuch «Mittelpunkt Mensch – Ethik in der Medizin» gehört zu den Standardwerken der Medizinethik.

Die Kunst des Älterwerdens unter besonderer Berücksichtigung von Einschränkungen

Wilhelm Schmid

Das Älterwerden ist in die Schlagzeilen geraten. Das war nicht immer so. Jahrhunderte und Jahrtausende lang war es einfach eine Selbstverständlichkeit. In moderner Zeit aber ist es zum Ärgernis geworden, denn es fällt irgendwie aus dem Leben heraus, entsprechend der Vorstellungen moderner Menschen, nämlich rundum positiv: Alles ist technisch machbar, warum nicht auch die ewige Jugend? Bis sie verwirklicht werden kann, wird es aber noch eine Weile dauern, und dann ist sie wahrscheinlich auch wieder nicht so positiv wie erhofft. Eine kurz- und mittelfristige Lösung ist das Bemühen um eine Kunst des Älterwerdens, in der Hoffnung, dass Alterung dann etwas leichterfällt. Ob es auch angenehmer werden kann, ist eine offene Frage. Denn angenehm kann das Leben zwar gelegentlich sein, aber seine eigentliche Herausforderung ist der Umgang mit dem Unangenehmen, Schwierigen, Problematischen, kurz «Negativen». Das wissen vor allem Menschen, die ohnehin schon mit Einschränkungen leben müssen.

Gewohnheiten und andere Lüste

Am besten wäre wohl, das älter werdende Leben nicht noch einmal zu verpflanzen, sondern in seinen Gewohnheiten an Ort und Stelle zu belassen, wo immer das möglich ist. Denn bedeutsam für die Kunst des Älterwerdens ist mehr als je zuvor im Leben *das Etablieren von Gewohnheiten,* in denen das Leben verweilen kann. Die Tatsache, dass die Moderne gewohnheitsfeindlich ist, trifft ältere Menschen und Menschen mit Einschränkungen in besonderem Masse, denn auf Gewohnheiten sind sie existenziell angewiesen, um nicht unentwegt mühsame Entscheidungen treffen zu müssen. Das Leben wird leichter und lässt sich besser einrichten, wenn Gewohnheiten durch ihre regelmässige Wiederkehr für Vertrautheit und Geborgenheit sorgen. Im Wort Gewohnheit steckt Wohnung: Menschen wohnen in Gewohnheiten und diese prägen den Raum, der bewohnt wird und an dem das Wesentliche nicht die vier Wände sind, sondern eben die wiederkehrenden Vorgänge, die sich in diesem Umfeld entfalten.

Jeder Wechsel einer gewohnten Umgebung, in der das Leben lange verbracht worden ist, jeder Verlust eines gewohnten persönlichen Umgangs, jede Auflösung einer vertrauten Beziehung entwurzelt die Menschen, und so käme es darauf an, gemeinsam mit ihnen erneut am Netz der Gewohnheiten zu stricken, diese zu hegen und zu pflegen, wo immer es möglich ist.

Gewohnheiten sind lustvoll, wenn ein Mensch sie liebt. Bei allen Beschwernissen und Einschränkungen ermöglicht das Älterwerden aber auch sonst eine *Erfahrung von Lüsten* – «oder es tritt gerade das an die Stelle der Lüste, sich nach keinen zu sehnen», wie Seneca einst im 12. seiner *Briefe an Lucilius* meinte. Jedes Alter im Menschenleben hat seine spezifischen Lüste, und das gilt auch für das fortgeschrittene Alter, auch unter erschwerten Bedingungen. Es ist vor allem die *Lust des Gesprächs* und die damit verbundene geistige Berührung, die sich im Alter eher noch intensiviert, da die Zeit dafür nun zur Verfügung steht und viele Gedanken und Erfahrungen auszutauschen sind. Misslich ist nur, dass ausgerechnet jetzt oft die Gesprächspartner fehlen. Wenn die Menschen im Umfeld das wissen, werden sie sich vielleicht leichter dazu entschliessen können, dafür zur Verfügung zu stehen.

Ein wichtiges Thema für die Gespräche ist die *Lust der Erinnerung,* die eine begrenzte Rolle spielte, als der Blick in jugendlicher Zeit immer nur nach vorne gerichtet war. Jetzt aber gewinnt die Erinnerung eine fast unbegrenzte Bedeutung, da von vorne unweigerlich die Lebensgrenze in den Blick kommt. Entsprechend ist das Leben oft ganz der Rückschau gewidmet: Im milden Abendlicht, in dem vieles anders aussieht als zuvor, macht es Freude, sich an frühere Zeiten zu erinnern und das Leben als Ganzes in den Blick zu bekommen. Selbstverständlich kann sich dabei Wehmut breitmachen. Trotzdem, die melancholische Erinnerung kann nicht nur schmerzlich und bitter, sondern auch lustvoll und süss sein.

Pflegen lässt sich die *Lust der Musse*, gewidmet dem gedankenlosen Einfach-nur-Dasein oder auch dem philosophischen Nachdenken über das Leben, das womöglich ein ganzes Leben lang zurückstehen musste. Neben die Aktivität tritt endlich die in der Zeit der Moderne nicht geliebte und nicht legitimierte *Passivität*: Wenigstens im Alter kann das Menschenrecht, passiv zu bleiben, noch in Anspruch genommen werden, und Menschen mit Einschränkungen werden ohnehin vom Leben dazu gedrängt, passiv zu sein. Vieles ist jetzt hinzunehmen, das nicht mehr geändert werden kann, und die Haltung der Demut liegt näher als die Haltung des Aufbegehrens, das nichts mehr ändern kann. Kann es nicht sogar attraktiv sein, passiv zu sein, sich zurückzuziehen, nur für sich und andere da zu sein und das gesellschaftliche Leben mit der gelassenen Distanz zu betrachten, die in der alltäglichen Aufgeregtheit allzu oft fehlt?

Die Lust der Berührung

Von besonderer Bedeutung beim Älterwerden und insbesondere bei einem Leben mit Einschränkungen ist die *Lust der Berührung*. Selbst wenn andere Sinne wie Sehen und Hören schwächer werden, bleibt die Basiskommunikation über den Tastsinn uneingeschränkt möglich. Ein rasender Puls kann beruhigt, ein steigender Blutdruck gesenkt werden von einer einzigen Hand, die zu spüren ist, von einem beiläufigen, leichten Berührtwerden am Arm, das unmittelbar und nachhaltig Vertrauen erweckt. Das Drama aber ist, dass ausgerechnet beim Älterwerden und bei einem Leben mit Einschränkungen, wenn das Bedürfnis nach Berührung wächst, die Bereitschaft anderer dazu deutlich sinkt. Die Haut fordert nicht mehr von selbst, wie bei einem Baby, die körperliche Berührung heraus. Es ist, als würde ein Schild «Noli me tangere» (Rühr mich nicht an) zu sehen sein. Aber nicht die Menschen haben es ausgehängt, sondern eine Jugendlichkeit propagierende Kultur, die aus ihnen «Unberührbare» macht, da sie fürchtet, infiziert zu werden. Je weniger Berührung Menschen aber erfahren, desto fremder werden sie sich selbst und anderen und schliesslich der Welt; sie fühlen sich «abgelöst» und ausgeschlossen.

Wenn Berührung eine so grosse Bedeutung hat, wenn es zutrifft, dass über den Körper eines Menschen auch seine Seele berührt werden kann, dann wäre Sorge dafür zu tragen, im Alter und bei einem Leben mit Einschränkungen noch die «Grundversorgung» sicherzustellen. Das betrifft zunächst die *physische* Berührung, vermittelt durch eine Umarmung oder die Hand, die in der Hand eines anderen liegt, durch eine regelmässige Massage und Körpertherapie, durch die Berührung des Wassers beim Baden und Schwimmen, oder wenigstens durch die Möglichkeit des Betastens von Materialien, Stoffen, Gegenständen, Tieren.

Von ebensolcher Bedeutung fürs Älterwerden ist die *psychische* Berührung, wie sie durch Beziehungen der Liebe und Freundschaft vermittelt und durch wechselseitige Zuwendung und Zuneigung gewährt wird. *Geistige* Berührung ergibt sich durch Lektüre, sei es beim Selberlesen oder Vorlesen, sowie durch Gespräche, bei denen ein Mensch von Gedanken und Ideen anderer berührt wird und diese selbst wiederum berührt.

> Leben mit dem Tod heisst dann, sich klar zu sein darüber, dass dieses Leben begrenzt ist, was auch immer über diese Grenze hinaus sein wird, und dass der Tod gerade hierin, Grenze zu sein, seinen Sinn hat.

Möglicherweise lernt ein Mensch beim Älterwerden auch erst die *metaphysische* Berührung kennen, die den Bezug zu einer Dimension der Transzendenz herstellt. Aufgrund der wachsenden Nähe zum Tod, und wohl auch aufgrund der zunehmenden Abwesenheit anderer, von denen ein Mensch sich noch berührt fühlen könnte, gewinnt im Alter diese Art von Berührung an Bedeutung.

Die Deutung des Lebens

Die Konfrontation mit dem irgendwann unausweichlichen Ende des Lebens wird zum Anlass der Deutung des eigenen Lebens. Mehr als jemals zuvor machen Menschen beim Älterwerden sich daran, das Leben zu deuten und zu interpretieren. Im Gespräch oder Selbstgespräch, oft in Form von Erzählungen, knüpfen sie Beziehungen zwischen all den Begegnungen, Ereignissen und Erfahrungen des Lebens, um die Zusammenhänge zu finden, die für sie «Sinn machen». Ein Leben lang stand vielleicht ein Ziel vor Augen. Es zu erreichen, war der Sinn des Lebens, der nun aber nicht mehr zur Verfügung steht. Stattdessen kommt das gelebte Leben als Ganzes in den Blick. Die Zeit der Fülle und Erfüllung ist gekommen, in der das ganze Leben zu überblicken ist. Nun wird es gedeutet, gewogen und bewertet.

Diese Bewertung ist der oberste Gerichtshof der eigenen Existenz, denn nur vor sich selbst, vor niemandem sonst hat ein Mensch für sein Leben geradezustehen – sofern er nicht daran glaubt, dass er einer anderen, höheren Instanz verantwortlich ist. Wie auch immer: Es ist ihm am Ende keineswegs egal, wie er dieses

Leben gelebt hat. Nicht etwa die *objektive* Wahrheit des eigenen Lebens kann bei der Deutung in Frage stehen, sondern der *subjektive* Sinn, der plausibel erscheint und sich als tragfähig für das Leben angesichts des Todes erweist. Die Frage ist nur: Gibt es auch jemanden, mit dem gemeinsam darüber nachgedacht werden kann, ob es ein erfülltes, schönes Leben war, eine bejahenswerte Existenz? Was war daran schön, was nicht? Welche Träume gingen in Erfüllung, welche nicht? Was bleibt von diesem Leben zurück? Und was besteht über das Leben hinaus? Im besten Fall überwiegt die Dankbarkeit für das Leben, allen Beschwerlichkeiten des Alters und Einschränkungen des Lebens zum Trotz. Auf dem Boden der Dankbarkeit wächst die *Heiterkeit* des Alters, vergleichbar der Heiterkeit des Kindes, nun aber aufgrund eines umfänglicheren Blickes, der vom Reichtum der Erfahrungen erst ermöglicht wird: eines Blickes auf die Zeiten, in denen dieser Mensch sich entwickeln und entfalten konnte, über die Räume, die er durchmessen hat und vor allem die Um- und Abwege, die sich rückblickend womöglich noch als das Spannendste am Leben erweisen.

Das Glück des Alters ist, wie das des Kindes, ein *Glück der Fülle*. Die Fülle beruht jetzt jedoch auf der Grundlage des gelebten Lebens, auf der Erfahrung des gesamten Spektrums von Leben, mit allen positiven und negativen, angenehmen und unangenehmen, oberflächlichen und abgründigen Erfahrungen. Es ist eine herbstlich reiche, reife Fülle, die erst auf dem langen Weg, der zurückgelegt worden ist, erlangt werden konnte, durch mannigfache Schwierigkeiten hindurch.
Vor diesem Horizont geht es darum, sich darüber klar zu werden, ob es ein schönes Leben war, ein Leben, zu dem man wenigstens jetzt im Rückblick möglichst voll und ganz Ja sagen kann. Schön ist das, was als *bejahenswert* erscheint. Das Schöne aber umfasst keineswegs nur das Angenehme, Lustvolle oder, wie es in moderner Zeit gerne genannt wird, das «Positive», sondern ebenso das Unangenehme, Schmerzliche, «Negative», weil es die wichtigere Erfahrung sein kann, die tiefere Einsichten mit sich bringt.
Ob das Leben insgesamt als bejahenswert erscheint, stellt den Prüfstein dar, an dem das eigene Leben gemessen und beurteilt werden kann. Nur einer letzten Balance bedarf ein Mensch dann noch: Die Zeit der grossen Freude, das Werk des Lebens vollenden zu können, ist aufzuwiegen gegen die Zeit der noch grösseren Trauer, irgendwann davon Abschied nehmen zu müssen: Im Zusammenspannen beider Erfahrungen erst wird das Leben zum Kunstwerk.

Wie umgehen mit dem Ende des Lebens?
Für die Kunst des Älterwerdens wird auch der Tod neu zu interpretieren sein. Er kann gedeutet werden als das Ereignis, das dem Leben *Sinn gibt*, denn er

markiert die Grenze, die das Leben wertvoll macht. Gäbe es diese Grenze nicht, würde das Leben belanglos werden. Es ist paradox, aber Menschen verdanken dem Tod das Leben: Er ist es, der sie dazu auffordert, auf erfüllte Weise zu leben. Käme der Tod nicht als Begrenzung, als «Horizont» im eigentlichen Sinne des Wortes in den Blick, hätte dies ein bedeutungsloses Leben zur Folge, denn es gäbe keinen Grund, sich um ein schönes und erfülltes Leben zu sorgen. Und gelänge es in Zukunft, das Leben ewig dauern zu lassen, schwände die Anstrengung, es wirklich zu leben, und die Individuen brächten ihr Leben erst recht damit zu, auf «das Leben» zu warten.

Welchen Ehrgeiz sollte es geben, die schwierige Arbeit des Lebens, ja schon die Mühe des Aufstehens an jedem Morgen, auf sich zu nehmen, wenn all dies auf ewig verschoben werden könnte? Daraus, dass diese Grenze in jedem Fall gezogen wird, in welcher Form und wann auch immer, bezieht ein Mensch die entscheidende Motivation zur Gestaltung seines Lebens. Leben mit dem Tod heisst dann, sich klar zu sein darüber, dass dieses Leben begrenzt ist, was auch immer über diese Grenze hinaus sein wird, und dass der Tod gerade hierin, Grenze zu sein, seinen Sinn hat. Würde es irgendwann gelingen, die Grenze zum Verschwinden zu bringen, müsste sie wohl wieder eingeführt werden, und wie sollte das aussehen?

Der Tod ist jedoch auch das Tor zur Erfahrung einer Transzendenz, unabhängig davon, ob diese Transzendenz religiös verstanden wird oder sich weltlich denken lässt. Die Frage nach dem *Sinn des Lebens* findet damit eine Antwort, die alle individuellen Sinngebungen weit übergreift. Sinn ist dort, wo ein Zusammenhang ist, und hier geht es um den grundlegendsten aller Zusammenhänge, nämlich zwischen Endlichkeit und Unendlichkeit. Es ist nicht wichtig, ob dafür eine objektive Wahrheit in Anspruch genommen werden kann. Von Bedeutung ist nur, ob dieser umfassende Zusammenhang eine *Lebenswahrheit* für den jeweiligen Menschen ist, der in seinem Denken und Fühlen diesen Zusammenhang sieht oder erst herstellt. Letztlich handelt es sich nicht um eine Frage des Wissens, sondern der persönlichen Haltung, diesen Zusammenhang zu erkennen und ihm Bedeutung zuzuerkennen.

Es ist sehr gut vorstellbar, dass dies der wichtigste Beitrag zu einem erfüllten Leben ist: Das Leben öffnen zu können zu einer grösseren Dimension, die die Grenze des endlichen Lebens überschreitet, sich dies zumindest vorzustellen, um die Fülle des Lebens zwischen Endlichkeit und Unendlichkeit zu ermessen. Gerade im Moment der äussersten Schwäche kann der endliche Mensch sich dann eingebettet fühlen in eine Unendlichkeit, die die Erfahrung der Sinnlosigkeit von ihm fernhält. Nicht allein der Blick zurück auf ein schönes Leben erfüllt letztlich einen Menschen, sondern die Erfahrung einer Fülle über das gelebte Leben hinaus, die Erfahrung der Geborgenheit in einer Unendlichkeit, die keine jenseitige sein muss, sondern auch eine diesseitige sein kann, etwa beim Blick in den unendlichen Kosmos. Der nächtliche Blick in die Sterne belehrt einen Menschen darüber, wie es sich mit den Dimensionen seines Lebens wirklich verhält. Von dorther kommt er, dorthin kehrt er auf irgendeine Weise wieder zurück.

Als Übergang zu einem anderen Leben, als Möglichkeit zu einem neuen Leben kann sogar der Tod noch als schön und bejahenswert erscheinen. Nicht alles Leben ist dann mit dem Tod zu Ende, nur das gelebte in dieser Gestalt. Kein Leben über den Tod hinaus anzunehmen, kann hingegen eine Art von «Lebensstress» hervorrufen, wenn versucht wird, alle unerledigten Möglichkeiten noch in dieses eine Leben zu «packen». Besser erscheint es, Unerledigtes aus dem *wirklichen* Leben einem *möglichen* anderen Leben anzuvertrauen, um mit gelassener Heiterkeit jenseits jeder Begrenztheit ins Offene hinein zu leben. Und wenn es sich damit doch anders verhalten sollte? Dann verhält es sich eben anders; entscheidend ist, ob das Leben unter der Annahme eines transzendenten Sinns besser gelebt – letztlich besser zu Ende gebracht werden kann.

Literatur

Schmid, W (2014) Gelassenheit. Was uns hilft, wenn wir älter werden. Insel Verlag, Berlin

Schmid, W (2013) Dem Leben Sinn geben. Von der Lebenskunst im Umgang mit Anderen und der Welt. Suhrkamp Verlag, Berlin

Schmid, W (2012) Unglücklich sein. Eine Ermutigung. Insel Verlag, Berlin

Schmid, W (2011) Liebe. Warum sie so schwierig ist und wie sie dennoch gelingt. Insel Verlag, Berlin

Schmid, W (2007) Glück. Alles, was Sie darüber wissen müssen. Insel Verlag, Frankfurt am Main

Prof. Dr. Wilhelm Schmid, geboren 1953, lebt als freier Philosoph in Berlin und lehrt Philosophie als ausserplanmässiger Professor an der Universität Erfurt. Umfangreiche Vortragstätigkeit, seit 2010 auch in China. 2012 wurde ihm der Meckatzer-Philosophiepreis für besondere Verdienste bei der Vermittlung von Philosophie verliehen, 2013 der Wissenschaftspreis der Egnér-Stiftung in Zürich für sein bisheriges Werk zur Lebenskunst.

Wie habt ihr's mit der Religion? Wenn Gott doch noch ein Thema wird

Wolfgang Schulze

Wie kommt man zu Erfahrungen, getragen und behütet zu sein?
Wie kommt man zu einem Glauben, Teil eines grossen Ganzen zu sein?
Wie kommt man zu der Erkenntnis, dass Gottes Kraft in der eigenen Ohnmacht und Schwachheit zum Ziele kommt?

Der Herr ist mein Hirte – mir wird nichts mangeln

Religiöse Erfahrungen lassen sich nicht von einem Beobachterstatus aus machen, als ob man ein Buch läse, dann über Religion Bescheid wüsste und Gott verstünde. Es ist ein Unterschied, ob ich einen Witz höre und unwillkürlich lachen kann, oder ob ich eine Abhandlung über einen Witz anhören muss. Man kann immun werden vor lauter Theorie. Sich auf Gott einzulassen und eigene Erfahrungen zu machen, kann nicht durch eine distanzierte Haltung ersetzt werden. Bücher über Religion gibt es viele, aber sie sind nur Hilfsmittel bei der eigenen Suche auf dem Lebensweg.

Wie aber können Religion, Glaube oder Spiritualität zu Ressourcen werden, aus denen heraus man das Leben in Krankheit, in auferlegten Behinderungen, in körperlichen und seelischen Einschränkungen, ja sogar im Sterben bestehen kann? Dann, wenn das Leben an seine Grenzen stösst.

Kann Religion zu einer Ressource werden?

Mit zunehmendem Alter werden Menschen mit Verlust- und Grenzerfahrungen konfrontiert. Die geistigen, psychischen und körperlichen Leistungsfähigkeiten nehmen ab, hinzu kommen altersbedingte Krankheiten und Verlusterfahrungen durch Todesfälle Angehöriger. Dass trotzdem Wohlbefinden und Lebenszufriedenheit erfahren wird, ist eine Frage, inwieweit auf Ressourcen und Bewältigungsstrategien zurückgegriffen werden kann.

Je nach Alter stehen unterschiedliche Ressourcen zur Verfügung. Seien es kognitive Fähigkeiten, gelernte Fertigkeiten, emotionale Kompetenzen, Bewältigungsstrategien, wie man Lebensprobleme angehen kann, oder soziale Kontakte. Mike Martin schlägt folgende Definition für Ressourcen vor: «Ressourcen sind als die Gesamtheit der Mittel, Fähigkeiten und Kompetenzen zu verstehen, die prinzipiell für die Bewältigung von Lebensaufgaben, die Erreichung von Zielen oder den Umgang mit Verlusten und Defiziten eingesetzt werden können» (Kunz, 2007, S. 28). Für manche Menschen gehören zu religiösen Erfahrungen, Glaubensvorstellungen, religiösem Wissen, religiösen Studien oder Integration auch eine religiöse Gemeinschaft.

Allerdings werden diese Zugänge individuell unterschiedlich erlebt. Glaube hängt von der persönlichen Disposition des Einzelnen ab. Es kommt darauf an, welche zentrale Stellung in der Persönlichkeit religiöse Deutungsmuster und Inhalte einnehmen, um das Erleben im Alltag zu steuern.

Zu den traditionellen kirchlich-religiösen Ressourcen gehören das Gebet in Klage, Dank, Fürbitte für andere Menschen, Lob. Hinzu kommen bekannte Gebete wie das «Vater unser» oder das Herzensgebet des Bruder Klaus.

> Mein Herr und mein Gott, nimm alles von mir, was mich hindert zu DIR;
> mein Herr und mein Gott, gib alles mir, was mich fördert zu DIR; mein
> Herr und mein Gott, nimm mich mir und gib mich ganz zu eigen DIR!

Weitere Ressourcen sind der regelmässige Kirchgang und die dazugehörenden sozialen Kontakte. Religiöse Bewältigungsstrategien sind Gebete um Veränderung der Situation, Bitte um Kraft für die Situationsbewältigung, bewusstes Gottvertrauen, Lesen religiöser Texte, Inanspruchnahme seelsorgerlicher Unterstützung[1].

Religion kann, wenn sie fehlgeleitet wird, auch Schaden anrichten. So werden z.B. falsche Erwartungen geweckt, wenn Hoffnung auf Heilung bei genügend starkem Glauben versprochen wird. Ein eindrückliches Beispiel liefert die Gründerin von «Glaube und Behinderung», Ruth Bai-Pfeifer: Sie selbst lebt mit einer Muskelkrankheit und «hatte [sie] die Möglichkeit, an einer Pastorentagung des US-amerikanischen charismatischen Theologen John Wimber (1934–1997) in der Schweiz teilzunehmen. Er vertrat die These, dass jeder behinderte oder kranke Mensch von Gott geheilt werden könnte, wenn er richtig glaube, genug bete und dem richtigen Heiler begegne. [...] Ruth Bai-Pfeifer fragte sich, ob sie ihr ganzes Leben lang falsch geglaubt habe. Konnte sie eigentlich noch zu einer christlichen Gemeinde halten, wenn sie nicht geheilt wurde?» (Rösler, 2010)

Heilsversprechen im Sinne der amerikanischen Heilsprediger haben vielleicht kurzfristigen Erfolg, fallen aber in der Regel bei Misserfolg auf den Patienten zurück und hinterlassen den Eindruck, zu wenig geglaubt zu haben. Eine Theologie, die dem Glaubenden Gesundheit, Erfolg, Frische, Dynamik, Reichtum und Glück verspricht, lehnt das Schwache und die Ohnmacht grundsätzlich ab. Sie steht im krassen Gegensatz zu den biblischen Überlieferungen.

Kraft in der Schwachheit

Dass Gottes Kraft gerade in der Ohnmacht, in der Schwachheit der Menschen zum Zuge kommt, ist ein durchgehendes Thema in der gesamten Bibel. Mose setzte sich trotz Sprachschwierigkeit gegenüber der herrschenden Schicht durch und führte sein Volk in die Freiheit. Der junge David gewann den Kampf gegen den Riesen Goliath. Jesaja schrieb seinem Volk: «Den glimmenden Docht wirst du nicht auslöschen» und stiftete damit Hoffnung. In dieser Tradition steht auch im Neuen Testament, dass Jesus die Ausgegrenzten in die Mitte der Gesellschaft

---

1 Vergleiche das Lied «Wer nur den lieben Gott lässt walten ...» und andere Lieder und Texte in den Kirchengesangbüchern

zurückholte, dass er ein Kind als Vorbild für den Glauben bezeichnete, dass er selbst als Ohnmächtiger starb, aber von Gott auferweckt und in sein Recht eingesetzt wurde. Die Berichte, dass Gott gerade dort erfahren wird, wo der Mensch an seine Grenzen stösst, kommen auch in der biblischen Ethik zum Ausdruck: «Die Witwen und Waisen sollst du nicht unterdrücken» oder «Die Fremdlinge sollst du nicht bedrängen oder bedrücken, denn ihr seid selber Fremdlinge gewesen in Aegypten» (Exodus 22,20).

Der Apostel Paulus litt unter einer Krankheit, die er als «Pfahl im Fleisch» bezeichnete. Dreimal bat er Gott, ihm das Leiden wegzunehmen. Dann bekam er die Antwort: «Lass dir an meiner Gnade genügen. Die Kraft kommt in der Ohnmacht zum Ziel.» Diese Ohnmacht zeigte sich darin, dass er mit körperlichen Einschränkungen zu leben hatte. Aber gerade durch diese Einschränkung wurde in ihm eine Kraft wirksam, die er sonst nicht für möglich gehalten hatte.

Dass nicht die Stärke, sondern die Ohnmacht – oder sagen wir: die Begrenzung – zum Menschsein gehört, zeigt sich weiter im biblischen Menschenbild. «Was ist der Mensch, dass du seiner gedenkst...» (Psalm 8). Oder «Wer ist unter euch, der seines Lebens Länge auch nur eine Spanne zusetzen könnte?» (Matthäus 6,27). Das Weihnachtslied von Koni Engler bringt diesen Gedanken schön zum Ausdruck (zit.n. NZZ Adventsblog):

> Kleiner Gott
> Kleiner Gott, wir lieben dich.
> Kind, uns rührt das Schwache, Zarte.
> Wieder zeigt an Weihnacht sich:
> Weiches bricht das Starke, Harte.
> Klein fängst du auf Erden an,
> dass der Mensch dich lieben kann.

Körperliche oder andere Begrenzungen, Ohnmacht oder Schwachheit muss nicht mit einer Ohnmacht der Lebenskraft verbunden sein. Die biblischen Texte betonen, dass vielmehr die Kraft in der Ohnmacht, in der Begrenzung, in der eingestandenen Schwäche zum Ziel kommt oder sich entfaltet.

Ein Leben mit Felix

Der kleine Felix kam als Zweitgeborener zur Welt. Sein Zwillingsbruder starb schon im Mutterleib und er selbst überlebte knapp. Die Vergiftungen schädigten seinen Körper derart, dass er als Mensch mit grossen Einschränkungen leben musste. Geistig und körperlich behindert – damit mussten auch seine Eltern sich abfinden. Es folgten Operationen und für die Eltern der Kampf mit den Behörden. Dann begann er nächtelang zu schreien. Die Nerven der Eltern lagen blank, bis sie sich professionelle Hilfe holten. Der untersuchende Arzt redete sie und Felix mit Namen an und sagte ihnen, dass er sich ihres Kindes annehmen werde. Allein diese Anrede weckte bei ihnen grosses Vertrauen, weil sie sich persönlich angesprochen und ernstgenommen fühlten. Nach einem operativen Eingriff konnte Felix wieder schlafen und die Eltern auch. Nach einem intensiven Leben starb Felix im Alter von 19 Jahren.

15 Monate nach der Beerdigung von Felix: Die Mutter spricht von einer Sonne, wenn sie an ihn denkt. Ihr wird warm und jetzt noch höre sie sein Lachen. Der Vater erinnert sich an ausgelassene Freude, wenn sie zu einem Spaziergang mit Rollstuhl durch den Wald aufbrachen, das sei wie ein Ritual gewesen. Allerlei Spiele habe er eingebaut. Felix konnte nicht sprechen, aber deutlich kommunizieren. Bei einem Nein drehte er den Kopf nach links und bei einem Ja zappelte sein ganzer Körper. Er sei fröhlich gewesen, aufgestellt und habe ihnen enorm viel gegeben. Sein Leben sei zwar körperlich und geistig sehr eingeschränkt gewesen, aber dadurch habe er Dinge wahrgenommen, über die sie sonst nur oberflächlich hinweggegangen wären. So habe er sich an Insekten, die vorbeiflogen und summten, ebenso freuen können wie am Vogelgezwitscher. Seine Augen hätten geleuchtet, wenn er ein Flugzeug über sich gesehen oder wenn er einem Motorrad hinterher geschaut habe. Er sei mit sehr wenig zufrieden gewesen, und somit habe er die Feinheiten wahrnehmen können. Gutes Essen hab er mit einem Rülpser und mit einem zufriedenen Gesicht im Halbschlaf quittiert. Musik konnte ihn begeistern, am liebsten hatte er Orgelmusik. Sein Grossvater war Organist. Man musste Felix «lesen lernen», seine Körpersprache, seine Geräusche, seine Mimik. Den Eltern war es schliesslich ein Privileg, ihn durch die 19 Jahre begleitet zu haben. Sie hätten gelernt, sensibler auf Nebengeräusche zu achten und auf Körpersprache.

Am Anfang seien sie schockiert gewesen und fühlten sich hilflos alleingelassen. Die Frage, warum Gott das zulasse und warum es gerade sie treffe, wurde verstärkt durch die Aussage und Haltung der Grosseltern, die den behinderten Felix als eine Strafe Gottes bezeichneten, die nun auf sie zufalle für vergangene Sünden. Der damalige Pfarrer habe dieses Bild nicht durch Worte, aber durch seine Haltung bestätigt. Von dieser «Negativreligion» mit Begriffen wie Hölle, Fegefeuer, Beichtpraxis und Angst vor dem Tod haben sich Felix' Eltern abgenabelt und von den Grosseltern entfremdet.

Sie hätten fortan eine positive Haltung zu ihrem Felix entwickelt. Er sei ihnen geschenkt worden und gehöre nun zu ihnen, für ihn wollten sie da sein. Es sei unnütz, wenn man sich in eine Negativspirale hineinziehen lasse. Felix habe oft grosse Ängste gehabt und erschrak häufig bei ungewohnten Geräuschen. Sie begannen, diese Ängste ernst zu nehmen, mit Felix zu reden und darüber zu lachen. Sie merkten, dass ihr Lachen eine positive Ausstrahlung auf Felix hatte und ihm

Ängste nahm. Felix sei immer mehr zu einem fröhlichen Jungen geworden mit einem ansteckenden Lachen. Mehr noch, er habe eine positive Stimmung um sich herum verbreitet. So fiel den Sozialpädagogen im Heim auf, dass sich Spannungen in einer Gruppe lösten, sobald er dazukam.

Im Lebenslauf stand, dass Felix als behinderter Mensch in dieser Welt leben wollte und dass er sich diese Eltern ausgesucht habe. Diese Erkenntnis sei in Gesprächen mit einem anderen Ehepaar entstanden und sei zu einem wichtigen Schlüsselerlebnis geworden. Felix als behinderter Mensch habe seine Bestimmung schon vor der Geburt erhalten, und sie würde auch mit dem Tod nicht enden. Ihr Engagement sei somit in einen grösseren Zusammenhang gestellt gewesen. Das habe ihrem Leben eine neue Dimension, einen Sinn gegeben. Durch die starke Reduktion an Möglichkeiten, die das Leben eines Behinderten mit sich bringt, hätten sie eine neue Art der Lebendigkeit erfahren.

Das Leben mit Felix begann mit einer Katastrophe. Das Bild einer «glücklichen» Familie wurde zerstört. Das Leben mit ihm stellte sie vor Herausforderungen, die sie nie gesucht hatten und die sie oft an ihre Grenzen führten. Von religiösen Überzeugungen und Traditionen trennten sie sich und fanden eine eigene Spiritualität. Das Leben mit und für ihr Kind bekam eine Bedeutung, die sie mit einer Transzendenzerfahrung verbanden. Durch das Akzeptieren der Grenzen, die das Leben mit Felix mit sich brachte, bekamen sie eine neue Weltsicht und eine Liebe zu ihrem Kind und ihrer Mitwelt.

Rituale als Ressourcen im Alltag

Religion lässt sich nicht kopieren. Der religiöse Weg ist der zur eigenen Mitte. Er verlangt Übung und Konzentration und die Bereitschaft, zuerst einmal still zu werden. Diese Stille zuzulassen, zu merken, dass da nichts ist, macht unruhig. Die eigene Leere will sich zudecken, verlangt wie ein Vakuum nach Fülle. Es ist die Angst vor sich selbst, lächerlich zu werden und sich zu entblössen. Es ist die Unruhe, die die Stille mit Aktivitäten übertönen will.

Gleichmässiges bewusstes Atmen ist der nächste Schritt. Einen eigenen Rhythmus zu finden beim Zählen – vier beim Einatmen, vier beim Luftanhalten, vier beim Ausatmen – lernt man schon in den Grundlagen des Yoga. Später lassen sich einfache Sätze dazu meditieren. Zum Beispiel sagt man beim Einatmen: Der Herr ist mein Hirte und beim Ausatmen: Mir wird nichts mangeln. Dieser einfache Satz wird zu einem Mantra und lässt zur Ruhe kommen. Der Sinn der Meditation ist nicht, alles sofort zu analysieren und zu verstehen, sondern den einfachen Satz sich innerlich zu eigen zu machen. Vielleicht so, als wenn man eine Blume betrachtet und sich an ihrer Schönheit erfreut.

Rituale unterschiedlichster Art begleiten uns durch das Leben. Zu einem Ritual gehört eine konkrete Handlung, und der Sinn muss offenkundig, erlebbar und mit den Sinnen erfasst werden können. So kann zum Beispiel das Anzünden einer Kerze zu einem Ritual werden: «Wir zünden nun eine Kerze für Martin an. Er hat es jetzt besonders schwer. Unsere Gedanken und Gebete sollen ihm Kraft geben.» So drückt diese Handlung die innere Verbundenheit und Solidarität zwischen Menschen aus und hilft, die eigene Gefühlsstimmung zu kanalisieren. Wasser auf die Stirn eines Kindes zu giessen ist noch kein Ritual. Erst wenn dem Kind durch die Taufhandlung zugesagt wird, ohne jede Vorleistung ein geliebtes Kind zu sein, das gewollt ist und seine Aufgabe in dieser Welt habe, bekommt es seine Bedeutung. Der Sonntag kann ritualisiert werden, indem z.B. ein besonderes Geschirr aufgetragen oder ein Gedicht zum Sonntag gesprochen wird. Rituale werden dadurch zu Kraft spendenden und heilenden Ereignissen im Leben. Sie prägen uns individuell, durchdringen aber auch als kollektive Phänomene die Gesellschaft. Rituale geben Struktur und Halt. Sie vermitteln durch ihre gleichbleibende Regelmässigkeit das Gefühl von Vertrautsein und ermöglichen, mit den ständigen Veränderungen zurechtzukommen. Rituale geben zudem eine Richtung in schwierigen Lebensphasen. Sie durchbrechen das Alltagsleben, beseelen die Familiengeschichte, das Zusammenleben und richten den Blick auf das Wesentliche, das in diesem Augenblick geschieht. So können Rituale als Ressourcen genutzt werden.

Zusammenfassung

In diesem Artikel ging ich der Frage nach, inwiefern Religion als Ressource genutzt werden kann, aus der heraus man das Leben in Krankheit, in auferlegten Behinderungen, in körperlichen und seelischen Einschränkungen, ja sogar im Sterben bestehen kann. In der Geschichte mit Felix stand die Situation der Eltern im Mittelpunkt. Sie mussten ihren Weg suchen, wie sie mit der ihnen auferlegten Situation umgehen könnten und welche Bedeutung die Sinnfindung für sie haben würde. Religion kann positive Ressourcen bereithalten und sie kann negative Auswirkungen haben, die die Entfaltung des Lebens verhindern. Ob auf religiöse Ressourcen zurückgegriffen werden kann, hängt einerseits von der Disposition des Einzelnen ab. Andererseits ist eintscheidend, ob die Symbolsprache des Betroffenen verstanden und mit ihm zusammen gedeutet werden kann, unabhängig davon, ob jemand vorher betont religiös oder areligiös war.
Religiöse und profane Rituale helfen, dem Leben eine Struktur zu geben. Sie schaffen Geborgenheit, Sicherheit und Verbindlichkeit, sie stärken Beziehungen, Freundschaften, Partnerschaften und vermitteln durch die Symbole eine Ahnung vom Wunder, vom Zauber des Lebens.

Literatur

Glaube und Behinderung: www.gub.ch; abgerufen am 14.3.2014

Kunz, R (Hrsg) (2007) Religiöse Begleitung im Alter. Theologischer Verlag, Zürich

NZZ Adventsblog: http://www.nzz.ch/aktuell/startseite/kleiner-gott-wir-lieben-dich-1.4339252; abgerufen am 14.3.2014

Rösler, K (2010) Wenn Gott nicht heilt. Idea Spektrum 36: 22–23

Wolfgang Schulze wuchs im elterlichen Gastronomiebetrieb in Deutschland auf und wohnt seit 1970 in der Schweiz. Er ist reformierter Pfarrer VDM i.R. Während seiner langjährigen Erfahrungen als Pfarrer in verschiedenen Kirchgemeinden wechselten seine Schwerpunkte von Jugendarbeit, Seelsorge, Erwachsenenbildung, Ökumene, Wirtschaftsethik zu Seniorenarbeit und seelsorgerlicher Begleitung von Menschen mit körperlichen und geistigen Einschränkungen und deren Angehörigen. Nach der Ausbildung zum Supervisor, Organisationsberater und NLP Practitioner berät er Mitarbeitende in kirchlichen und sozialen Institutionen.

Lebendigkeit im Sterben?
Wenn der Tod greifbar wird
Peter Lude, Christina Kruthoff

«Das Leben ist nur ein Moment, der Tod ist auch nur einer.»
Friedrich Schiller, Maria Stuart

Es ist vielleicht vermessen, wenn Lebende über den Sterbeprozess schreiben, handelt es sich dabei doch um einen jeweils individuellen, sehr persönlichen und intimen Vorgang, den man immer nur aus einer Richtung verfolgen kann. Dieser Beitrag möchte dennoch versuchen, das Hauptthema dieses Buches, die Lebendigkeit, bis hin zum Letzten – im Bewusstsein der vollen Unzulänglichkeit – mit einzubeziehen.

Wann sterben wir?

Das Leben an sich bietet nicht nur viele Geheimnisse, es ist selbst ein Geheimnis, von der Geburt bis zum Tod. Woher kommen wir und wohin gehen wir? Mit diesen Fragen befasst sich die Theologie. Die Psychologie stellt keine Wesensfragen. Sie beschäftigt sich vielmehr mit dem Erleben und Verhalten, also mit dem psychischen Funktionieren des Menschen in all seinen Entwicklungs- und Lebensstadien. Luther sagte einst: «Mitten in dem Leben sind wir vom Tod umfangen.» In jedem Moment kann das Leben ein Ende finden. Keiner kann dem anderen die nächsten fünf Minuten garantieren. Dennoch leben wir meistens so, als lebten wir ewig, ohne uns dessen bewusst zu sein, dass der kommende Abend oder Morgen ohne uns stattfinden könnte. Das ist wahrscheinlich gut so.

Überrascht sind wir immer dann, wenn der Tod unmittelbar und unausweichlich erscheint, wie bei jenem Todeskandidaten kurz vor seiner Hinrichtung, der sich gegenüber dem Priester beklagte, dass er zum Tod verurteilt worden sei. Der Priester entgegnete ihm, er könne getrost sein: «Wir sind alle zum Tod verurteilt.»

Tritt in unserem Umfeld jedoch ein Todesfall ein, sind wir meist sehr betroffen. Das sind wir auch, wenn jemand uns Nahestehender eine schlimme Krankheitsdiagnose entgegennehmen muss oder einen Unfall erleidet. Dann spüren wir sofort unsere eigene Verletzlichkeit und bekommen Angst. Wir fürchten nicht nur persönliche Verluste, sondern wir fürchten auch Schmerzen, Ungewissheit, Bedrohung, Hilflosigkeit, Abhängigkeit und Ähnliches mehr – alles, was unsere Lebensqualität empfindlich beeinträchtigt.

Selbst unsere Gefühle sind sozialer Natur. Banse (2000) verweist auf eine Reihe von Untersuchungen, die eindrücklich belegen, dass Emotionen ein soziales Phänomen sind – sowohl in Bezug auf die Auslöser als auch auf die Settings, in denen sich emotionale Erlebnisse entfalten –, und vor allem die Emotionen Freude, Ärger, Trauer, Scham, Schuld und Verlegenheit in 80 bis 97,8 Prozent aller Fälle durch das Verhalten anderer ausgelöst werden.

Sterben wir nur körperlich? Wie ist es, wenn eine Liebe stirbt? Ist mit der Trauformel «Bis dass der Tod euch scheidet» der rein körperliche Tod gemeint oder der «Tod» der Beziehung? In der Tat fühlen sich Menschen sehr schlecht, wenn eine enge Beziehung in die Brüche geht. Das kann durchaus mit Sterben verglichen werden.

Der Körper kann lebendig sein, bei gleichzeitig stark reduziertem Erleben. Dann können wir aufhören zu «leben», auch wenn wir noch atmen. Andererseits können wir geistig lebendig sein bei einer extrem eingeschränkten physischen Lebendigkeit. Als Beispiel sei hier auf das Buch «Schmetterling und Taucherglocke» verwiesen, das Jean-Dominique Bauby (1997) mit nur der Bewegung des linken Augendeckels beim Locked-in-Syndrom diktierte. Die folgenden Ausführungen zeigen solch graduelle Unterschiede der Lebendigkeit bis hin zum Tod.

Einsamkeit kann töten.

Isolation in Beziehungen

Viele fürchten nicht so sehr das Alleinsein, sondern vor allem die Einsamkeit. Einsamkeit kann töten. Wie sehr wir durch unsere emotionalen Bindungen leben, zeigen schon frühe Beobachtungen zu Isolation, die dem Kaiser Friedrich II. von Hohenstaufen im 13. Jahrhundert zugeschrieben werden (vgl. Das Psychologie-Lexikon). Er wollte wissen, welches die Ursprache des Menschen sei. Dazu wurden Kindermädchen angeleitet, Säuglinge zu füttern und zu pflegen, nicht aber mit ihnen zu sprechen. Alle Säuglinge starben (vgl. Strubreither, 2005). Strubreither verweist auf ähnliche Bedingungen in Kinderheimen zu Zeiten Kaiser Josefs II., wo 75% der Findelkinder starben (ebd.). Spitz (2005) untersuchte Reaktionen von Kleinkindern unter Isolationsbedingungen. Sie erhielten Nahrung und Körperpflege, aber keine emotionale Zuwendung, Körperkontakt, Liebe, Zärtlichkeit oder Aufmerksamkeit. Diese Kinder entwickelten den sogenannten Hospitalismus (gemäss seiner Ursache auch Deprivationssyndrom genannt, abgeleitet aus lateinisch *deprivare* = berauben). Dies ist eine sehr ernsthafte Störung im emotionalen Empfinden und des sozialen Verhaltens, die auch zum Tod führen kann. Strubreither (2005) berichtet zudem von einem extremen Experiment: Die Testperson wurde von jeglichen Aussenreizen abgeschottet, in einem unterirdischen Bassin (keine Vibrationen, Licht, Geräusche, nur umgeben von Wasser mit Körpertemperatur und den Körper eingepackt in Baumwolle). Bereits nach 15 Minuten bekam die Testperson Halluzinationen, verlor das Gefühl von Zeit und Raum, bekam Panikattacken. Aktivitätsstörungen von Teilen des Hypothalamus und der Hypophyse führten zu Störungen des Nervensystems mit Hormonstörungen, gefolgt von kognitiven Störungen bis Verwirrtheit und zu einem schnellen Anstieg weisser Blutkörperchen. Dieses Experiment wurde bereits nach sehr kurzer Zeit abgebrochen. Auch wenn man eine Person nicht «eingräbt», sondern nur die visuellen, auditiven und taktilen Reize vermindert, führt das zu einer Reihe von sensorischen Illusionen, wie Lilly (1956) in klinischen Studien zeigte.

Isolationshaft (Vernichtungshaft)

Innerhalb der Psychologie stammt eine der besten Beschreibungen der Wirkung von Isolation von Viktor E. Frankl (1965), dem Begründer der Logotherapie. In seiner Schrift «On the Psychology of Concentration Camps» beschreibt er die «Deformierung» des Menschen. Er unterschied drei Phasen der Reaktion bei isolierten Gefangenen: In der Anfangsphase, dem Beginn der Isolation, gerieten sie in einen Schockzustand und begingen oft Suizid. Dieser Schock wandelte sich plötzlich in tiefe Apathie in der zweiten Phase. Die Apathie kann hier als ein Schutzmechanismus der Psyche verstanden werden. Die Gefangenen spürten ihre Emotionen nur noch ganz schwach. Sie waren an nichts mehr interessiert. Die meisten Gefangenen entwickelten Minderwertigkeitsgefühle. Auch erfuhren sie Persönlichkeitsveränderungen. Die Unsicherheit bezüglich eines möglichen Entlassungstermins führte zu Entfremdung bis hin zu Geisteskrankheit. Menschen ausserhalb des Gefängnisses wurden als nicht mehr zur Welt gehörig betrachtet. Sie selbst verloren ihre Zukunftsperspektiven. Die natürliche Immunabwehr gegen Infektionen sank stark. Einige erlebten ihre Entlassung als den Beginn der dritten Phase. Sie glaubten sich in einem Traum. Die meisten von ihnen litten unter Depersonalisation (Verlust des Ich-Gefühls). Sie mussten wieder lernen, froh zu sein. Aber sie entwickelten auch ein Gefühl, dass nichts mehr sie erschrecken konnte, ausser ihr Gott (vgl. Strubreither, 2005).

Isolation im Spital

Klinische Studien bei Patienten auf der Intensivstation zeigten wechselnde Bewusstseinszustände aufgrund der veränderten sensorischen Umgebung, beschreibbar mit Müdigkeit, Verstörtheit, Verwirrtheit, Desorientierung, Agitiertheit und nicht zuletzt Depression (Easton und Mackenzie, 1988). Zahlreiche andere Studien belegen die belastenden Auswirkungen bei Patienten, die aufgrund von Infektionen in Spitälern isoliert werden mussten. Angst, Depression, Mangel an Selbstwertgefühl und Verlust wahrgenommener Kontrolle sind deutlich stärker ausgeprägt als bei Personen ohne Isolationserfahrungen (Gammon, 1999).

Folgerung

Neben dem körperlichen Tod gibt es einen psychosozialen und emotionalen Tod. Diese beiden können den körperlichen Tod sogar verursachen. Die Frage, wann wir sterben, ist nicht so einfach zu beantworten, ausser man setzt seinem Leben willentlich zu einem bestimmten Zeitpunkt ein Ende, sei es in Form eines Suizids oder mit Unterstützung einer Sterbehilfeorganisation.

Das Thema Suizid ist sehr komplex und bedürfte, um ihm vollständig gerecht zu werden, mehr Raum. Genügen muss hier ein Zitat von Meerwein, der die Komplexität dieser Thematik verdeutlicht, indem er die widerspruchsvolle Lebenszugewandtheit suizidaler Krebskranker aufzeigt (Meerwein, 1988, S. 187):

Im Suizidwunsch des Krebskranken offenbart sich in den allermeisten Fällen keine Todessehnsucht, kein Sterbewunsch, sondern – im Gegenteil – ein ungebrochener Lebenswille. Der Kranke wünscht den Suizid nicht in Freiheit, sondern gerade in der ungeheuerlichen Unfreiheit der Paradoxie, nur um den Preis des Verlustes des Lebens frei, d. h. von Schmerz und Qual erlöst zu sein und leben zu können. Der amerikanische Psychiater Menninger fordert für einen echten Suizid das Zusammenwirken von drei Voraussetzungen, des Wunsches zu sterben, des Wunsches zu töten und des Wunsches getötet zu werden […]. Krebskranke erfüllen jedoch nur selten diese drei Voraussetzungen. Wenn sie zu töten oder getötet zu werden wünschen, dann zielt dieser Wunsch meist nicht auf den Tod ihrer Person, sondern auf den Tod des Karzinoms hin […]. Die Person aber wünscht sich in den meisten Fällen das Überleben.

Wie sterben wir? Was wissen wir über das Sterben?

«Sterben ist der Übergang vom Leben in den Tod. Das Ende dieses Übergangs kann zeitlich mit dem Todeszeitpunkt eingegrenzt werden, der Beginn des Sterbens kann dagegen nicht eindeutig bestimmt werden» (www.pflegewiki.de) Zudem vollzieht sich das Sterben eines Individuums auf mehreren Ebenen. Wo liegt der Schwerpunkt, auf der psychischen oder religiösen Ebene? Wie steht es mit der sozialen Dimension bei Menschen, die gerade im Aufbau einer Familie sind?

Sterben – ein psychischer Vorgang

Der Sterbeprozess kann einerseits sehr schnell geschehen, beispielsweise bei einer Frontalkollision mit dem Auto oder einem Kopfschuss, im Gegensatz dazu aber auch langsam – über Jahre hinweg. Vertrauen, Loslassen und Hingabe sind die entscheidenden Haltungen im Sterben. Sterben und Tod sind Teil des Lebens. Auf jeden Fall ist es eine tiefgreifende Erfahrung. Schwindet die Körperkraft – im Sinne des «Funktionierens» – nehmen oft auch die geistigen Fähigkeiten ab. Gemäss Pflegewiki ziehen sich Personen dann gerne zurück, vor allem wenn sie sich als «nützlich» verstanden und dies jetzt nicht mehr sein können. Sie fühlen sich überflüssig, isolieren sich, verlieren das Interesse an ihrem Umfeld. Oft nehmen sie keine Hilfe an, möchten alles so gut wie möglich selbst erledigen, was zu ernsthaften Problemen führen kann. Umgekehrt kann sich auch die angehörige Familie zurückziehen, sei es aus Unsicherheit oder aus pflegerischen Notständen (Entstellungen, Gerüche etc.). Die zuvor angeführten Beispiele zur Wirkung von Isolation verdeutlichen, dass man auch ohne tödliche Krankheit todbringende Symptome entwickeln kann.

Biologische Sterbephasen

Die Phasen natürlichen Sterbens bei Menschen sind wie folgt beschreibbar (vgl. Wikipedia «Sterben»):

1. Einschränkung der Wahrnehmung durch verringerte Hirnaktivität.
2. Die Atmung wird flacher.
3. Das Sehvermögen wird schlechter.
4. Das Hörvermögen funktioniert nur noch partiell.
5. Die Sehfähigkeit geht völlig verloren.
6. Tritt der Herzstillstand ein, folgt unmittelbar, innerhalb weniger Minuten, der Hirntod.
7. Hirntod – der Funktionsverlust der Hirnzellen.

Herzstillstand und Hirntod verhindern den Transport von Sauerstoff und Nährstoffen, was bedeutet, dass der Stoffwechsel aufhört zu funktionieren und die Zellen absterben. Der Körper zersetzt sich, beginnend mit dem Gehirn, dann folgen nach und nach Herzgewebe, Leber-, Lungen- und bis zu zwei Stunden später Nierenzellen. Auf biologischer Ebene lässt sich das Sterben daher beschreiben als der zunehmende Verlust von Organfunktionen. Tod bedeutet infolgedessen das endgültige Aussetzen aller Lebensfunktionen eines Organismus.

Medizinisch betrachtet ist dies ein mehrstufiger Prozess: «Der klinische Todesfall tritt ein, wenn Herzschlag und Atmung aussetzen. […] Der Hirntod gilt heute juristisch als Todeszeitpunkt. Mit ihm versiegt auch die elektrische Aktivität des Gehirns – Wahrnehmung, Bewusstsein und die zentralnervöse Steuerung elementarer Lebensfunktionen fallen für immer aus» (Wikipedia «Sterben»). Die Bedeutung des Hirnstammes, bestehend aus Mittelhirn, Brücke und verlängertem Mark kann den Patienten in einem vegetativen Zustand am Leben erhalten, auch wenn andere Bereiche des Gehirns bereits zerstört sind. Er kann atmen und schlucken, Wahrnehmungen aber nicht mehr verarbeiten.

Wo sich Sterbeprozess und Überlebensprozess direkt begegnen

Elisabeth Kübler-Ross (1969) beschrieb aufgrund von Interviews mit Sterbenden fünf Phasen des Sterbeprozesses: Verleugnung (Nicht-wahrhaben-Wollen und Isolierung) – Zorn und Ärger – Verhandeln – Depression – Akzeptanz. Es sind jedoch nicht die «[...] Phasen des körperlichen Vorgangs des Sterbens, sondern die geistige Verarbeitung des Zwangs zum Abschied vom Leben bei Menschen, die bewusst erleben, dass sie massive gesundheitliche Verschlechterungen durchmachen bzw. eine infauste Prognose mitgeteilt bekommen» (Kübler-Ross, zit. n. Wikipedia «Elisabeth Kübler-Ross»). Diese Phasen können allerdings nebeneinander vorhanden sein und verschieden lang andauern. Der Prozess kann sich über Jahre hinziehen oder innerhalb weniger Minuten stattfinden. Zudem ist die Reihenfolge variabel, einzelne Phasen können sich wiederholen oder gar ausbleiben. Die Phasen können ebenso von Angehörigen durchlebt werden. Kübler-Ross betont immer, dass in jeder Phase die Hoffnung vorkommt und dass diese Hoffnung den Sterbenden keinesfalls genommen werden sollte.

In der Einleitung zum vorliegenden Buch steht die Aussage eines Chefarztes, dass ein Leben mit Querschnittlähmung ein Leben mit dem Tod sei. Das klingt schon so, als sei man halbtot, also recht pessimistisch. Rein körperlich betrachtet mag die Aussage des Chefs stimmen. Psychisch jedoch könnten auch andere Überlegungen gelten: Obwohl beim Sterbeprozess offenbar die Hoffnung eine ganz grosse Rolle spielt, also eine Lebenszuwendung stattfindet – trotz im Grunde genommen unberechtigter Hoffnung, weil dieser Prozess irreversibel ist –, soll man den sterbenden Menschen diese Hoffnung nicht nehmen. Erleidet nun jemand eine Querschnittlähmung, so weiss man auch aufgrund heutiger Forschungsergebnisse, dass die Hoffnung auf die Überwindung der Querschnittlähmung (selbst in körperlicher Hinsicht) über Jahre hinweg bestehen bleiben kann, ohne sich schädigend auszuwirken (Lude, 2014). Rehabilitationsexperten sind sehr darum bemüht, auf keinen Fall «falsche» Hoffnungen stehen zu lassen oder gar zu wecken. Mit anderen Worten wird den Sterbenden die «unberechtigte» Hoffnung belassen, den Menschen mit Querschnittlähmung aber dieselbe «unberechtigte» Hoffnung genommen. Sollte es nicht umgekehrt sein?

Man fragt sich auch unmittelbar, warum der Sterbeprozess auf den Rehabilitationsprozess übertragen wird, denn oftmals werden bis heute die Phasen nach Kübler-Ross fälschlicherweise mit einer konstruktiven Bewältigung gerade bei Querschnittlähmung gleichgesetzt, ganz nach der Maxime, nur wer eine solche «Trauerarbeit» durchläuft, kann dieses schwere Trauma bewältigen. Dabei wird unübersehbar der Verlust auf breiter Linie betont und – so könnte man meinen – gar kultiviert.

Handelt es sich bei der Rehabilitation nicht eher um einen Überlebensprozess als um einen Sterbeprozess? Liegt da nicht ein grundsätzlicher Irrtum vor, den Rehabilitationsexperten zuerst mit sich selbst klären müssten (Lude, 2014)? Der Weg der Rehabilitation führt zurück ins pralle Leben, so zumindest lautet das Ziel. Beim Sterbeprozess kann man das so nicht behaupten. Trotzdem hat die Aussage des erwähnten Chefarztes auch auf psychischer Ebene etwas unausgesprochen Wahres: Wo die Bedrohung des Lebens permanent vorhanden ist, ist meist die Lebenszugewandtheit und somit die Lebendigkeit viel ausgeprägter.

Nur die Endlichkeit macht, dass wir endlich leben

Der Mensch entwickelt sich aus der Verschmelzung zweier Keimzellen über Jahre hinweg zu einer ganz komplexen Persönlichkeit – und er vergeht wieder. Dazwischen gibt es eine Menge persönlicher Entfaltungsmöglichkeiten im Rahmen der genetischen Ausgestaltung der Körperlichkeit. Der Organismus ist auf das Überleben ausgerichtet (siehe Beitrag in diesem Buch «Schicksalsschlag als Chance – Das Leben geht erst recht weiter»; vgl. Lude, 2010). Dennoch ist nicht klar, ob der Tod bereits genetisch programmiert ist oder die Erneuerung der Zellen, also die Kopie der Kopie der Kopie immer schlechter wird, bis die Erneuerung der Vergänglichkeit unterliegt (von Cranach, 1987). Jeden Tag geht es um das Überleben des Organismus. Der natürliche Sterbevorgang scheint eine Bewegung von aussen nach innen zu sein, ein «Verlöschen». Da der Organismus auf verschiedenen Ebenen Überlebensmechanismen zur Verfügung hat, läuft dieser Vorgang nicht unbedingt «reibungslos» ab, denn die Bewegung zwischen verstärkter Lebenszuwendung und der Ergebung in das Unausweichliche scheint oft bis zum letzten Atemzug anzudauern. Bei Bedrohung des Lebens – und die spürbare Nähe des Todes kann als solche empfunden werden – werden psychische und körperliche Alarmreaktionen ausgelöst (Eisenhuth und Lude, 2014). Deshalb kann der Sterbeprozess ein Überlebenskampf bis zum Letzten sein. Von aussen betrachtet findet eine Einengung statt, man könnte das auch als Konzentration auf wichtige, noch zu erledigende oder nicht mehr erledigbare Dinge im Leben verstehen. Diese Form der Lebenszuwendung enthält eine Lebendigkeit, obwohl das Leben langsam erlischt. Wenn die Zeit drängt – sie lässt sich weder anhalten noch zurückdrehen –, wird der Lebenswille stärker. Vielleicht sollten wir uns täglich viel klarer vor Augen führen, wie sehr die Lebenszeit begrenzt ist. Wie viel Leerlauf könnten wir uns ersparen!

Fazit

Die Frage, wann und wie wir sterben, lässt sich genau genommen nur in Teilbereichen beschreiben, beispielsweise als medizinische Kettenreaktion, als biologischer Prozess, als psychologisches Phänomen usw. Es scheint, als sei der körperliche Sterbevorgang an sich eine Art «Programm» zu sein, das blockiert werden kann, indem Medikamente oder Flüssigkeitszufuhr eingesetzt werden. Dadurch kann diese ablaufende Kaskade empfindlich gestört werden, zu äusserst unangenehmen Zuständen bei den Sterbenden führen und insofern als unethisch gelten. Darüber gibt es einschlägige Diskussionen in verschiedenen Fachbereichen. Vom Standpunkt der Lebendigkeit aus gesehen, können wir während des ganzen Lebens mehr oder weniger lebendig sein, abhängig von unserer Konstitution, vom Beziehungsumfeld, physischem und psychischem Befinden, bis hin zu Tagesschwankungen usw. Es ist nicht immer klar, «welcher Tod» zuerst eintritt: der psychische, emotionale, psychosoziale oder körperliche, und welcher welchen bewirkt. Wird das Leben unmittelbar bedroht, finden immer auch lebenszuwendende Prozesse statt, als natürliche Gegenregulierung, bis auch diese den Kräften der Vergänglichkeit unterliegen. Es scheint wie eine Waage zu sein, die ständig nach Ausgleich sucht, bis zum Schluss. Insofern gibt es keine abschliessende Antwort auf die hier gestellten Fragen.

Literatur

Banse R (2000) Soziale Interaktion und Emotion. In: Otto JH, Euler HA, Mandl H (Hrsg) Emotionspsychologie. Ein Handbuch. S 360-369. Psychologie Verlags Union, Weinheim

Bauby J-D (1997) Le scaphandre et le papillon. Paris, Laffont (deutscher Titel: Schmetterling und Taucherglocke)

Cranach von M (1987) Makroskopische Ansichten. Essays über die Entwicklung der Welt, über den Menschen und die Gesellschaft. Forschungsbericht aus dem Psychologischen Institut der Universität Bern

Das Psychologie-Lexikon: http://www.psychology48.com/deu/d/waisenkinderversuche/waisenkinderversuche.htm; abgerufen am 15.3.2014

Easton C, Mackenzie F (1988) Sensory-perceptual alterations: delirium in the intensive care unit. Heart and Lung. 17 (3) 229-234

Eisenhuth J, Lude P (2014) Gesund - was ist das? In: Strubreither W, Neikes M, Stirnimann D, Eisenhuth J, Schulz B, Lude P (Hrsg) Klinische Psychologie bei Querschnittlähmung. Grundlagen - Diagnostik - Rehabilitation. Springer, Heidelberg

Frankl VE (1965) The Doctor and the Soul. Knopf, New York

Gammon J (1999) The psychological consequences of source isolation: a review of the literature. Journal of Clinical Nursing. 8 (1) 13-21

Kübler-Ross E (1969) Interviews mit Sterbenden. Kreuz, Stuttgart

Lilly JC (1956) Effects of Physical Restraint and of Reduction of Ordinary Levels of Physical Stimuli on Intact Healthy Persons. 13-20 & 44, in Illustrative Strategies for Research on Psychopathology in Mental Health, Symposium No. 2. Group for the Advancement of Psychiatry. New York, p. 47

Lude P (2002) Querschnittlähmung: Innensicht vs. Aussensicht des Verarbeitungsprozesses bei Direktbetroffenen. Hist. Fak., Bern

Lude P (2010) Querschnittlähmung: Psychologischer Forschungsstand. Psychotherapie Forum 3, Springer: 153-161

Lude P (2014) Anmerkung zu den Phasenmodellen. In: Strubreither W, Neikes M, Stirnimann D, Eisenhuth J, Schulz B, Lude P (Hrsg) Klinische Psychologie bei Querschnittlähmung. Grundlagen - Diagnostik - Rehabilitation. Springer, Heidelberg

Meerwein F (1988) Selbstaggression, Selbstzerstörung, Suizid in der psychosomatischen Medizin unter besonderer Berücksichtigung der Krebskrankheiten. In: Braun H-J (Hrsg) Selbstaggression Selbstzerstörung Suizid. S. 177–194. Verlag der Fachvereine an den Schweizerischen Hochschulen und Techniken, Zürich

Menninger K (1985) Man against himself. Reprint. New York, Harcourt

Spitz RA (2005) Vom Säugling zum Kleinkind. Naturgeschichte der Mutter-Kind-Beziehungen im ersten Lebensjahr. Klett-Cotta, Stuttgart

Strubreither W (2005) Isolation due to Infection of Individuals with SCL [Spinal Cord Injury] – Psychological Point of View. Keynote held at the 44th ISCOS Annual Scientific Meeting. 4th–8th October 2005, Munich, Germany

http://www.pflegewiki.de/wiki/Sterben; abgerufen am 15.3.2014

http://de.wikipedia.org/wiki/Sterben; abgerufen am 15.3.2014

http://de.wikipedia.org/wiki/Elisabeth_Kübler-Ross; abgerufen am 15.3.2014

Dr. phil. Peter Lude führt seit 1994 eine eigene Praxis für Psychologische Psychotherapie in Bad Zurzach, lehrt als Dozent für Rehabilitationspsychologie an der ZHAW Zürcher Hochschule für Angewandte Wissenschaften, ist Affiliate Faculty Member der Schweizer Paraplegiker-Forschung und des Schweizer Paraplegiker-Zentrums Nottwil und wurde zweimal mit dem Ludwig-Guttmann-Preis der DMGP ausgezeichnet. Der Preis wird für eine hervorragende wissenschaftliche Arbeit auf dem Gebiet der klinischen Erforschung der Querschnittlähmung, ihrer Folgen und jeglicher Aspekte der umfassenden Rehabilitation von Menschen mit Querschnittlähmung verliehen. Tetraplegie seit 1984.

Im Rahmen ihrer Firma «Farben und Architektur» arbeitete Christina Kruthoff in zahlreichen Projekten mit und war in diesem Zusammenhang befasst mit Sterbebegleitung und Hospiz. Heute ist sie Schulleiterin der Schule Bad Zurzach, wo sie sich mit ihrem Team intensiv für die Entwicklung einer guten Integrativen Schule einsetzt, die den heutigen Anforderungen mit zeitgemässen sozialen, didaktischen, pädagogischen, organisatorischen und baulichen Konzepten derart gerecht wird, dass die Schülerinnen und Schüler eine bestmögliche, d.h. nach neurowissenschaftlichen Erkenntnissen «hirngerechte», menschenfreundliche und vor allem selbstbildende Entfaltung erfahren dürfen.

Mutter, geh!
Urs Zimmermann

Frühstück am Tresen einer Konditorei. Kaffee und Brötchen vor mir, den Blick auf die Zeitung links. Dann plötzlich Bewegung. Eine alte Frau macht sich hinter dem Tresen zu schaffen. Einen Lappen in der Hand reinigt sie den Spültrog. Dann kommt eine jüngere. «Mutter, geh!», sagt sie. «Du stehst im Weg.» Die Alte legt den Lappen weg und wendet sich ab. Beim Gehen grüsst sie die Gäste links und rechts, so wie sie es früher tat, als sie noch die Chefin war. Heute braucht sie keiner mehr.

AHV/IV & Co. – Befiehlt, wer zahlt?
Hardy Landolt

Lebensqualität mit und trotz Einschränkung, insbesondere bei Menschen mit Querschnittlähmung und älter werdenden Menschen

I. Einleitung

Das Erreichen des ordentlichen Pensionierungsalters – vom Recht als Beginn des dritten Lebensabschnitts verstanden – hat zahlreiche tatsächliche und rechtliche Folgen. Frauen, die das 64. Altersjahr überschritten haben, und Männer, die 65-jährig geworden sind, gelten als Altersrentner und haben Anspruch auf Altersrenten[1]. Die zwangsweise «Ausmusterung» aus dem Erwerbsprozess wird allerdings insoweit relativiert, als einerseits Altersrentner weiter erwerbstätig sein dürfen[2] und andererseits der Bezug der Altersrenten um maximal fünf Jahre hinausgeschoben werden kann[3]. Das Erreichen der Altersgrenze hat ferner einen entscheidenden Einfluss auf die sozialversicherungsrechtliche Stellung.

Die nachfolgenden Ausführungen befassen sich schwerpunktmässig mit den sozialversicherungsrechtlichen Besonderheiten, die für Personen gelten, die das ordentliche Pensionierungsalter überschritten haben oder kurz davor stehen.

II. Frühpensionierung und Vorbezug von Vorsorgeleistungen
A. Frühpensionierung

Die Altersleistungen der ersten, zweiten und dritten Säule[4] können grundsätzlich erst mit Erreichen des ordentlichen Pensionierungsalters beansprucht werden.

---

1 Vgl. Art. 21 Abs. 1 AHVG und Art. 13 Abs. 1 BVG.
2 Die AHV-Beitragspflicht besteht für erwerbstätige Altersrentner erst ab einem Jahreseinkommen über CHF 16 800 (vgl. Art. 4 Abs. 2 lit. b AHVG und Art. 6^{quater} AHVV).
3 Vgl. Art. 29 AHVG und ferner Art. 13 Abs. 2 BVG.
4 Vgl. Art. 111 Abs. 1 BV, wonach die ausreichende Alters-, Hinterlassenen- und Invalidenvorsorge auf drei Säulen beruht, nämlich auf der ersten Säule, der AHV und der IV, auf der zweiten Säule, der beruflichen Vorsorge, und auf der dritten Säule, der Selbstvorsorge.

Die Altersrente der AHV (erste Säule) kann maximal zwei Jahre im Voraus bezogen werden[5]. Die Rente wird um 6,8% für jedes vorbezogenes Jahr gekürzt[6]. Ein zweijähriger Vorbezug ist solchermassen mit einer jährlichen Einbusse von CHF 1893 (bei Minimalrente) bis CHF 3786 (bei Maximalrente) verbunden.

B. Vorbezug von Vorsorgeleistungen

1. Vorbezugsrecht

Von der Pensionskasse (zweite Säule) kann ein Vorbezug von Altersleistungen um maximal fünf Jahre verlangt werden[7]. Die Rente wird gemäss den reglementarischen Bestimmungen gekürzt. Eine Auszahlung des Freizügigkeitsguthabens vor Erreichen des Frühpensionierungsalters ist nur möglich, wenn ein Barauszahlungsgrund besteht. Im Bereich der steuerprivilegierten dritten Säule ist ebenfalls ein Vorbezug von Altersleistungen um maximal fünf Jahre möglich, insbesondere beim Bezug einer ganzen Invalidenrente oder bei Aufnahme einer (anderen) selbstständig erwerbenden Tätigkeit[8].

2. Barauszahlungsanspruch

Versicherte können die Barauszahlung der Austrittsleistung vor Erreichen des Vorbezugsalters verlangen, wenn[9]:
- sie die Schweiz endgültig verlassen und im Rahmen des internationalen Koordinationsrechts kein Auszahlungsverbot besteht,
- sie eine selbstständige Erwerbstätigkeit aufnehmen und der obligatorischen beruflichen Vorsorge nicht mehr unterstehen, oder
- die Austrittsleistung weniger als ihr Jahresbeitrag beträgt.

An Anspruchsberechtigte, die verheiratet sind oder in eingetragener Partnerschaft leben, ist die Barauszahlung nur zulässig, wenn der Ehegatte bzw. der eingetragene Partner schriftlich zustimmt[10]. Kann die Zustimmung nicht eingeholt werden, oder wird sie ohne triftigen Grund verweigert, so kann das Gericht angerufen werden[11].

---

5 Vgl. Art. 40 AHVG.
6 Vgl. Art. 56 Abs. 2 AHVV.
7 Vgl. Art. 13 Abs. 2 BVG und Art. 16 Abs. 1 FZV. Ergänzend statuiert Art. 16 Abs. 2 FZV eine vorzeitige Auszahlung beim Bezug einer ganzen Invalidenrente.
8 Vgl. Art. 3 Abs. 2 BVV 3.
9 Vgl. Art. 5 Abs. 1 FZG.
10 Vgl. Art. 5 Abs. 2 FZG.
11 Vgl. Art. 5 Abs. 3 FZG.

III. Statuswechsel und Besitzstandsgarantie
A. Wechsel des sozialversicherungsrechtlichen Status

Kinder und pensionierte Menschen sind lediglich im Rahmen der «Volksversicherungen»[12] gedeckt und können, wenn diese Versicherungsleistungen nicht existenzsichernd sind, Ergänzungs- oder Sozialhilfeleistungen beziehen. Pensionierte Personen sind von der AHV, der Krankenversicherung und den Ergängzungsleistungen sowie allfälligen Privatversicherungen gedeckt. Die früher vorhanden gewesenen Versicherungsdeckungen, insbesondere die der Unfall- und der Invalidenversicherung, fallen weg, weshalb ältere Menschen – ohne es zu wissen – nur noch ungenügend versichert sind, wenn sie im Alter einen Unfall erleiden oder krankheitshalber invalide werden. Personen, die vor Erreichen des Pensionierungsalters verunfallt sind, erhalten jedoch die bisherige Unfallinvalidenrente weiterhin bis zum Tod ausbezahlt.

Der Statuswechsel hat etwa zur Folge, dass pensionierte Personen, die hilflos werden, eine betragsmässig tiefere Hilflosenentschädigung erhalten. Für die Hilflosenentschädigung der AHV sind nicht alle in der IV massgeblichen Hilfestellungen anspruchsrelevant. So etwa wird ein Bedarf an lebenspraktischer Begleitung nicht berücksichtigt, obwohl ein solcher bei älteren Menschen regelmässig besteht. Nur in leichtem Grade hilflose Pensionäre erhalten sodann eine Hilflosenentschädigung nur dann, wenn sie nicht im Heim leben. Des Weiteren erreicht die Hilflosenentschädigung der AHV nur die halbierten Ansätze der Hilflosenentschädigung der IV[13]. Die Hilfsmittel, die an Bezüger einer Altersrente abgegeben werden, sind schliesslich sehr bescheiden[14].

Diese und andere Ungleichbehandlungen von pensionierten Personen werfen die Frage auf, ob dadurch eine Altersdiskriminierung erfolgt, welche die Bundesverfassung verbietet[15]. Die Rechtsprechung ist diesbezüglich sehr zurückhaltend. So wurde etwa vom Bundesgericht entschieden, dass die Pflicht von Personen, die das 65. Altersjahr vollendet haben, sich finanziell mehr als jüngere Personen an den Pflegekosten beteiligen bzw. den Pflegekostenselbstbehalt[16] vollumfänglich tragen müssen, nicht altersdiskriminierend ist[17]. Auch die Ausklammerung der lebenspraktischen Begleitung bei der Hilflosenentschädigung der AHV ist verfassungskonform und verletzt das Diskriminierungsverbot nicht[18].

---

12 Gemeint sind die AHV und die IV, welche für die gesamte Bevölkerung obligatorisch sind.
13 Vgl. Art. 43bis Abs. 3 AHVG.
14 Siehe dazu die Verordnung vom 28. August 1978 über die Abgabe von Hilfsmitteln durch die Altersversicherung (HVA).
15 Vgl. Art. 8 Abs. 2 BV.
16 Vgl. Art. 25a Abs. 5 KVG.
17 Vgl. BGE 138 I 265 E. 4–6.
18 Vgl. BGE 133 V 569.

B. Besitzstandsgarantie

1. Renten

Die Härte des Statuswechsels wird durch die sogenannte «Besitzstandsgarantie» abgemildert. Diese besagt, dass bei einem altersbedingten Wegfall von Leistungen, die durch andere Leistungen der AHV ersetzt werden, die bisherigen Leistungen ausgerichtet werden, wenn sie höher als die Altersleistungen sind. Die Berechnung von Alters- oder Hinterlassenenrenten, die an die Stelle einer Rente gemäss dem IVG treten, ist etwa auf die für die Berechnung der Invalidenrente massgebende Grundlage abzustellen, falls dies für den Berechtigten vorteilhafter ist[19]. Erfüllt eine Person gleichzeitig die Voraussetzungen für eine Witwen- oder Witwerrente und für eine Altersrente oder für eine Rente gemäss dem IVG, so wird nur die höhere Rente – nicht aber beide Renten – ausbezahlt[20].

2. Hilflosenentschädigung

Hat eine hilflose Person bis zum Erreichen des Rentenalters oder dem Rentenvorbezug eine Hilflosenentschädigung der Invalidenversicherung bezogen, so wird ihr die Entschädigung mindestens im bisherigen Betrag weiter gewährt[21]. Die Besitzstandsgarantie hat zur Folge, dass:

- Bezüger einer Hilflosenentschädigung, die weiterhin zu Hause wohnen, die bisherige Hilflosenentschädigung der IV erhalten, und diese in eine solche der AHV in gleicher Höhe umgewandelt wird;
- Bezüger einer Hilflosenentschädigung leichten Grades, die sich im Heim aufhalten, die bisherige Hilflosenentschädigung der IV weiterhin erhalten und diese in eine solche der AHV in gleicher Höhe umgewandelt wird;
- Bezüger einer Hilflosenentschädigung mittleren oder schweren Grades, die sich im Heim aufhalten und die Hilflosenentschädigung der IV in der Höhe der in der AHV gemäss Art. 43bis Abs. 3 AHVG geltenden Beträge erhalten.

Die Besitzstandsgarantie gilt auch, wenn eine Hilflosenentschädigung der IV rückwirkend nachzuzahlen ist oder wegen Verjährung erst im Rentenalter beginnen kann. Ändert sich der Aufenthaltsort einer Person, welche eine Hilflosenentschädigung aufgrund der Besitzstandsgarantie bezieht (Heim statt zu Hause oder umgekehrt), so kommt die Besitzstandsgarantie danach nicht mehr zur Anwendung. Tritt eine Person, der eine Entschädigung für eine Hilflosigkeit leichten Grades zusteht, nach Erreichen des Rentenalters in ein Heim ein, erlischt der Anspruch

---

19 Vgl. Art. 33bis Abs. 1 AHVG.
20 Vgl. Art. 24b AHVG.
21 Vgl. Art. 43bis Abs. 4 AHVG.

auf eine Hilflosenentschädigung. Verlässt sie das Heim wieder, gelten hernach die strengeren und tieferen Ansätze der Hilflosenentschädigung der AHV[22].

3. Assistenzbeitrag

Der Anspruch auf einen Assistenzbeitrag, der seit dem 1. Januar 2012 in der Invalidenversicherung gilt, steht weder den Bezügern einer Hilflosenentschädigung der Unfall-[23] bzw. der Militärversicherung[24] noch den Bezügern einer Hilflosenentschädigung der AHV[25] zu. Wer einen Anspruch auf eine Hilflosenentschädigung der IV begründet hat, behält diesen wegen der Besitzstandsgarantie auch nach Erreichen des ordentlichen Pensionierungsalters[26], weshalb der Anspruch auf einen Assistenzbeitrag auch pensionierten Bezügern einer Hilflosenentschädigung der IV zusteht, die diese ununterbrochen bezogen haben. Da der Assistenzbeitrag nur für behinderungsbedingte, nicht aber für altersbedingte Hilfeleistungen ausgerichtet wird, kann der ab Eintritt ins Altersrentenalter ausgerichtete Assistenzbeitrag grundsätzlich nicht mehr erhöht, wohl aber reduziert werden, wenn sich der behinderungsbedingte Assistenzaufwand in erheblicher Weise ändert.

4. Hilfsmittel

In der Schweiz wohnhafte Versicherte, die bis zum Entstehen des Anspruchs auf eine Altersrente Hilfsmittel[27] erhalten haben, können weiterhin Anspruch auf diese Leistungen geltend machen, solange die in der Invalidenversicherung massgebenden Anspruchsvoraussetzungen erfüllt sind[28]. Die entsprechende Leistungspflicht trifft nicht die Invalidenversicherung, sondern die AHV, jedoch nach den invalidenversicherungsrechtlichen Bestimmungen[29].

Die Besitzstandsgarantie bezieht sich aber nur auf die von der Invalidenversicherung tatsächlich zugesprochenen Hilfsmittel und beinhaltet kein Recht auf durch eine nach Erreichen der Altersgrenze erfolgte Verschlechterung des Gesundheitszustandes (unabhängig davon, ob diese altersbedingt ist oder auf einer Verschlimmerung des Gesundheitsschadens, der zur Invalidität geführt hat, be-

---

22 Vgl. BGE 137 V 162 E. 2 und 3.
23 Vgl. Art. 26 f. UVG.
24 Vgl. Art. 20 MVG.
25 Vgl. Art. 43bis AHVG.
26 Vgl. Art. 43bis Abs. 4 AHVG.
27 Vgl. HVI, Anhang, so beispielsweise Prothesen, Orthesen, Gehhilfen, Rollstühle, Motorfahrzeuge oder bauliche Anpassungen in der Wohnung.
28 Vgl. Art. 4 HVA.
29 Vgl. BGE 119 V 225 E. 3 f.

ruht) notwendig gewordene zusätzliche Vorkehren bzw. Anpassungen nach den invalidenversicherungsrechtlichen Bestimmungen[30].

Ein Sitzlift liegt innerhalb der Versorgung durch die Invalidenversicherung, wenn der Versicherte bereits vor Eintritt ins Rentenalter technische Hilfsvorrichtungen benötigt hat, um sich in der Vertikalen (fort-) zu bewegen[31]. Monaurale und bilaterale Hörmittelversorgung gehören zur gleichen Art der Hilfsmittelausstattung, wogegen die Versorgung mit Signalanlage und Faxgeräten näher bei einer anderen Hilfsmittelkategorie liegt[32].

IV. Ausmass der Niederlassungsfreiheit im In- und Ausland
A. Rentenauszahlung ins Ausland

Im Sozialversicherungsrecht gilt der Grundsatz, dass Geld-, nicht aber Sachleistungen ins Ausland exportiert werden. Geldleistungen sind insbesondere Taggelder, Renten, jährliche Ergänzungsleistungen, Hilflosenentschädigungen und Zulagen, nicht aber der Ersatz für eine von der Versicherung zu erbringende Sachleistung[33]. Sachleistungen sind insbesondere die Heilbehandlung (Krankenpflege), die Hilfsmittel, die individuellen Vorsorge- und Eingliederungsmassnahmen sowie die Aufwendungen für Transporte und ähnliche Leistungen, die von den einzelnen Sozialversicherungen geschuldet oder erstattet werden[34].

B. Auszahlungsverbot bei Wohnsitz oder Aufenthalt im Ausland
1. Ergänzungsleistungen und Hilflosenentschädigung der AHV/IV

Personen mit Wohnsitz und gewöhnlichem Aufenthalt in der Schweiz haben Anspruch auf Ergänzungsleistungen[35], wenn sie unter anderem eine Altersrente der AHV oder eine Witwen- oder Witwerrente der AHV beanspruchen können[36]. Die Hilflosenentschädigung der AHV/IV wird ausschliesslich vom Bund finanziert[37] und ebenfalls nur Versicherten mit Wohnsitz und gewöhnlichem Aufenthalt in der Schweiz gewährt[38]. Aus schweizerischer Sicht gehören die Hilflosenentschä-

---

30 Vgl. Urteil BGer vom 19.04.2010 (9C_317/2009) E. 4.

31 Ibid. E. 3.4.

32 Vgl. Urteil BGer vom 10.01.2003 (H 230/01) E. 2.2.

33 Vgl. Art. 15 ATSG.

34 Vgl. Art. 14 ATSG.

35 Anspruch auf Ergänzungsleistungen hat, wer die minimalen Lebenskosten mit einer AHV- oder IV-Rente nicht zu decken vermag. Diese bestehen aus jährlichen Leistungen und der Vergütung von Krankheits- und Behinderungskosten.

36 Vgl. Art. 4 Abs. 1 ELG.

37 Vgl. Art. 77 Abs. 2 IVG.

38 Vgl. Art. 43bis Abs. 1 AHVG und Art. 42 Abs. 1 IVG.

digungen der AHV/IV zu den beitragsunabhängigen Sonderleistungen und unterliegen nicht der Exportpflicht[39]. Dieser unterliegt demgegenüber die Hilflosenentschädigung der Unfallversicherung, da diese prämienfinanziert ist und zudem in Ziffer II des Protokolls zum Anhang II des Freizügigkeitsabkommens mit der EU nicht explizit von der Exportpflicht ausgenommen wird.

2. Wohnsitz und gewöhnlicher Aufenthalt in der Schweiz

Da Sachleistungen generell und gewisse Geldleistungen, insbesondere die Hilflosenentschädigung nicht ins Ausland exportiert werden, besteht eine Beeinträchtigung der Niederlassungsfreiheit im In- und Ausland für Bezüger von Sozialversicherungsleistungen. Die Nichtexportierbarkeit bedeutet, dass dauerhaft ein Wohnsitz in der Schweiz begründet sein muss. Mitunter verlangt der Gesetzgeber sogar, dass der Bezüger von Sozialversicherungsleistungen seinen gewöhnlichen Aufenthalt in der Schweiz hat. Dies etwa ist bei der Hilflosenentschädigung der Fall.

Der Wohnsitz einer Person bestimmt sich nach den Artikeln 23–26 des Zivilgesetzbuches[40]. Ein schweizerischer Wohnsitz kann trotz eines längerfristigen Auslandsaufenthalts gegeben sein, wenn der Betreffende die Absicht hat, sich längerfristig in der Schweiz aufzuhalten. Weit einschränkender ist demgegenüber das Erfordernis des gewöhnlichen Aufenthalts in der Schweiz. Ihren gewöhnlichen Aufenthalt hat eine Person an dem Ort, an dem sie während längerer Zeit lebt, selbst wenn diese Zeit zum Vornherein befristet ist[41]. Der Begriff des gewöhnlichen Aufenthalts ist im objektiven Sinne zu verstehen, weshalb eine wie auch immer begründete Abreise ins Ausland den tatsächlichen Aufenthalt in der Schweiz grundsätzlich ausschliesst.

Das Aufenthaltsprinzip lässt allerdings praxisgemäss die beiden Ausnahmen des voraussichtlich kurzfristigen und des voraussichtlich längerfristigen Auslandaufenthalts zu. Dabei handelt es sich um die Fälle, in denen der Versicherte zum vornherein bloss eine vorübergehende und keine endgültige Ausreise aus der Schweiz beabsichtigt hat. Der Ausnahmegrund des kurzfristigen Auslandaufenthalts ist gegeben, wenn und insoweit der Auslandaufenthalt sich im Rahmen dessen bewegt, was allgemein üblich ist bzw. er muss aus triftigen Gründen erfolgen, wie z.B. zu Besuchs-, Ferien-, Geschäfts-, Kur- oder Bildungszwecken und darf ein Jahr nicht übersteigen. Die Jahresfrist darf aber nur soweit voll ausgeschöpft werden, als für diese Maximaldauer ein triftiger Grund besteht.

---

39 Vgl. dazu BGE 132 V 423.
40 Vgl. Art. 13 Abs. 1 ATSG.
41 Vgl. Art. 13 Abs. 2 ATSG.

Der Ausnahmegrund des längerfristigen Auslandaufenthalts ist gegeben, wenn ein grundsätzlich als kurzfristig beabsichtigter Auslandaufenthalt wegen zwingender unvorhergesehener Umstände wie Krankheit oder Unfall usw. über ein Jahr hinaus verlängert werden muss oder wenn zum vornherein zwingende Gründe einen voraussichtlich überjährigen Auslandaufenthalt erfordern, z.B. Fürsorgemassnahmen, Ausbildung oder Krankheitsbehandlung[42].

C. Beeinträchtigungen der Niederlassungsfreiheit innerhalb der Schweiz

Da die Finanzierung der Pflegekosten seit der Neuordnung des Finanzausgleiches und der neuen Pflegefinanzierung, die am 1. Januar 2011 in Kraft trat und bis spätestens am 31. Dezember 2013 umgesetzt sein muss, kantonalisiert wurde, bestehen neuerdings auch nicht unerhebliche Beeinträchtigungen der Niederlassungsfreiheit innerhalb der Schweiz. Dass die Verlegung des Wohnsitzes in die «Sonnenstube» der Schweiz eine Armutsfalle darstellen kann, hat das Bundesgericht in einem kürzlichen Entscheid klargestellt. Befindet sich der Pensionär, der zum Zeitpunkt seiner Pensionierung im Kanton Zürich seinen Wohnsitz hatte, diesen aber später in den Kanton Tessin verlegte, in einem spezialisierten Pflegeheim ausserhalb seines Wohnsitzkantons, ist der vom Wohnsitzkanton (vorliegend Tessin) vorgesehene Höchstbetrag für Tagestaxen auf die Festsetzung der anerkannten Ausgaben auch dann anwendbar, wenn der Sitzkanton (vorliegend Zürich) des Heims höhere anrechenbare Beträge kennt[43].

V. Pflegekostenfinanzierung
A. Allgemeines

Im Alter fallen regelmässig Betreuungs- und Pflegekosten an. In der Schweiz besteht keine Pflegeversicherung, welche die Finanzierung sicherstellt. Der Staat gewährt einerseits diverse Versicherungsleistungen (Hilflosenentschädigung, Pflegeentschädigung etc.) und beteiligt sich mit Subventionen an den Spital- und Heimaufenthaltskosten[44]. Die ungedeckten Pflegekosten sind vom Betroffenen selbst zu finanzieren. Verfügt der Pflegebedürftige nicht über genügend finanzielle Mittel, besteht subsidiär eine Leistungspflicht der Ergänzungsleistungen[45].

---

42 Vgl. BGE 111 V 180 E 4 und BGer vom 30.11.2010 (C-885/2003) E 3.1 und vom 30.11.2012 (C-7803/2010) E 3.5.

43 Vgl. 138 V 481 E. 5.6.

44 Vgl. Gächter T., Finanzierung von Pflegeheimaufenthalten, II Nr. 7, und Landolt H., Pflegeversicherungsleistungen, 115 ff.

45 Weiterführend Landolt H., Pflegeversicherung, 184 ff.

Diese besteht einerseits aus einer Zusatzrente zur Alters- oder Invalidenrente und andererseits aus einer Vergütung von Krankheits- und Behinderungskosten. Der Zweck dieser beiden nicht rückzahlbaren Versicherungsleistungen besteht in der Verhinderung einer «Sozialhilfebedürftigkeit».

B. Vermögensverzehr

Bei der Berechnung der Höhe der Zusatzrente (jährliche Ergänzungsleistung) wird ein Teil des Vermögens als Einkommen angerechnet, weshalb ein kontinuierlicher Vermögensverzehr stattfindet. Altersrentner müssen sich 1/10 und die anderen Versicherten 1/15 des über CHF 37 500 (Alleinstehende) bzw. CHF 60 000 (Ehegatten) liegenden Vermögens anrechnen lassen[46]. Besonderheiten gelten, wenn der pflegebedürftige Versicherte ein Eigenheim bewohnt, das sich in seinem Eigentum oder demjenigen des Ehegatten befindet. Die für in selbstbewohntes Wohneigentum investiertes Eigenkapital bisher geltende Vermögensfreigrenze von CHF 112 500 wurde am 1. Januar 2010 auf CHF 300 000 erhöht, wenn ein Ehepaar bzw. ein Ehegatte Eigentümer einer selbstbewohnten Liegenschaft und ein Ehegatte Bezüger einer Hilflosenentschädigung der AHV, IV, Unfallversicherung oder Militärversicherung ist[47].

C. Anrechnung eines Verzichtsvermögens

Damit nicht vor dem Bezug von Ergänzungsleistungen das Vermögen verprasst wird, sieht das Ergänzungsleistungsrecht die Anrechnung des sogenannten Verzichtsvermögens vor. Damit ein Verzichtsvermögen in der Berechnung der Ergänzungsleistungen berücksichtigt werden kann, verlangt die Rechtsprechung eine Vermögenshingabe «ohne rechtliche Verpflichtung» bzw. «ohne adäquate Gegenleistung». Diese beiden Voraussetzungen sind nicht kumulativ, sondern alternativ zu verstehen[48].

Die Praxis ist relativ streng: Die Überweisung eines Betrages von CHF 90 000 für die Pflege der Mutter während elf Jahren im Umfang von sechs Stunden pro Woche berechnet zu einem Stundenansatz von CHF 23 wurde als Vermögensverzicht qualifiziert, weil der Betrag nachträglich bezahlt worden ist und keine echtzeitlichen Dokumente vorhanden waren[49]. Weitere Tatbestände, die einen Vermögensverzicht begründen können, stellen Erbvorbezüge, Schenkungen und

---

46 Vgl. Art. 11 Abs. 1 lit. c ELG.
47 Vgl. Art. 11 Abs. 1bis lit. b ELG.
48 Vgl. BGE 131 V 329 E. 4.3 f.
49 Vgl. BGE 131 V 329 ff.

ein übertrieben luxuriöser Lebenswandel dar[50]. Keinen Vermögensverzicht demgegenüber hat die Frühpensionierung zur Folge[51]. Das Verzichtsvermögen wird zudem rückwirkend ab dem Zeitpunkt der Vermögensentäusserung angerechnet, wobei allerdings pro Jahr eine Amortisation im Umfang von CHF 10 000 erfolgt[52].

Abkürzungsverzeichnis

Abs.	Absatz
AHV	Alters- und Hinterlassenenversicherung
AHVG	Bundesgesetz über die Alters- und Hinterlassenenversicherung vom 20. Dezember 1946, SR 831.10
AHVV	Verordnung über die Alters- und Hinterlassenenversicherung vom 31. Oktober 1974, SR 831.101
ATSG	Bundesgesetz über den Allgemeinen Teil des Sozialversicherungsrechts vom 6. Oktober 2000, SR 830.1
BGE	Bundesgerichtsentscheid
BGer	Bundesgericht
bis	Zweimal, zweitens
BV	Bundesverfassung der Schweizerischen Eidgenossenschaft vom 18. April 1999, SR 101
BVG	Bundesgesetz über die berufliche Alters-, Hinterlassenen- und Invalidenvorsorge vom 25. Juni 1982, SR 831.40
BVV3	Verordnung über die steuerliche Abzugsberechtigung für Beiträge an anerkannte Vorsorgeformen vom 13. November 1985, SR 831.461.3
Bzw.	beziehungsweise
CHF	Schweizer Franken
E.	Erwägung
EL	Ergänzungsleistungen
ELG	Bundesgesetz über die Ergänzungsleistungen zur Alters-, Hinterlassenen- und Invalidenversicherung vom 6. Oktober 2006, SR 831.30
ELV	Verordnung über die Ergänzungsleistungen zur Alters-, Hinterlassenen- und Invalidenversicherung vom 15. Januar 1971, SR 831.301
FZG	Bundesgesetz über die Freizügigkeit in der beruflichen Alters-, Hinterlassenen- und Invalidenvorsorge vom 17. Dezember 1993, SR 831.42
FZV	Verordnung über die Freizügigkeit in der beruflichen Alters-, Hinterlassenen- und Invalidenvorsorge vom 3. Oktober 1994, SR 831.425

---

50 Vgl. Kaiser M., Verzichtsvermögen, 146 ff.
51 Vgl. Art. 15a ELV.
52 Vgl. Art. 17a Abs. 1 ELV.

HVA	Verordnung über die Abgabe von Hilfsmitteln durch die Altersversicherung vom 28. August 1987, SR 831.135.1
HVI	Verordnung des EDI über die Abgabe von Hilfsmitteln durch die Invalidenversicherung vom 29. November 1976, SR 831.232.51
Ibid.	auch, ebendort
IV	Invalidenversicherung
IVG	Bundesgesetz über die Invalidenversicherung vom 19. Juni 1959, SR 831.20
KVG	Bundesgesetz über die Krankenversicherung vom 18. März 1994, SR 832.10
lit.	Litera (Buchstabe)
MVG	Bundesgesetz über die Militärversicherung vom 19. Juni 1992, SR 833.1
quater	viermal, viertens
UVG	Bundesgesetz über die Unfallversicherung vom 20. März 1981, SR 832.20

Literatur

Dummermuth A, Die Pflegefinanzierung ist neu organisiert – ambulant vor stationär als Leitmotiv, in: Der Schweizer Treuhänder 2011/5, S. 417 ff.

Dummermuth A, Ergänzungsleistungen zu AHV/IV. Entwicklungen und Tendenzen, in: SZS 2011, S. 114 ff.

Gächter Th, Die Finanzierung von Pflegeheimaufenthalten vor und nach der Neuordnung der Pflegefinanzierung, in: HILL 2010, S. II Nr. 7

Kaiser M, Das Verzichtsvermögen im Spannungsfeld des Rechts der Ergänzungsleistungen und des Rechts auf Sozialhilfe, in: Pflegerecht 2013, S. 146 ff.

Landolt H, Die neue Pflegefinanzierung, in: SZS 2010, S. 18 ff.

Landolt H, Die EL als Pflegeversicherung, in: SZS 2011, S. 184 ff.

Landolt H, Die Pflegeversicherungsleistungen im Überblick, in: HAVE 2011, S. 115 ff.

Tuor R, Vermeidung von Altersarmut mit Ergänzungsleistungen, in: SZS 2012, S. 3 ff.

Nach dem Studium der Rechtswissenschaften an der Universität Zürich erlangte Prof. Dr. iur. Hardy Landolt 1992 das Patent als Rechtsanwalt und Notar und ist seither in Glarus in eigener Praxis tätig. Es folgten Lehraufträge an der Universität St. Gallen, an der Gesundheits- und Pflegeschule Theodosianum in Schlieren und am Weiterbildungszentrum für Gesundheitsberufe WE'G in Zürich. Seit 2007 lehrt Professor Landolt als Dozent an der Universität Zürich Gesundheitsrecht im Rahmen des Nachdiplomstudiums «Public Health» und seit 2010 als Titularprofessor an der Universität St. Gallen Haftungs-, Privat- und Sozialversicherungsrecht.

Forschung informiert die Zukunft

Mirjam Brach

Menschen mit eingeschränkter Funktionsfähigkeit weltweit – Tendenz steigend

Gemäss dem von der Weltgesundheitsorganisation WHO veröffentlichten World Report on Disability beläuft sich die Zahl der Menschen mit Behinderungen weltweit auf mehr als eine Milliarde, also mehr als 15% der Weltbevölkerung. Aufgrund der gestiegenen Lebenserwartung, einer besseren Gesundheitsversorgung und einer generell alternden Bevölkerung nimmt diese Zahl stetig zu. Laut dem vom Bundesamt für Statistik im Jahr 2007 veröffentlichten Bericht über Behinderungen geben 26% der Bevölkerung an, dass sie aufgrund einer Krankheit in ihren gewohnten Aktivitäten zu einem gewissen Grad eingeschränkt sind. Während eines Grossteils der menschlichen Geschichte und auch immer noch in vielen Entwicklungsländern ist die Überlebenssicherung das Hauptziel der Gesundheitsversorgung. Tendenziell jedoch kommt Well-Being (Zustand des Wohlbefindens, Gesundseins oder Glücks) immer häufiger die gleiche Bedeutung zu wie dem Ziel der Überlebenssicherung. Da chronische und nicht infektiöse Erkrankungen stark zunehmen und die Bevölkerung rasch altert, steigt auch die Anzahl der Menschen, die viele Jahre lang mit Behinderungen leben. Leben zu retten, wird von grosser Bedeutung bleiben. Immer mehr Ressourcen müssen jedoch verwendet werden, um die Lebensqualität von Menschen zu verbessern, die unter chronischen Krankheiten leiden.

Behinderung – ein Paradigmenwechsel

Trotz der bekannten Fakten hinsichtlich der Zunahme von Krankheiten in der Bevölkerung besteht weiterhin eine falsche Vorstellung davon, was Behinderung ist und welche Verantwortung der Gesellschaft diesbezüglich zukommt. Es wird z. B. häufig angenommen, dass Behinderung zur Konsequenz hat, dass betroffene Personen keine Möglichkeit haben, eine Ausbildung oder ein Studium zu absolvieren, am Arbeitsleben teilzunehmen oder ein normales Leben zu führen. Eine weit verbreitete Vorstellung ist auch, dass die einzige Möglichkeit zur Verbesserung der Situation von behinderten Personen eine medizinische Behandlung sei mit der Konsequenz, dass Menschen mit Behinderungen oft als Belastung für das

Gesundheitssystem gesehen werden. Schliesslich wird meist ausser Acht gelassen, dass Behinderung viel mehr als ein gesundheitliches Problem ist, welches das Leben der betroffenen Person einschränkt. Tatsächlich liegen die Probleme oft zunächst einmal darin, wie Häuser konstruiert werden, wie das Arbeitsumfeld geschaffen ist, oder daran, dass Gesetze verabschiedet werden, die die Bedürfnisse von Menschen mit Behinderungen nicht berücksichtigen. Der Zustand von Behinderung wird somit durch unser Unverständnis davon erst geschaffen oder verschlimmert.

Funktionsfähigkeitswissenschaft – ein grundlegender Perspektivenwechsel in der Forschung

Funktionsfähigkeit («Human Functioning») ist die Begrifflichkeit, welche die WHO seit 2001 zur Beschreibung und Klassifizierung von Gesundheit sowohl auf individueller Ebene als auch auf der Bevölkerungsebene verwendet.
Inhaltlich umfasst Funktionsfähigkeit einerseits Aspekte der Gesundheit im engeren Sinne (Körperfunktionen und Strukturen) und andererseits gesundheitsbezogene Aspekte (Aktivitäten und Partizipation). Der Grad der Funktionsfähigkeit variiert im Verlauf des Lebens in Bezug auf jeden dieser Aspekte. Variationen ergeben sich in Abhängigkeit von Gesundheitsstörungen (Krankheit, Behinderung, Unfall, Altern) in der Interaktion mit Kontextfaktoren der Person und deren Umwelt. Das Erleben von Variation der Funktionsfähigkeit ist eine universale menschliche Erfahrung. Ein niedriger Grad von Funktionsfähigkeit entspricht der Erfahrung von Behinderung («Disability»). Behinderung wird als Einschränkung der Körperfunktionen und -strukturen (Schädigungen) sowie Einschränkungen von Aktivität und Partizipation in der Interaktion mit der zugrunde liegenden Gesundheitsstörung und der eigenen Umwelt (Barrieren) erfahren. Behinderung im Sinne der subjektiven Erfahrung eines niedrigen Grades von Funktionsfähigkeit ist eine universale, alle Menschen im Laufe ihres Lebens treffende Erfahrung («Universal Model of Disability»). Aus gesellschaftlicher Perspektive definiert sich Behinderung durch Grade von Funktionsfähigkeit, welche zu Leistungsansprüchen beispielsweise gegenüber Krankenversicherung und Sozialversicherung berechtigen. Die legale Definition von Behinderung im Sinne von geteilter Erfahrung meint aber auch eine Gruppenzugehörigkeit («Minority Model of Disability»), welche ihren Ausdruck zum Beispiel in Selbsthilfe und Lobbying oder Advocacy-Aktivitäten findet. Behinderung ist auch in diesem Verständnis keine Eigenschaft eines Menschen, sondern Ausdruck einer geteilten Erfahrung in Bezug auf seine soziale und physische Umwelt. Das Innovative des WHO-Konzeptes zur Funktionsfähigkeit ist der ganzheitliche Ansatz, welcher ein biomedizinisches und soziales Verständnis von Gesundheit in ein umfassendes Konzept integriert.

Funktionsfähigkeit ist damit nicht mehr «nur» die Konsequenz («Outcome») von Gesundheitsstörungen, sondern wird in seiner Komplexität in der Interaktion mit der physischen und sozialen Umwelt sowie der Person gesehen. Damit wird es möglich, Funktionsfähigkeit umfassender zu erforschen.

Ziel ist es herauszufinden, was zu einem vergleichsweise hohen Grad an Funktionsfähigkeit führt und welches diesbezüglich die besten Interventionsmöglichkeiten sind. Dank des ganzheitlichen Ansatzes können unterschiedliche Interventionsziele identifiziert werden. Auf der Körperebene kann dies über die medizinische Rehabilitation erfolgen. Modifikationen der physischen und sozialen Umwelt können durch individuelle bauliche Massnahmen, neue Standards für «Universal Design» oder über geeignete gesetzliche Rahmenbedingungen umgesetzt werden. Die Verbesserung der Lebenserwartung war in der Vergangenheit weltweit, und ist auch heute noch in vielen Entwicklungsländern, ein Hauptziel in der Gesundheitsversorgung. Dem Sicherstellen der Funktionsfähigkeit und dem menschlichen Bedürfnis nach «Well-Being» wird mittlerweile eine ähnliche Priorität zugeschrieben wie dem Ziel des Überlebens. Die Gründe hierfür liegen im Anstieg der chronischen Erkrankungen und unserer zunehmend älter werdenden Gesellschaft. In der Funktionsfähigkeitsforschung wird der Fokus von den Ursachen einer Gesundheitsstörung auf die gelebte Erfahrung mit der Krankheit verlagert. In diesem Kontext wird Behinderung nicht mehr nur als physische oder psychische Funktionsstörung definiert, sondern auch dadurch, wie die betroffene Person in und mit ihrem physischen und sozialen Umfeld interagiert. Durch die Analyse von Funktionsfähigkeit ist es möglich, Strategien zu entwickeln, die eine erfolgreiche Wiedereingliederung und Unabhängigkeit im beruflichen und sozialen Bereich fördern. Gleichzeitig kann Funktionsfähigkeitsforschung ein Rahmenkonzept und Erkenntnisse liefern, die die Reformierung der Gesundheitsversorgung und -dienstleistungen hin zu einem besser integrierten und koordinierten ganzheitlichen Versorgungsmodell unterstützen.

Die Aufgabe der Forschung

Die zentrale Aufgabe der Forschung ist es, Daten für bestimmte der genannten Themenfelder zu sammeln und diese Resultate zur Verfügung zu stellen. In vielen Ländern fehlen repräsentative Daten zu Funktionsfähigkeit, Behinderung und Gesundheit. Dies gilt insbesondere auch für ältere oder älter werdende Menschen sowohl aus der nationalen als auch aus der internationalen Perspektive. Neben der Datensammlung sind Wissenstransfer und die Implementierung von Forschungsergebnissen in der Praxis weitere wichtige Herausforderungen der Forschungsarbeit. Oft bleibt Verbesserungspotenzial aufgrund von mangelhaftem

Wissen unerkannt. Forschung soll Wissenslücken überbrücken oder schliessen und will durch die gewonnenen Erkenntnisse konkrete Verbesserungen in der Versorgung erzielen. Dies betrifft alle Ebenen der Versorgung im klinischen und bevölkerungsbezogenen Setting.

Forschungsansätze aus der ganzheitlichen Perspektive der gelebten Erfahrung

Drei fortlaufende Forschungsprogramme im Bereich der Querschnittlähmung zeigen Wege auf, wie grundlegende Daten gesammelt werden und wie dieses Wissen auch wieder in die Praxis weitergegeben werden kann.

1. IPSCI – International Perspectives on Spinal Cord Injury

Am 3. Dezember 2013, dem internationalen Tag der Menschen mit Behinderung, stellte die Weltgesundheitsorganisation (WHO) in Genf ihren bisher ersten Bericht zu Querschnittlähmung der Weltöffentlichkeit vor. Die Zusammenarbeit mit vielen Betroffenenorganisationen, Gesundheitsberufen und Gesundheitswissenschaftlern hat auf einzigartige Weise die Belange von Querschnittgelähmten auf die internationale gesundheitspolitische Bühne gebracht. Die WHO hat mit diesem Bericht das gesamte Spektrum ihres gesundheitspolitischen und gesellschaftlichen Auftrags der öffentlichen Aufklärung und Standardsetzung im Bereich Gesundheit (inklusive Abwehr von Gesundheitsrisiken und Gesundheitsförderung) auf das Thema Querschnittlähmung angewandt. Herausgekommen ist ein weltweit einzigartiger und wegweisender Report. Der Bericht stellt Informationen über Querschnittlähmung zusammen, insbesondere zu Epidemiologie, Dienstleistungen, Interventionen und relevanten politischen Konzepten, ebenso wie der gelebten Erfahrung von Menschen mit Querschnittlähmung in allen Lebensphasen und allen Teilen der Welt. Es ist der Initiative und Weitsicht der WHO, der International Spinal Cord Society (ISCoS) und der Schweizer Paraplegiker-Forschung (SPF) zu verdanken, dass Menschen mit Querschnittlähmung nun ein Instrument zur Verfügung steht, welches wissenschaftlich fundiert ihre Belange thematisiert und konkrete Empfehlungen zur Überwindung von Barrieren zur Erfüllung einer vollumfänglichen Teilhabe und Chancengleichheit formuliert. Es bedarf insbesondere zusätzlicher Kompetenzen im Bereich der Versorgung einer immer älter werdenden Bevölkerungsgruppe von Betroffenen und ihrer komplexer werdenden Bedürfnisse im Bereich Gesundheit, Mobilität und Assistenzdienstleistungen. Ausserdem wächst in der älter werdenden Allgemeinbevölkerung die Wahrscheinlichkeit und Häufigkeit von krankheitsbedingter, nicht traumatischer Querschnittlähmung – ein Trend, der sich schon jetzt beobachten lässt. Im Jahr 2050 wird es mehr Menschen über 60 als unter 16 Jahren geben, was eine enorme Herausforderung an das Gesundheitssystem im Allgemeinen und das für Menschen mit Querschnittlähmung im Besonderen darstellt.

2. SwiSCI – die Schweizer Kohorten-Studie zu Spinal Cord Injury

Ziel dieser schweizweiten Studie ist es, die Funktionsfähigkeit, Behinderung und Gesundheit von Rückenmarksverletzten besser zu verstehen und gezielte Strategien zur Verbesserung der Lebenssituation zu entwickeln. Die Studie trägt dazu bei, die Bedürfnisse von Betroffenen in einer langfristigen Perspektive zu erfassen und damit dem wandelnden Versorgungsbedarf besser zu begegnen. Die Studie erfasst, wie viele Betroffene in der Schweiz leben, welche Verletzungsursachen zugrunde liegen und wie die exakte Altersverteilung aussieht. Es besteht Forschungsbedarf bei Fragen zur Veränderung der Gesundheit mit zunehmendem Alter und damit zu den Bedürfnissen älterer Betroffener bei Problemen in der medizinischen und pflegerischen Betreuung, ihrer Wohnsituation und ihrer sozialen Unterstützung. Auch der Zusammenhang zwischen gesellschaftlichen Einflüssen, psychischen Aspekten und der Gesundheit wird verstärkt untersucht. Das Erkennen und Verstehen der Zusammenhänge von Funktionsfähigkeit, Behinderung und Gesundheit sowie deren Interaktion mit den sozialen Rahmenbedingungen und persönlichen Faktoren bildet das zentrale Anliegen der SwiSCI-Studie. Langfristig wird die Frage beantwortet, was Menschen mit Rückenmarksverletzungen gesund hält und wie ihre optimale Chancengleichheit und soziale Integration erreicht werden kann. Die Schweizer Paraplegiker-Forschung verantwortet die Planung und die langfristige Durchführung der Studie, welche in Kooperation mit der Schweizer Paraplegiker-Vereinigung (SPV), dem Schweizer Paraplegiker-Zentrum (SPZ), den Schweizer Paraplegiker-Zentren Balgrist, Basel und Sion sowie weiteren interessierten Wissenschaftlern an Universitäten und Forschungsinstitutionen der Schweiz und international durchgeführt wird.
Mehr unter: www.swisci.ch

3. Paraforum – die Online-Plattform für Querschnittlähmung

Die meisten Online-Plattformen im Gesundheitsbereich bieten oft nur einen einzelnen Service: Entweder sind sie eine Bibliothek oder ein Webforum, entweder leisten sie Beratung oder sind soziales Netzwerk. Mit Paraforum werden diverse Angebote und Dienstleistungen gebündelt und miteinander vernetzt. Viele Menschen mit Querschnittlähmung nutzen weltweit das Internet zur Informationsbeschaffung, finden aber häufig nur schwer Möglichkeiten für einen umfassenden und direkten Austausch. Eine eigene interaktive Beteiligung ist selten oder nur eingeschränkt möglich. Untersuchungen haben gezeigt, dass Infor-

mationsweitergabe in nur eine Richtung, also vom «Experten» an den «Betroffenen» nur begrenzt Wirkung entfaltet. Interaktivität ist heute der Schlüssel zu neuen Informations- und Kommunikationswegen und -technologien. Interaktivität ist dann vorhanden, wenn der Nutzer die Form und/oder den Inhalt der Information beeinflussen kann. Wissenschaftliche Arbeiten konnten bisher den positiven Einfluss von interaktiver Kommunikation insbesondere bei Lehr- und Lernprogrammen für Selbstmanagement zeigen. Die Online-Plattform Paraforum nutzt die Erkenntnisse von interaktiver Kommunikation. Interaktivität soll die individualisiertere Nutzung ermöglichen, wo Auswahl und Art der Darstellung von Informationen, dem Vorwissen, den Interessen und Bedürfnissen der Nutzer angepasst sind und von diesen gesteuert werden können. Paraforum ermöglicht und unterstützt die Interaktion zwischen wichtigen Interessengruppen auf dem Gebiet der Querschnittlähmung, insbesondere zwischen den Betroffenen selbst, ihren Familien und Freunden, Gesundheitsfachberufen und Forschern. Bei Paraforum sind die Nutzer selbst die Experten, sie haben oft langjährige Erfahrung und kennen demzufolge viele Tipps, dank derer sich das Leben mit Querschnittlähmung erleichtern lässt. Es gibt Foren, Blogs und Programme zur Selbstkontrolle und zum Selbstmanagement. Mit diesen «Self-tracking tools» können Paraforum-Nutzer die Entwicklung ihrer Ernährung, ihren Schmerz- oder Schlafverlauf verfolgen, um danach selbst oder in Zusammenarbeit mit ihrem Arzt und Therapeuten die Ergebnisse zu analysieren. Zusätzlich besteht das Angebot einer konstant aktualisierten Bibliothek sowie die Möglichkeit von Online-Surveys zu aktuellen Fragestellungen im «Forschungsportal» und damit eine zusätzliche Quelle für Wissenstransfer und Innovation. Zentral ist das Lernen mit, für und von der Community. Auf Paraforum kann man ganz konkret ein Problem beschreiben und nach einer Lösung anfragen, wenn es sich zum Beispiel um Hilfsmittel oder andere Gebrauchsgegenstände im täglichen Leben handelt. Andere Nutzer können eine Lösung anbieten, und Vorschläge können zusätzlich bewertet werden. Auf Paraforum soll sich eine weltweite Gemeinschaft finden, die zusammenarbeitet und sich organisiert. Der Dienst ist gratis und wird vorläufig in vier Sprachen angeboten: in Englisch, Deutsch, Französisch und Italienisch.
Mehr unter: www.paraforum.ch

Literatur

World Report on Disability, released on 9 June 2011 jointly by the World Health Organisation and the World Bank

People with Disabilities in Switzerland 2007, Swiss Federal Office of Statistics, press release 27 November 2009

Bickenbach J, Officer A, Shakespeare T, von Groote PM., eds. International Perspectives on Spinal Cord Injury. World Health Organization: Geneva; 2013

Stucki G, Bickenbach JE, Post MWM. Developing epidemiological studies of people's lived experience: The Swiss Spinal Cord Injury Cohort Study as a case in point. Am J Phys Med Rehabil. 2011; 90(11): S1–4

Post MWM, Brinkhof M, von Elm E, Boldt C, Brach M, Fekete C, Eriks-Hoogland I, Curt A, Stucki G. Design of the Swiss Spinal Cord Injury Cohort Study. Am J Phys Med Rehabil. 2011;90(11): S5–16

Rubinelli S, Collm A, Glässel A, Diesner F, Kinast J, Stucki G, Brach M. Designing interactivity on consumer health websites: PARAFORUM for spinal cord injury. Patient Educ Couns. 2013;93(3):459-63

Ihre berufliche Laufbahn begann Mirjam Brach als Pflegefachfrau in München. Nach ihrer Universitätsausbildung in Betriebswirtschaftslehre und dem postgradualen Abschluss als Master of Public Health war sie tätig als Forschungsmitarbeiterin im Bayerischen Forschungsverbund für Public Health und als Klinikmanagerin an der Klinik und Poliklinik für Physikalische Medizin und Rehabilitation an der Ludwig-Maximilians-Universität in München. Sie übernahm verschiedene Lehraufträge an der LMU München, der bayerischen Pflegeakademie, am Universitätsspital Zürich und an der Universität Hall in Tirol. Seit 2006 ist sie Geschäftsführerin der Schweizer Paraplegiker-Forschung, Stiftungsrätin der Pensionskasse Schweizer Paraplegiker-Gruppe sowie Mitglied der Anlagekommission und Mitglied der Geschäftsführung am Seminar für Gesundheitswissenschaften und Gesundheitspolitik der Universität Luzern.

Links zu Internetportalen, im Zusammenhang mit Pflege unter besonderen Bedingungen

http://www.der-querschnitt.de
Der-Querschnitt.de ist ein Onlinemagazin, das Wissenswertes und aktuelle Themen für Paraplegiker aufbereitet und zur Verfügung stellt. Der-Querschnitt.de informiert regelmässig über neue Trends und Entwicklungen, beleuchtet aber auch Themen, die jeden Paraplegiker nach Eintritt der Querschnittlähmung betreffen und immer wieder eine Rolle spielen können.

http://www.fgq.de
Fördergemeinschaft der Querschnittgelähmten in Deutschland. Ihre Aufgaben sind:
- Öffentlichkeitsarbeit
- Informations- und Beratungstätigkeit Betroffener
- Unterstützung finanziell Bedürftiger

Für die Öffentlichkeitsarbeit gibt die FGQ die Zeitschrift «Paraplegiker» heraus.

Zum Zweck der Wiedereingliederung frisch Querschnittgelähmter betreibt der Verein inzwischen in sechs Städten sogenannte Startpunkt-Wohnungen.
Die Einzelfallhilfe ist die wichtigste Aufgabe der Fördergemeinschaft.
Unterstützung und Beratung lief lange Zeit nur zentral oder über Einzelpersonen. Zunehmend wird jedoch das Stützpunkt-Netz ausgebaut, in dem in vielen Städten Deutschlands Ansprechpartner für die Fragen der Betroffenen bereitstehen.
Über die Arbeitsgemeinschaften (ARGE Ambulante Dienste, ARGE Bauen, ARGE Schmerz, ARGE Urlaub) stehen Betroffenen zu konkreten Themen erfahrene Ansprechpartner zur Verfügung.

http://www.irp.ch/fr.php
IRP – Internationale Stiftung für Forschung in Paraplegie – evaluiert und finanziert klinische sowie Grundlagenforschungs-Projekte. Die Verbesserung der Lebensqualität betroffener Querschnittgelähmter und der Regenerationsfähigkeit des Zentralnervensystems, namentlich des Rückenmarks, sind die Ziele.

http://www.medizincontroller.ch
http://www.medizincontroller.de
Medizincontrolling gilt als Schnittstelle zwischen medizinischen und administrativen Diensten, um Struktur-, Prozess- und Ergebnisqualität der medizinischen Dienstleistungen zu überprüfen und anzugleichen. Medizincontrolling dient der Ertragsstrukturierung und Kostenoptimierung auf Unternehmensebene und höherer Wirtschaftlichkeit im Spital.

Ziele und Aufgaben der Schweiz. Gesellschaft für Medizincontrolling sind:
- Regelmässige gesamtschweizerische Fortbildungsveranstaltungen mit fachspezifischen Themen rund ums Medizincontrolling, DRG, TARMED etc.
- Optimierte und verbilligte Teilnahmemöglichkeiten anderer Veranstaltungen im Gesundheitswesen.
- Interessengemeinschaft von im Medizincontrolling tätigen Berufsgruppen.
- Internationaler Erfahrungsaustausch.
- Erarbeitung von Grundlagen für bedeutende Teilgebiete des Medizincontrollings, z.B. in Bezug auf Fallpauschalen im Spital.
- Umsetzung von Änderungen und Erneuerungen in relevanten Bereichen des Medizincontrollings.

http://www.paraplegie.ch
http://www.parahelp.ch
ParaHelp ist seit dem 11. Dezember 2003 ein eigenständiger Verein. Er sorgt schweizweit in enger Zusammenarbeit mit dem Schweizer Paraplegiker-Zentrum (SPZ) für die ambulante, pflegerische Beratung und Nachbetreuung von Menschen mit angeborener oder erworbener traumatischer resp. krankheitsbedingter Querschnittlähmung sowie von Personen mit Myopathien oder neurogenen Muskelerkrankungen, die mit Lähmungen einhergehen.

Dies geschieht durch das Erarbeiten von massgeschneiderten, individuellen Lösungen zusammen mit den Betroffenen und deren Angehörigen. ParaHelp sorgt für eine Koordination und Vernetzung der vorhandenen Ansprechpartner wie Zentren für Querschnittlähmung, Kliniken, Heime, Spitex, therapeutischen Dienste, Hilfsmittelversorger, Kostenträger, Hausärzte und des direkten Umfelds.

Dort Verlinkung zu weiteren Organisationen und Institutionen, u.a.:
- ALS-Vereinigung
- Multiple-Sklerose-Gesellschaft MS
- Spitex-Verband Schweiz
- REHAB, Zentrum für Menschen mit Querschnittlähmung und Hirnverletzung, Basel
- Uniklinik Balgrist Zürich
- Pro Senectute

http://www.spitalinformation.ch
Mit dem Spitalsuche-Portal www.spitalinformation.ch will H+ Transparenz schaffen über die Leistungen der Schweizer Spitäler und Kliniken. Patientinnen und Patienten sowie Zuweiser, die interessierte Öffentlichkeit und Experten im Gesundheitswesen erhalten damit einen umfassenden und sehr detaillierten Einblick in die Spitalwelt. In diesem Sinne bildet das Portal das Fenster für die Spitallandschaft Schweiz als Ergänzung zur Leistungsschau der Branche im H+ Spital- und Klinik-Monitor.

http://www.swissdrg.org

Die SwissDRG AG ist gemäss der gesetzlichen Vorgaben (Art. 49 KVG) zuständig für die Erarbeitung und Weiterentwicklung sowie die Anpassung und Pflege des SwissDRG-Fallpauschalensystems zur Abgeltung der stationären Leistungen der Spitäler. Die schweizweite, tarifwirksame Einführung erfolgte am 1. Januar 2012.

Ansprechpartner für Wohnen im Alter

WBS (www.wbs.admin.ch)

- bfu – Beratungsstelle für Unfallverhütung (www.bfu.ch)
- Arbeitsgruppe Gerontologische Architektur (www.gerontologische-architektur.ch)
- Age Stiftung (www.age-stiftung.ch)
- Wohnen im Alter (www.wohnenimalter.ch)

Weitere Adressen mit Beratungsdienst

- Schweizerische Fachstelle für behindertengerechtes Bauen (www.hindernisfrei-bauen.ch)
- Procap (www.procap-bauen.ch)
- Pro Infirmis (www.proinfirmis.ch)
- Schweizerische Arbeitsgemeinschaft für Hilfsmittelberatung (www.sahb.ch)

Der Verlag Johannes Petri ist ein Imprint des Druck- und Verlagshauses Schwabe, dessen Geschichte bis in die Anfänge der Buchdruckerkunst zurückreicht. Im Jahre 1488 gründete Johannes Petri, der das Druckerhandwerk in Mainz zur Zeit Gutenbergs erlernt hatte, in Basel ein eigenes Unternehmen, aus dem das heutige Medienhaus Schwabe hervorgegangen ist. Mit der ausdrücklichen Bezugnahme auf unseren Firmengründer knüpft der Verlag Johannes Petri an die lange Tradition des Mutterhauses an und bürgt für die von Generation zu Generation weitergegebene Erfahrung im Büchermachen.

Der Schweizerische Ärzteverlag EMH ist ein Gemeinschaftsunternehmen der Verbindung der Schweizer Ärztinnen und Ärzte FMH und der Schwabe AG, Basel, dem mit Gründung 1488 ältesten Druck- und Verlagshaus der Welt.